westermann

Herausgegeben von
Hans Kaminski

Erarbeitet von
Katrin Eggert
Stephan Friebel-Piechotta
Manfred Hübner †
Hans Kaminski
Michael Koch
Maida Pech
Martina Raker
Ortrud Reuter-Kaminski

praxis

Profil Wirtschaft

NIEDERSACHSEN

Vorbereiten. Organisieren. Durchführen.
BiBox ist das umfassende Digitalpaket zu diesem Lehrwerk mit zahlreichen Materialien und dem digitalen Schulbuch. Für Lehrkräfte und für Schülerinnen und Schüler sind verschiedene Lizenzen verfügbar. Nähere Informationen unter **www.bibox.schule**

Das Internetportal für aktuellen Unterricht
Unterrichtsmaterialien zu aktuellen Themen für fast alle Fächer finden Sie unter **www.schroedel-aktuell.de**

westermann GRUPPE

Druck A[1] / Jahr 2021
Alle Drucke der Serie A sind im Unterricht parallel verwendbar.

Redaktion: Paul Großkopf
Umschlaggestaltung: LIO Design GmbH, Braunschweig
Druck und Bindung: Westermann Druck GmbH, Braunschweig

ISBN 978-3-14-116680-4

■ Themenfeld 1
Verbraucherinnen und Verbraucher und Erwerbstätige im Wirtschaftsgeschehen

I Knappheit, Entscheidungen, Märkte 8

■ Themenfeld 2
Ökonomisches und soziales Handeln im Unternehmen

II Das Unternehmen und seine Leistungen 34

Themenfeld 1–4

III Gründung eines Unternehmens 60

Themenfeld 1–4

IV Der Wirtschaftskreislauf 70

Themenfeld 3
Die Aufgaben des Staates im Wirtschaftsprozess

V Der Staat im Wirtschaftsprozess 88

■ Themenfeld 4
Ökonomisches Handeln regional, national und international

VI Regionaler Wirtschaftsraum 110

■ Themenfeld 1
Verbraucherinnen und Verbraucher und Erwerbstätige im Wirtschaftsgeschehen

VII E-Commerce und Kredite 134

Themenfeld 2
Ökonomisches und soziales Handeln im Unternehmen

VIII Unternehmen: Orte der Existenzsicherung 152

Themenfeld 3
Die Aufgaben des Staates im Wirtschaftsprozess

IX Die Aufgaben des Staates 174

Im Profil Wirtschaft gibt es ebenso wie im Regelfach Wirtschaft vier große Themenfelder:

1. **Verbraucherinnen und Verbraucher und Erwerbstätige im Wirtschaftsgeschehen**
2. **Ökonomisches und soziales Handeln im Unternehmen**
3. **Die Aufgaben des Staates im Wirtschaftsprozess**
4. **Ökonomisches Handeln regional, national und international**

Ihr lernt seit Klasse 8 grundlegende wirtschaftliche Sachverhalte kennen und baut euer Wissen Schritt für Schritt auf. Dabei vertieft und erweitert ihr die Kenntnisse und Fertigkeiten, die ihr im Regelfach Wirtschaft lernt, hier im Profilfach Wirtschaft.

Auf der ersten Seite eines jeden Kapitels findet ihr daher eine Grafik, die euch durch das jeweilige Thema leitet. Sie wird in jedem Kapitel eines Themenfeldes erweitert, weil ihr immer mehr über das Thema erfahrt.

Auf extra gekennzeichneten Methodenseiten ⚙ findet ihr die Arbeitstechniken, die euch helfen sollen, die Aufgaben zu lösen.

Auf den Kapitelseiten findet ihr manchmal ein großes **B**. Dieses markiert Beispieltexte, in denen alltägliche Situationen dargestellt werden.

Ein großes **Q** steht für Quellentexte, die bereits woanders veröffentlicht wurden. Die zugehörige Quellenangabe befindet sich in der Regel in der Randspalte.

Am Ende eines jeden Kapitels findet ihr in der Regel zwei Lernbilanzseiten, mit denen ihr den Inhalt des Kapitels noch einmal nachvollziehen könnt.

Viel Spaß und Erfolg mit dem Buch!

In diesem Kapitel lernt ihr,

- wie sich Bedürfnisse und Knappheit miteinander in Einklang bringen lassen,
- welche Entscheidungen beim Konsum zu treffen sind,
- welche Funktion Märkte haben und
- wie sich verschiedene Märkte unterscheiden lassen.

I KNAPPHEIT, ENTSCHEIDUNGEN, MÄRKTE

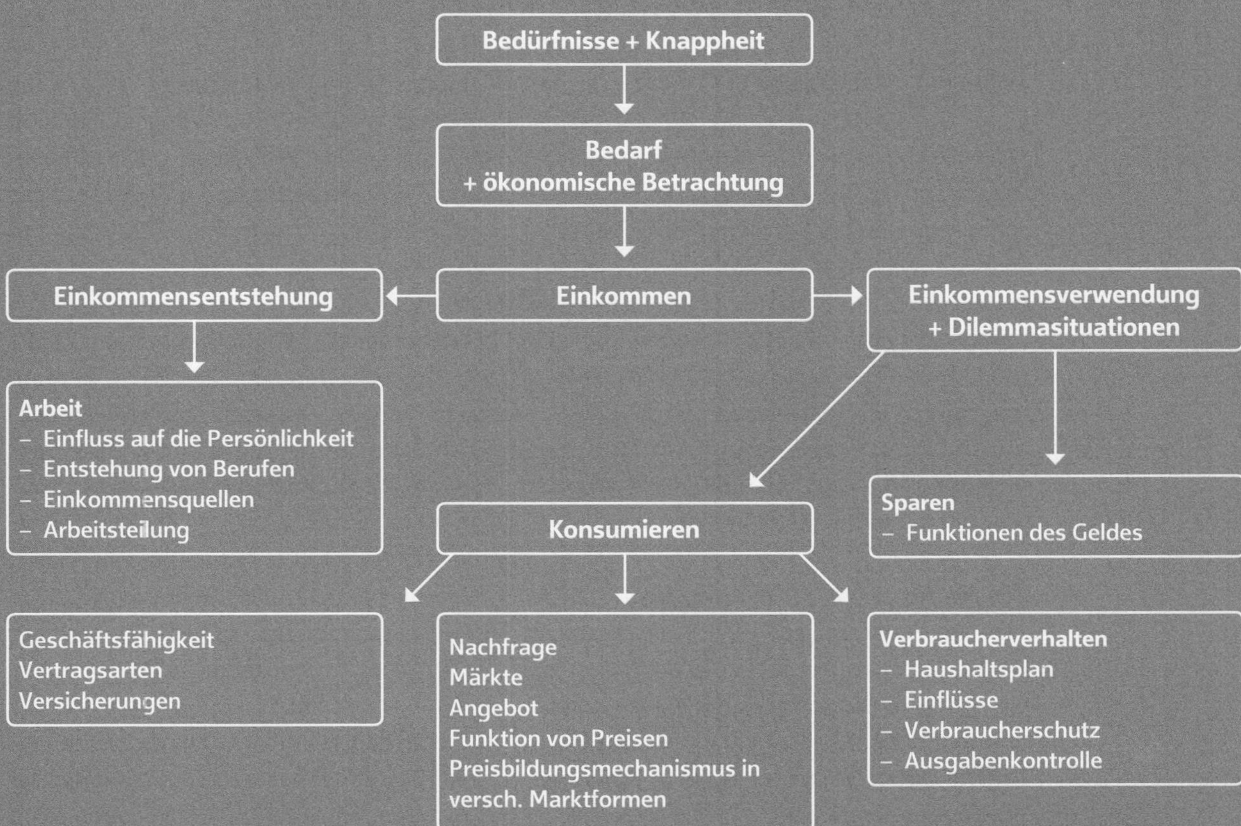

▸ Das Schlaraffenland – ein Gemälde von Pieter Brueghel (1567)

1 Wirtschaftliches Handeln ist notwendig

Was ist Wirtschaften?

Das Bild vom Schlaraffenland stellt eine Situation dar, in der alle Bedürfnisse der Menschen befriedigt werden. Leider nur ein Traum! Wir müssen wirtschaften, um unsere Existenz zu sichern. Grundlegende Fragen sind, was man unter „Wirtschaften" versteht und was Bedürfnisse sind. Um die Frage zu beantworten, was „Wirtschaften" oder „Wirtschaft" ist, wird häufig auf das Beispiel einer Gruppe von Schiffbrüchigen zurückgegriffen, die auf einer einsamen Insel gestrandet sind.

Q Nehmen wir einmal an, fünf Schiffbrüchige werden auf eine einsame Insel verschlagen. Außer ihrem Leben haben sie nur gerettet, was sie auf ihrem Leibe tragen. Weder Nahrungsmittel noch Wasser noch irgendwelche Werkzeuge stehen ihnen zur Verfügung.
In dieser Lage kommt es für die fünf zunächst darauf an, für die Befriedigung der elementaren menschlichen Bedürfnisse zu sorgen. Sie brauchen Wasser, etwas zu essen und einen Schutz gegen die Witterung, seien es Kälte, Regen, Wind oder Hitze. Im Gegensatz zur Luft, die die Menschen ebenfalls dringend zum Leben brauchen, die aber von Natur aus vorhanden ist, müssen die anderen lebensnotwendigen Dinge erst durch menschliche Arbeit geschaffen oder beschafft werden. Fische müssen gefangen, Tiere erlegt, Beeren und Früchte gepflückt und Wasser, etwa durch Auffangen von Regen, gewonnen werden. Denkbar wäre, dass jeder der fünf für sich selbst sorgt, d. h. sich selbst einen Fisch fängt oder eine Frucht pflückt. Wie sich jedoch sehr schnell herausstellt, ist jeder der fünf bei den zu erledigenden Arbeiten unterschiedlich geschickt.
So fällt es dem einen nicht schwer, auf Bäume zu klettern und Früchte zu pflücken, während ein anderer keine Mühe hat, mit der bloßen Hand Fische zu fangen. Der Dritte wiederum fertigt mit Leichtigkeit aus Blättern und Zwei-

▸ Schiffbruch auf einsamer Insel

gen ein Dach, unter dem alle Schatten und Schutz vor Regen finden können.
Außerdem kommen die fünf bald zu einer weiteren Erkenntnis: Je mehr sich jeder auf eine bestimmte Aufgabe konzentriert, umso mehr Geschicklichkeit entwickelt er im Laufe der Zeit und umso schneller geht ihm die Arbeit von der Hand. Gleichzeitig wächst bei jedem die Freude an der Arbeit, weil er merkt, dass er auf diesem speziellen Gebiet den anderen überlegen ist und die anderen auf seine Leistung angewiesen sind.
Die Arbeitsteilung, die wegen der damit verbundenen Vorteile praktiziert wird, schafft andererseits aber auch Probleme. Diejenigen, die die Fische fangen oder die Früchte pflücken, müssen denjenigen, die ein Dach gefertigt oder ein Gefäß zum Wasserholen gebastelt haben, etwas davon abgeben. Und wenn die einen später ein Floß bauen, damit die Fischer aufs Meer hinausfahren können, und die anderen ein Netz für den Fischfang knüpfen, wird sehr schnell die Frage auftauchen, wie das Ergebnis des Fischfangs auf alle gerechterweise verteilt werden soll. Auch ist zu entscheiden, welche (Produktions-)Aufgabe zuerst bewältigt werden soll. Ist es z. B. besser, zunächst mehr Gefäße zum Wasserholen aus dem etwa 500 m entfernt liegenden Fluss anzufertigen, oder muss als Erstes ein Floß gebaut werden?
Aber nicht nur über die Reihenfolge der zu erledigenden Arbeiten, auch über die Art und Weise, wie eine bestimmte Aufgabe zu bewältigen ist, kann es zu einem Konflikt kommen. Woraus sollen z. B. die Gefäße zum Wasserholen gemacht werden? Wie stellt man das Floß am zweckmäßigsten her? Und wer entscheidet, wie das alles gemacht werden soll? ■

Quelle: Adam, Hermann (1995): Wirtschaftspolitik und Regierungssystem der Bundesrepublik Deutschland, 3. Auflage, S. 17 f., Opladen, Leske, Buderich

1. Stellt zusammen, was sich am Beispiel der Schiffbrüchigen im Hinblick auf wirtschaftliches Handeln erklären lässt.
2. Erläutert: Wo besteht bei den Schiffbrüchigen Knappheit, wo besteht keine Knappheit?

‣ Mein Nutzen ...?

‣ Unser Nutzen ...?

Was ist typisch ökonomisch?

1. Mein Nutzen ...

Typisch ökonomisch ist es zunächst, dass wir nicht alles zur gleichen Zeit in gewünschtem Umfang haben können. Es müssen immer wieder Auswahlentscheidungen unter Beachtung von Zeit, Geld und materiellen Ressourcen getroffen werden. Man kann zum Beispiel nicht zur gleichen Zeit Fußball spielen und mit Freunden ein Eis essen gehen. Man kann nicht 30 € für ein Buch ausgeben und diese gleichzeitig sparen. Zeit, Geld und Güter sind knapp.

Beim Nachdenken über Knappheit benötigen wir eine Technik, die helfen soll, bessere Entscheidungen über den Umgang mit Knappheit zu treffen. Wir müssen uns regelmäßig für eine der Handlungsmöglichkeiten entscheiden und dafür auf eine andere verzichten. Dabei sollte das, auf das wir verzichten müssen, möglichst gering sein. Jede Auswahlentscheidung bringt Kosten in Form von Zeit, Geld, Gütern mit sich und zwar deshalb, weil man eine andere Möglichkeit dann nicht mehr wählen kann.

2. Unser Nutzen ...

Auf der Suche nach dem typisch Ökonomischen ist es hilfreich, anzunehmen, dass Menschen ihren Nutzen mehren wollen. Wir können in vielen Situationen beobachten, dass sie das auch tatsächlich tun und sich selbst nicht schädigen wollen. In Gesellschaften, in denen Geld eine wesentliche Rolle spielt, werden Menschen offensichtlich eine größere Geldsumme einer kleineren vorziehen. Diese Annahme hilft uns sehr bei dem Versuch, das ökonomische Handeln anderer Menschen vorauszusagen oder wenn wir ihr Verhalten beeinflussen wollen. Dies gilt für Konsumentinnen und Konsumenten in gleicher Weise wie für Erwerbstätige, Unternehmerinnen und Unternehmer, aber auch für Politikerinnen und

▸ Hier tagt der Bundestag in Berlin.

Politiker. Selbstloses Handeln von Menschen ist aber damit keineswegs ausgeschlossen.

3. ... unter welchen Bedingungen?
Ökonomisches Handeln erfolgt allerdings nicht im „luftleeren Raum“, sondern geschieht in einem konkreten Land, in dem es Gesetze, Regelungen und bestimmte gesellschaftliche Wertvorstellungen darüber gibt, was als gut, als schlecht, was für die ganze Gesellschaft als erstrebenswert gilt. Ökonomisches Denken sollte deshalb auch die jeweiligen Handlungsbedingungen der Akteure untersuchen und die Folgen für die Handlungen der Menschen aufspüren. Was für eine Person von Vorteil ist, ist für eine andere Person von Nachteil. Möchte etwa eine Person nachts um drei Uhr Trompete spielen, fühlt sich eine andere Person gestört, weil sie nicht schlafen kann, aber am nächsten Morgen früh zur Arbeit muss. Hiefür muss eine Gesellschaft Regelungen, z. B. Gesetze oder Verordnungen finden. Wenn es trotzdem Streit gibt, gibt es unabhängige Gerichte, wo dieser geklärt werden kann.

▸ Amtsgericht

▸ Grundbedürfnis: Trinken

▸ Materielles Bedürfnis: Fahrrad

▸ Kulturbedürfnis: Konzert

Bedürfnisse und Knappheit

Was sind Bedürfnisse?
Bisher wurde häufiger von den menschlichen Bedürfnissen gesprochen. Ein Bedürfnis ist die Empfindung eines Mangels, verbunden mit dem Wunsch, diesen zu beseitigen. Aus dieser sehr allgemeinen Kennzeichnung geht hervor, dass es sehr unterschiedliche Bedürfnisse geben kann. Neben diesen hier aufgeführten Bedürfnissen gibt es immaterielle Bedürfnisse, die aber nicht durch Dienstleistungen befriedigt werden können, sondern durch soziale und psychologische Beziehungen. Es sind Bedürfnisse nach Freundschaft, Anerkennung, Liebe, Geborgenheit und Sicherheit. Es sind also „Güter", die man nicht kaufen kann, die aber für das Leben die gleiche oder eine sogar noch größere Bedeutung haben als die in den Beispielen genannten Sachgüter und Dienstleistungen.

INFO

Wenn Geld vorhanden ist, um die Bedürfnisse zu befriedigen, nennt man sie Bedarf (Bedürfnisse sind mit Kaufkraft verbunden). Äußert sich der Bedarf am Markt, d.h. werden Güter und Dienstleistungen gekauft, spricht man von Nachfrage.

Einteilung nach	Bedürfnisarten	Beispiele
der Zahl der Trägerinnen und Träger	Individualbedürfnis Gruppenbedürfnis Gesamtbedürfnis	Maßanzug Tenniskleidung Brot
dem Zeitbezug	dauerhafte Bedürfnisse regelmäßige Bedürfnisse unregelmäßige Bedürfnisse	Tageszeitung Skiausrüstung Zahnbehandlung
der Dringlichkeit	Grundbedürfnis Kulturbedürfnis Luxusbedürfnis	Nahrung Theateraufführung Schmuck
der Art der Bedürfnisbefriedigung	materielle Bedürfnisse immaterielle Bedürfnisse	Kleidung Berufsberatung
der Art der Bedürfnisbefriedigung	ursprüngliche Bedürfnisse geschaffene Bedürfnisse	Gemüse Computer

▸ Ein erstrebenswertes Ziel?

▸ Bedürfnispyramide

B BEDÜRFNISSE

Lisa, Can und Alexander sitzen im Café und sehen durch das Fenster auf der anderen Straßenseite ein Werbeplakat. Auf diesem befindet sich ein junges Pärchen auf einer Jacht im Urlaub, darüber der Slogan: „Erfüll dir deinen Traum!" Lisa, Can und Alexander unterhalten sich über das Werbeplakat:

Alexander: „Wow, da möchte ich auch in ein paar Jahren sein. Richtig viel Geld verdienen und dann mit 30 einen Porsche, eine Villa mit Pool und großem Garten und eine erfolgreiche Karriere haben."

Lisa: „Also, das ist doch eigentlich alles gar nicht so wichtig. Ich will nach der Schule erst mal eine ordentliche Ausbildung machen und dann endlich meinen Hobbys nachgehen, die mich schon immer interessiert haben, wie ins Theater oder in Konzerte gehen. Außerdem ist es mir wichtig, einen Freund zu haben, der mich liebt und mir treu ist."

Can: „Ich weiß nicht, warum ihr beide so viel haben wollt. Ich wünsche mir vor allem, dass alle in meiner Familie gesund sind. Mir reicht es, wenn ich genug zu essen habe und ein Dach über dem Kopf, sodass ich ohne Sorgen morgens aufwachen kann. Ihr mit euren Wünschen, völlig übertrieben."

Alexander: „Ach komm schon, Can. Du kannst mir nicht erzählen, dass du nicht auch mehr Wünsche hast." ■

1. Nennt weitere Beispiele für die unterschiedlichen Bedürfnisarten.
2. Ein Bedürfnis, das vor 150 Jahren ein Luxusbedürfnis war, kann heute ein Grundbedürfnis sein. Diskutiert diese Aussage.
3. Schreibt aus dem Beispieltext die Bedürfnisse von Lisa, Can und Alexander heraus und ordnet den einzelnen Bedürfnissen eine oder mehrere Bedürfnisarten zu.

▸ Konsumgut: Cheeseburger

▸ Produktionsgut: Druckmaschine

- **Güter**
  - **wirtschaftliche/ private Güter**
    - **Privater Haushalt**
      - Konsumgüter
      - Gebrauchsgüter
    - **Betrieb**
      - Produktionsgüter
      - Investitionsgüter
  - **öffentliche Güter**

Unterschiedliche Güter

Generell können zwei große Gruppen unterschieden werden: wirtschaftliche Güter (private Güter) und öffentliche Güter. Wirtschaftliche oder private Güter sind diejenigen, die einen Preis haben. Im privaten Haushalt können dies kurzlebige Konsumgüter (z. B. Lebensmittel) oder langlebige Gebrauchsgüter sein (z. B. Auto, Fernsehgerät, Möbel). Im Betrieb können dies die Produktions- oder Investitionsgüter sein.

Viele menschliche Bedürfnisse werden durch sogenannte „öffentliche Güter" befriedigt. Das sind solche, die der Staat (Bund, Länder und Gemeinden) den Bürgerinnen und Bürgern bereitstellt, wie z. B. Gesundheitseinrichtungen, Bildungseinrichtungen, Verkehrseinrichtungen, Sicherheitseinrichtungen (Polizei), Sportplätze und Kläranlagen. Im Gegensatz zu den privaten Gütern werden öffentliche Güter nicht mit dem Ziel bereitgestellt, Gewinne zu erzielen, sondern den Bedarf der Bevölkerung z. B. nach Sicherheit, Bildung, Gesundheit usw. zu decken. Öffentliche Güter werden häufig ohne finanzielle Gegenleistung zur Verfügung gestellt. An die Inanspruchnahme bestimmter öffentlicher Güter sind gesetzlich festgelegte Voraussetzungen geknüpft, wie Gebühren, Altersbeschränkungen, Einkommensbeschränkungen usw.

1. Wenn für öffentliche Güter kein Preis gezahlt werden muss, besteht die Gefahr, dass mit diesem „öffentlichen Gut" nicht sparsam umgegangen wird bzw. sich niemand für den Erhalt und die Bereitstellung des öffentlichen Gutes einsetzt. Nennt und erläutert Beispiele, wo so ein Verhalten zu beobachten ist.

▸ Auto …

▸ … oder Zug?

Das Minimal- und das Maximalprinzip – ökonomische Erklärungsansätze des Konsumentenverhaltens

Die Mitglieder der privaten Haushalte haben eine Vielzahl von Bedürfnissen. Jedes Mitglied hat seine eigenen Wünsche und Ansprüche und ist bestrebt, seine individuellen Bedürfnisse zu erfüllen. Dies ist jedoch nur möglich, wenn genügend finanzielle Mittel zur Verfügung stehen. Und dies wiederum hängt unmittelbar von den Preisen der gewünschten Güter ab. Es gibt also drei wichtige Faktoren, die die Konsumentscheidungen eines Haushalts bestimmen: die Bedürfnisse, die Güterpreise und das zur Verfügung stehende Einkommen. Die Frage ist, mit welcher Zielsetzung Verbraucherinnen und Verbraucher im Regelfall eine Entscheidung treffen.

Es gibt zwei Formen des ökonomischen Prinzips, das Minimal- und das Maximalprinzip (siehe Grafik). Die Anwendung des ökonomischen Prinzips aus der Sicht einer einzelnen Verbraucherin/eines einzelnen Verbrauchers kann zu unterschiedlichen Ergebnissen führen. Die Entscheidung richtet sich nach den Zielen der/des Einzelnen: Was ist für mich wirtschaftlicher? Welche Mittel stehen mir zur Verfügung? Welche Erwartungen habe ich an das Ergebnis? Was ist mir am wichtigsten?

B Was für eine Person richtig und vernünftig sein kann, kann für unsere gesamte Gesellschaft durchaus problematisch sein. So entscheidet Herr Arntzen, für die Fahrt von Hannover nach Osnabrück sein Auto zu nehmen. Das ist für ihn die schnellste Möglichkeit. Würde er mit dem Zug fahren, dauerte die Reise länger; diese Entscheidung wäre aber für unsere Gesellschaft aus einer anderen Sicht besser, denn der Energieverbrauch und die Umweltbelastung je Kilometer sind bei der Nutzung der Bahn erheblich geringer. ■

Die zwei Seiten des ökonomischen Prinzips

Maximalprinzip	Minimalprinzip
Es wird versucht, den größtmöglichen Nutzen mit (von vornherein) begrenzten Mitteln zu erreichen.	Es wird versucht, mit geringstmöglichen Kosten ein (von vornherein) begrenztes Ziel zu erreichen.
Beispiel: Das beste für 250 € erhältliche Smartphone zu erwerben	Beispiel: Ein bestimmtes Smartphone möglichst günstig kaufen

Geduldiger Schüler der Klasse 11 mit besonders guten Mathekenntnissen und -noten gibt Nachhilfeunterricht und bereitet auf Prüfungen vor.

Festpreis:
20 € für 45 Minuten · Telefon: 0175/ ...

▸ Linus spielt gerne Online-Spiele.

B EIN FALLBEISPIEL: LINUS UND SEIN HANDY-PROBLEM

Streit bei Familie Schulz: Sohn Linus hat mit seinem Smartphone im letzten Monat 342 € für In-App-Käufe bei Online-Spielen ausgegeben. Seine Eltern hatten dem Sechzehnjährigen lediglich 20 € monatlich erlaubt. Trotz Protest sind die Eltern hart: Linus muss die Folgen seiner Leidenschaft tragen und die Differenz bis zum Ende der Sommerferien selbst zahlen. Sonst wird das Handy eingezogen. Linus fürchtet schon um das gesamte Taschengeld der nächsten Monate. Da schlägt sein Freund Theo vor: „Du bist doch so gut in Mathe. Gib doch Nachhilfeunterricht." Gleich am Nachmittag bereitet Linus einen Aushang vor, unter dem er Papierstreifen mit seiner Telefonnummer befestigt, die von Interessentinnen und Interessenten mitgenommen werden können.

Am nächsten Tag bringt er den Aushang am Schwarzen Brett der Schule an. Wenn alles klappt, wird er schon nach 15 Unterrichtsstunden seine Schulden los sein. „Hast du dich denn einmal erkundigt, welche Preise die anderen so nehmen? Du bist nicht der Einzige, der Nachhilfeunterricht anbietet", meint die Mutter, „und anders als ein professioneller Nachhilfelehrer kannst du keinen besonders hohen Preis nehmen." Linus beschließt, es darauf ankommen zu lassen und den Nachmittag auf sein Telefon zu starren. Tatsächlich klingelt es viermal – eine Interessentin oder ein Interessent für den Unterricht ist nicht dabei. Linus ist enttäuscht.

Am nächsten Morgen fällt sein Blick auf das Wort WUCHER, das jemand in roten Druckbuchstaben über seinen Aushang geschrieben hat. Theo versucht Linus aufzumuntern: „Du hast den üblichen Preis für Nachhilfestunden nicht gekannt, und aus Erfahrung wird man ja bekanntlich klug." „Danke dir. Ich habe einfach nicht bedacht, dass es auch noch Konkurrenz hier in der Schule gibt." – „Und dass kaum einer so viel Geld für 45 Minuten bezahlen kann oder will", ergänzt Theo. „Und jetzt?" Linus weiß im Moment nicht weiter. „Wir fragen in den Pausen mal herum, was Schüler so für Nachhilfeunterricht bezahlen", schlägt Theo vor „und wir sprechen auch noch mal mit unserer Mathelehrerin."

Die kleine Befragung der beiden ergibt einen üblichen Preis zwischen 10 und 15 € pro Nachhilfestunde. Linus und Theo entwickeln daraufhin eine Variante: Linus wird die preisliche Obergrenze von 15 € fordern, dafür aber 60 Minuten unterrichten. Als besonderes „Bonbon" sollen Schülerinnen und Schüler, die sich nach einer ersten Probestunde auf mindestens zehn Stunden festlegen, für jede Stunde nur 14 € zahlen. Die Arbeit der beiden wird belohnt. Auf Linus neuen Aushang reagieren drei potenzielle Nachhilfeschüler und eine Nachilfeschülerin. Allerdings möchte einer von Linus eine Erfolgsgarantie, da er eine mindestens ausreichende Leistung in Mathematik benötigt, um das Klassenziel zu schaffen. Gemeinsam mit Theo überlegt Linus, ob er auch diesen Nachhilfeschüler annehmen möchte. (...) ■

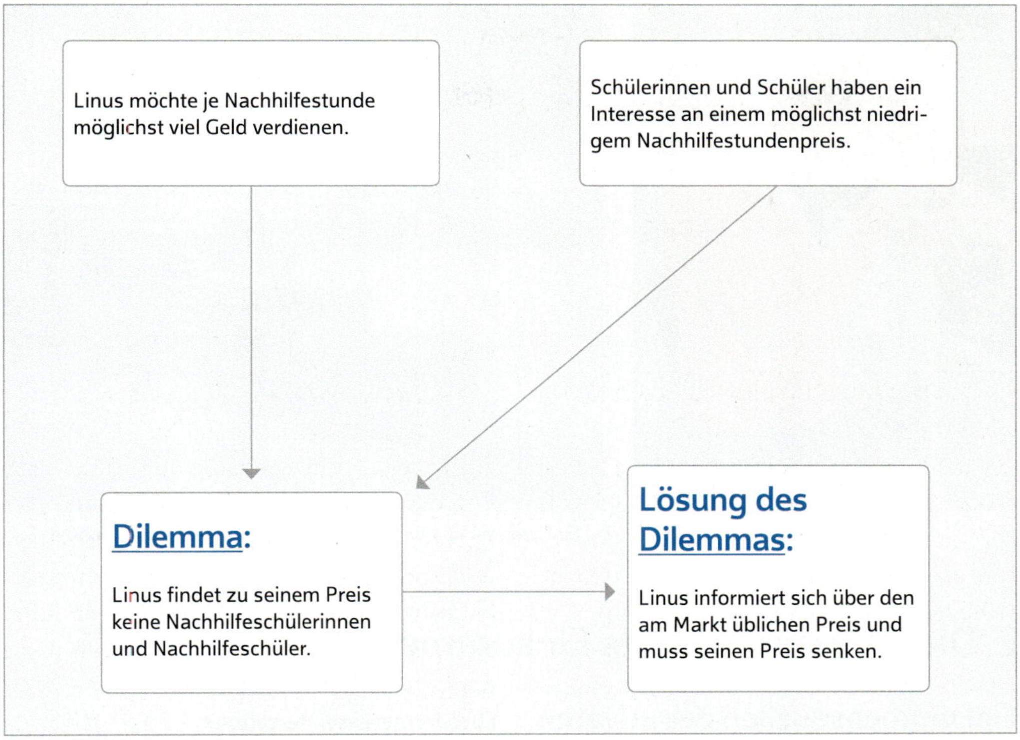

Dilemma: So wird eine Situation bezeichnet, die zwei Wahlmöglichkeiten bietet, welche aber beide zu einem unerwünschten Resultat führen.

Wir analysieren:

a) Linus hat Schulden.

b) Linus entscheidet: „Ich biete Nachhilfeunterricht an, um meine Handyschulden bezahlen zu können."

c) Die Entscheidung von Linus hat Einfluss auf andere:

Wir haben eine neue Situation: Linus hat bei seiner Preisüberlegung die Interessen anderer, die der Nachfragerinnen und Nachfrager nach Nachhilfeunterricht, nicht berücksichtigt. Ergebnis: Es kommt zu keinen Vertragsabschlüssen.

Das Zwischenergebnis lässt sich als ein Dilemma bezeichnen:

- Linus Interesse: Einen möglichst hohen Preis für die Nachhilfestunde erzielen, um seine Handyschulden möglichst schnell zu tilgen.
- Interesse der Nachhilfe suchenden Schülerinnen Schüler: Eine qualitativ hochwertige Nachhilfe zu einem niedrigen Preis erhalten.
- Gemeinsames, zunächst nicht realisiertes Interesse: Die Nachhilfestunde zu einem einvernehmlich vereinbarten Preis durchführen.

Linus nutzt den bestehenden Markt für „Nachhilfedienstleistungen" in seiner Schule zur Information über den marktüblichen Preis für eine Nachhilfestunde (Schwarzes Brett, Umfrage unter Schülerinnenn und Schülern und Lehrkräften). Sein Ziel ist, seine Preisvorstellungen dem Markt anzupassen.

Lösungsversuch für das Dilemma:

- Linus und die Nachhilfe suchenden Schülerinnen und Schüler haben unterschiedliche Preisvorstellungen.
- Linus informiert sich über den marktüblichen Preis.
- Linus passt deshalb seine Preisvorstellungen an den Marktpreis an; es kommt zur Kooperation, bei der Linus und die Nachhilfeschülerinen und Nachilfeschüler ihre Interessen realisieren können.

▸ Unselbstständige Arbeit

▸ Einkommen aus Vermögen: Dividenden aus Aktienanlage

2 Die Verwendung des Einkommens

Einkommensquellen der privaten Haushalte

Vieles von dem, was wir zum Leben brauchen, kostet Geld. Die Frage ist, aus welchen Quellen wir das Einkommen beziehen, das wir zur Existenzsicherung und Gestaltung des Lebens benötigen. Wir unterscheiden vier Einkommensarten:

Einkommen aus unselbstständiger Arbeit
Dies sind in der Regel die Löhne und Gehälter für die Arbeitsleistungen der Beschäftigten. Es ist für die meisten Menschen die wichtigste Einkommensquelle.

Einkommen aus unternehmerischer Tätigkeit
Die sind die Einkommen, die eine Unternehmerin oder ein Unternehmer mit einem Betrieb erzielt oder es sind die Einkommen selbstständiger Freiberuflerinnen und Freiberufler, z. B. die Einkommen von Ärztinnen und Ärzten. Aber auch dann, wenn eure Eltern eine Wohnung vermieten oder ein Stück Land verpachten und dafür Miete bzw. Pacht erhalten, erzielen sie ein Einkommen aus unternehmerischer Tätigkeit.

Einkommen aus Vermögen
Nehmen wir an, ihr habt ein Sparkonto bei der Bank oder ihr besitzt sogar eine von eurem Onkel oder eurer Oma geschenkte Aktie, dann bekommt ihr dafür ein Einkommen und zwar in Form von Zinsen oder einer Dividende für eure Aktie.

Transfereinkommen
Dieses Einkommen wird „transferiert“, d. h. übertragen, z. B. vom Sektor Staat auf die Bürgerinnen und Bürger, wie Renten, Kinder- und Wohngeld oder Sozialleistungen wie das Krankengeld, eine Unfallrente usw.

Einkommen durch Schwarzarbeit?
Es gibt noch eine Einkommensart, über die sich manche private Haushalte freuen, aber nicht der Staat. Dies ist die Schwarzarbeit. Der Staat erhält aus diesen Einnahmen keine Steuern, d. h., die Menschen verbergen diese Arbeitsverhältnisse vor dem Staat – und machen sich damit strafbar. Zudem werden keine Sozialversicherungsbeiträge bezahlt (Rentenversicherung, Krankenversicherung usw.) Dies kann die Arbeitnehmerin/den Arbeitnehmer teuer zu stehen kommen.

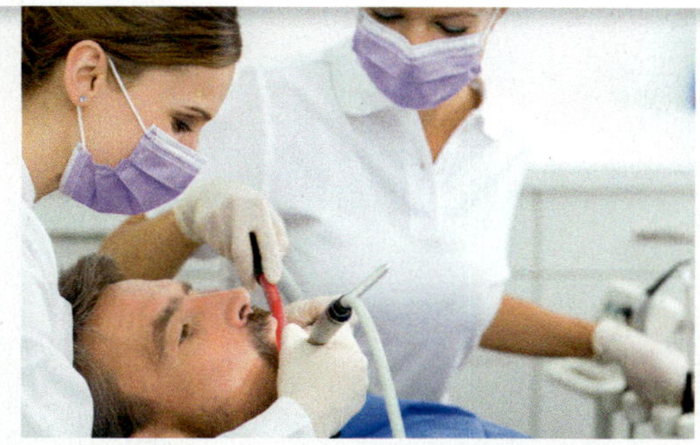

▸ Selbstständige (unternehmerische) Tätigkeit

▸ Transfereinkommen: Arbeitslosengeld

Brutto- und Nettoeinkommen

Von dem Bruttoeinkommen, was man eigentlich verdient, werden noch Steuern und Beiträge für die Sozialversicherungen abgezogen. Mit den Steuereinnahmen bezahlt der Staat etwa Schulen, Straßen oder die Polizei. Mit den Sozialabgaben werden die Sozialversicherungen finanziert, etwa die gesetzliche Renten- oder Krankenversicherung.

Wofür wird im Regelfall das Einkommen verwendet?

Wer die Ausgaben der privaten Haushalte näher untersuchen will, muss sich wichtige Unterschiede zwischen den jeweiligen Lebenssituationen klarmachen. Die konkreten Ausgaben hängen z. B. davon ab, ob es sich um Eltern mit zwei kleinen Kindern oder um ein kinderloses Paar handelt.

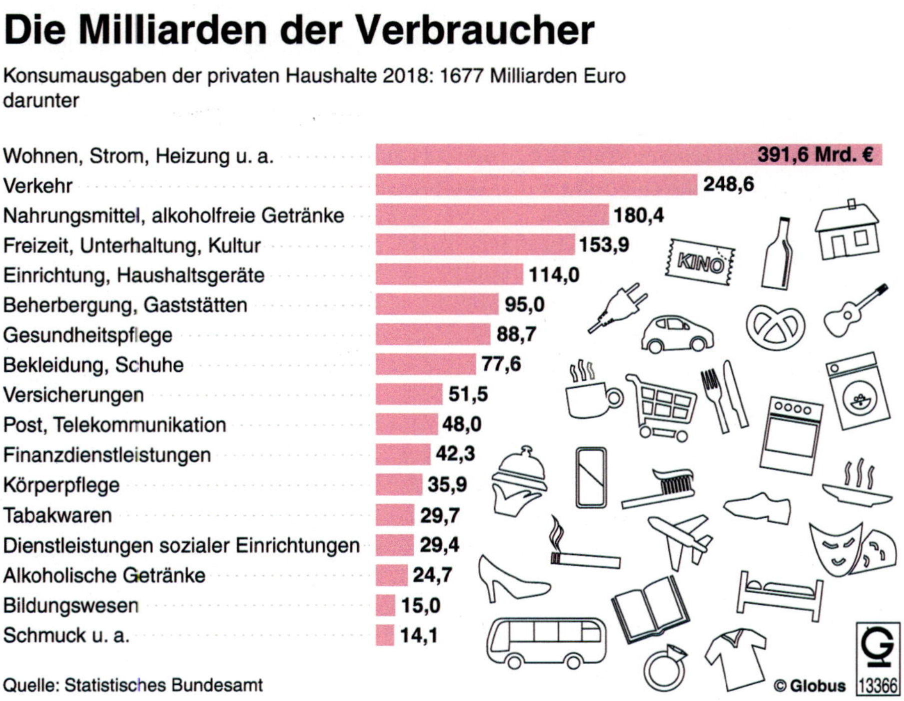

1. Erläutert, welche Grundsatzentscheidungen Konsumentinnen und Konsumenten bei der Einkommensverwendung zu treffen haben.
2. Untersucht die obenstehende Grafik. Welche prozentualen Anteile haben die Ausgaben für Wohnen, Nahrungsmittel und die Freizeitausgaben?

▸ Lebensmittel im Einkaufswagen

▸ Freizeitbeschäftigung

Sparen oder konsumieren?

Fassen wir alle bisherigen Überlegungen zusammen: Das grundlegende Problem allen Wirtschaftens ist Knappheit, d. h., alle privaten Haushalte stehen vor der Aufgabe, wie sie mit ihrem Einkommen so nutzbringend umgehen, dass ein menschenwürdiges Leben möglich ist.

Allerdings gibt es unterschiedliche Ausgangssituationen. Da gibt es Personen, die darüber nachdenken, welches neue Luxusauto sie sich anschaffen wollen, und andererseits gibt es Familien, die von Arbeitslosigkeit betroffen sind und wo die Eltern nachdenken, in welcher Reihenfolge sie für ihre fünf Kinder neue Schuhe kaufen können. Die einen machen sich darüber Gedanken, wie der Garten zu gestalten ist, andere müssen überlegen, ob sie sich für ihre vierköpfige Familie zukünftig eine größere Wohnung leisten können. Die Wünsche und die Bedürfnisse der Menschen sind unterschiedlich in Abhängigkeit von ihrem Einkommen, aber sie stehen alle dennoch vor der gleichen Entscheidung: Wie soll das zur Verfügung stehende Einkommen verwendet werden?

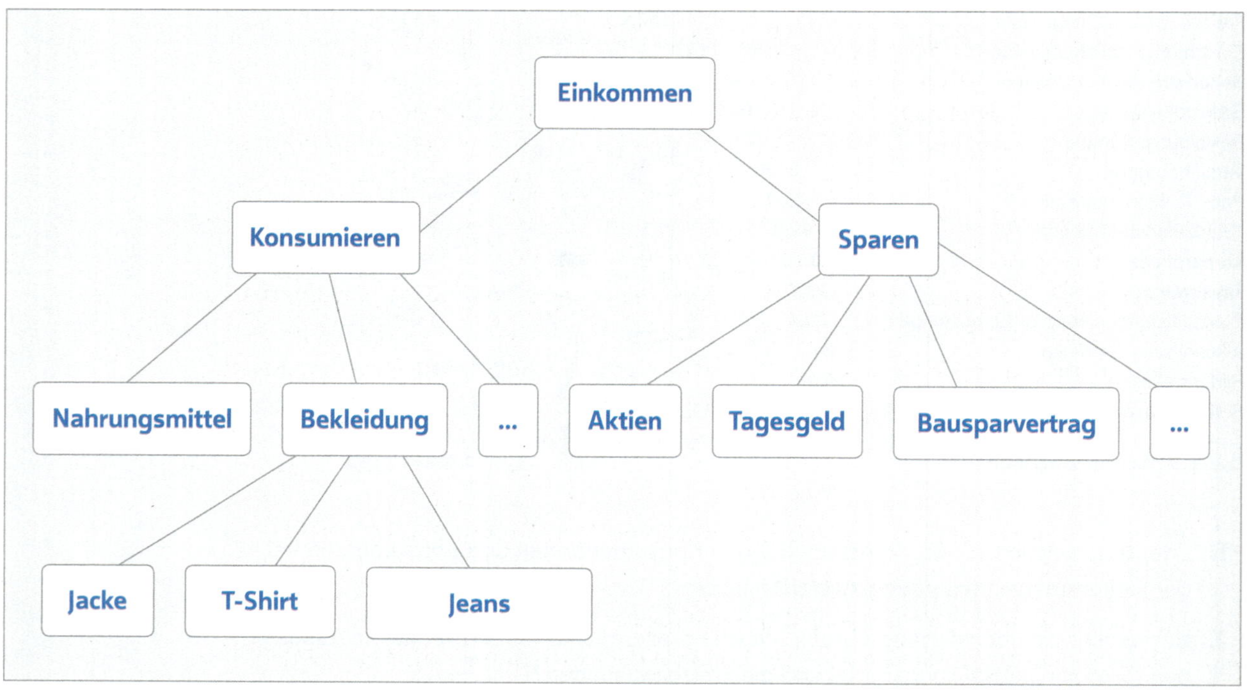

‣ Haushaltsbuch auf Papier oder per App?

Ausgabenkontrolle durch Führung eines Haushaltsbuches

Die sinnvolle Verwendung des Einkommens will gelernt sein. Das merkt man spätestens dann, wenn das Konto schon vor der nächsten Lohnzahlung fast leer geräumt ist. Wird so etwas zum Dauerzustand, kann ein Haushaltsbuch weiterhelfen. Darin werden alle Ausgaben und Einnahmen jeweils monatsweise aufgelistet und miteinander verrechnet. Das Haushaltsbuch ist allerdings nur ein Hilfsmittel und kann nicht generell ein zu niedriges Einkommen ausgleichen. Statistiken belegen, dass man durchschnittlich etwa 25 % seines Geldes für Ernährung, 30 % für Miete und Energie, knapp 15 % für Mobilität, Post und Telekommunikation und 10 % für Hobbys ausgibt. Während an der Miete nur wenig gespart werden kann, lohnt es sich bei Strom, Wasser, Gas und Versicherungsprämien schon eher. Vor allem aber schlagen die vielen tausend kleinen Dinge zu Buche, das Schnäppchen am Wühltisch genauso wie der Wochenendeinkauf.

Wenn man Monat für Monat aufschreibt, was man ausgibt, macht man einen ersten Schritt zum besseren Umgang mit dem eigenen Geld. Ein solches Haushaltsbuch kann in Papierform geführt werden, aber beispielsweise auch mithilfe einer Tabellenkalkulation am Computer oder mithilfe spezieller Apps. So kann man analysieren, wo die „Geldfresser“ sind. So kann etwa der tägliche Kaffee auf dem Weg zur Schule/zur Uni/zur Arbeit auf den Monat gerechnet schnell einen hohen zweistelligen Betrag ausmachen.

1. Begründet, warum eine Übersicht über die eigenen Einnahmen und Ausgaben wichtig ist.
2. Führt für einen Monat ein Haushaltsbuch, auf Papier, per App oder mit einem Tabellenkalkulationsprogramm. Analysiert, wo eure persönlichen Geldfresser liegen.

▸ Tipps zum Führen eines Haushaltsbuches gibt es etwa bei der Verbraucherzentrale.

Mit einem Haushaltsbuch kann man sich gut einen Überblick über Einnahmen und Ausgaben verschaffen. Musterbeispiele helfen, eine Übersicht anzufertigen. Folgende Schritte sind sinnvoll:

Schritt 1: Einnahmen ermitteln
Zu den Einnahmen zählen die Nettolöhne und -gehälter aller im Haushalt lebenden Personen, private Zahlungen sowie staatliche Zahlungen, z. B. Kindergeld, Urlaubs- und Weihnachtsgeld, Steuerrückerstattungen, und die Einkommen aus Vermögen wie Zinsen oder Mieteinnahmen. In einer Übersicht werden möglichst im Voraus die Einnahmen zusammengestellt, mit denen in den kommenden Monaten gerechnet werden kann. Mögliche Einkommensengpässe sind so auf einen Blick erkennbar.

Schritt 2: Feste Ausgaben erfassen
Es gibt feste und veränderliche Ausgaben. Die festen Ausgaben sind die regelmäßig wiederkehrenden Ausgaben wie Miete, Versicherungsbeiträge, Abonnements, Rundfunk- und Telekommunikationsgebühren etc. Sie sind nicht zu umgehen, man kann hier keine Einsparungen vornehmen, es sei denn, man kündigt ein Abonnement oder eine Versicherung. Die entsprechenden Beiträge werden meist zu festen Terminen vom Girokonto abgebucht. Mithilfe der Kontoauszüge der letzten zwölf Monate lassen sich diese absehbaren Zahlungen im Voraus in die Übersicht eintragen. Manche festen Ausgaben, z. B. Versicherungsbeiträge, werden halbjährlich oder jährlich gezahlt. Es ist sinnvoll, diese in die monatlichen Planungen mit einzubeziehen und die jeweiligen Beträge zurückzulegen. Aus den Einnahmen abzüglich der festen Ausgaben ergibt sich das Budget für die veränderlichen Ausgaben.

Schritt 3: Veränderliche Ausgaben erfassen
Zu den veränderlichen Ausgaben zählen unter anderem Lebensmittel, Kleidung, Kosmetik und Kino. Diese können je nach Bedürfnissen und finanziellen Mitteln sehr unterschiedlich sein und auch von Monat zu Monat schwanken. Da die Wünsche häufig größer sind als das zur Verfügung stehende Geld, müssen gerade die veränderlichen Ausgaben gut geplant werden um festzustellen, welche Spielräume bei den Ausgaben vorhanden sind. Für die Haushaltsbuchführung bietet es sich an, Ausgabekategorien festzulegen.

Für nahezu jede Ausgabe gibt es einen Beleg. Es ist sinnvoll, Kassenbons, Quittungen und Rechnungen z. B. in einem Umschlag zu sammeln und anhand der Belege in möglichst kurzen Abständen, am besten täglich, die Ausgaben in das Haushaltsbuch einzutragen. Eine weitere Möglichkeit ist, die Belege direkt nach Erhalt einzuscannen und in einer dafür vorgesehen Smartphone-App oder gesicherten Cloud zu speichern.

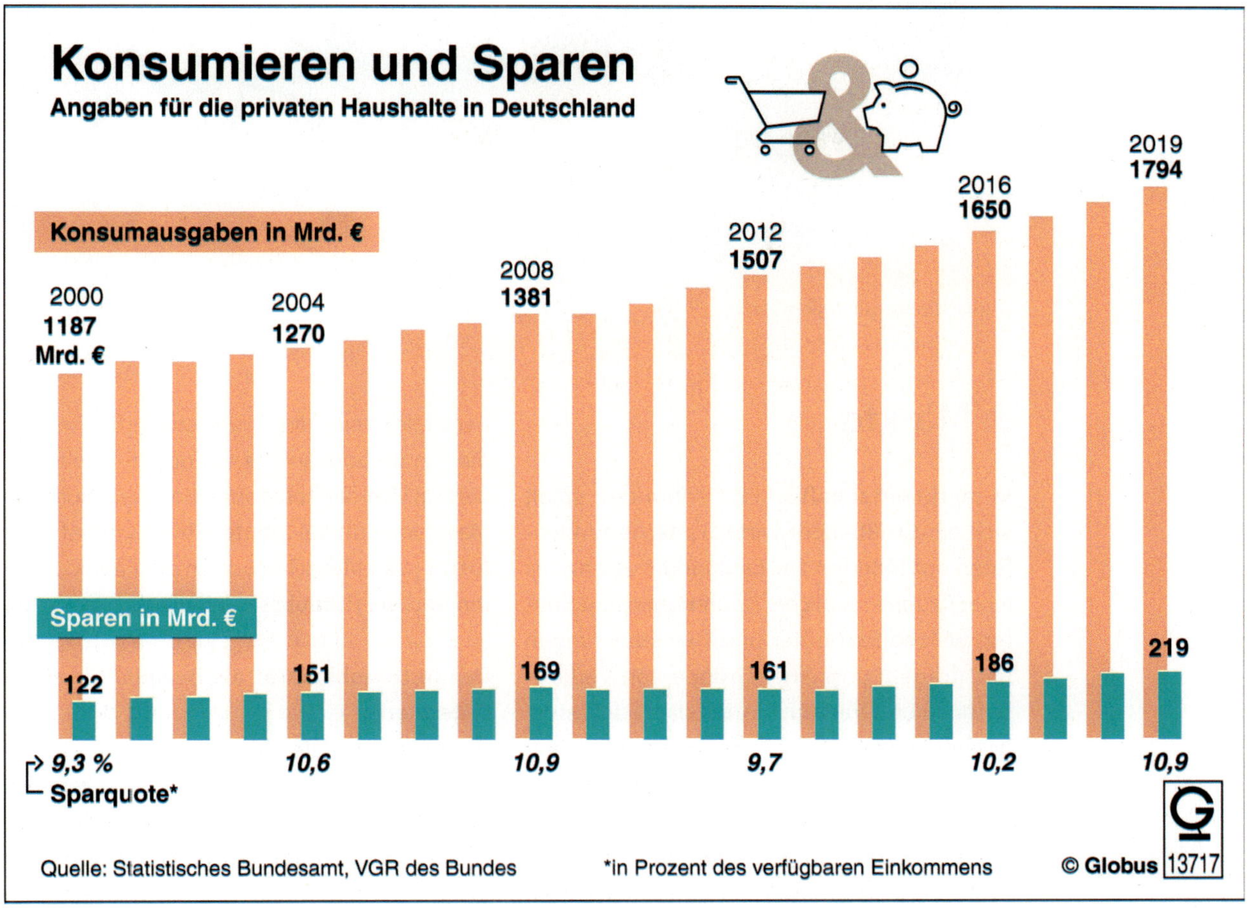

1. Analysiert mithilfe der Grafik, wie sich die Konsumausgaben und die Höhe der Sparrate in Deutschland in den letzten Jahren entwickelt haben. Stellt Vermutungen an, warum diese sich so entwickelt haben.
2. Erklärt, worauf die abgebildete Karikatur anspielt. Nehmt Stellung dazu.

▸ Investitionsgut: Mähdrescher

▸ Konsumgut: Make-up-Artikel

3 Märkte

In marktwirtschaftlichen Ordnungen spielt sich ein Großteil der wirtschaftlichen Aktivitäten auf Märkten ab. Ein Markt besteht aus einer Gruppe möglicher Käuferinnen und Käufer, welche Sachgüter und Dienstleistungen nachfragen, und einer Gruppe von Verkäuferinnen und Verkäufern, die diese anbieten. Anbieter und Nachfrager können sich zu einer bestimmten Zeit an einem bestimmten Ort treffen, beispielsweise auf dem städtischen Wochenmarkt, in Geschäften oder auch im Internet, z. B. auf einer Online-Versteigerungsplattform.

Aufgaben von Faktormärkten und Gütermärkten

Auf Märkten geht es um den Verkauf von Lebensmitteln, Autos oder Vierkantschrauben; es kann um die Arbeitsleistung von Archäologinnen und Archäologen gehen oder den Verkauf von Energie oder Immobilien. Vereinfachend lassen sich Märkte in Güter- und Faktormärkte unterteilen. Auf Gütermärkten werden Sachgüter und Dienstleistungen gehandelt. Sie werden unterschieden in Konsumgütermärkte, wo Lebensmittel, Handys, Autos, PCs oder Kosmetika nachgefragt werden, und Investitionsgütermärkte, also z. B. Märkte für Maschinen, Werkzeuge, Häuser oder Transporter.

Faktormärkte sind Märkte, auf denen die Produktionsfaktoren Arbeit, Boden und Kapital gehandelt werden. Das kann etwa ein Textilhersteller sein, der Grundstücksflächen für die Produktionsanlagen benötigt, Kapital für den Einkauf der Rohstoffe und Investitionen in Maschinen und als dritten Produktionsfaktor Arbeit (also Menschen, die in der Fabrik arbeiten und die Produkte herstellen).

Der Automobilmarkt als Beispiel für einen Gütermarkt

Heute gelten viele Märkte als gesättigt. Das heißt für Unternehmen, eine Absatzsteigerung und weiteres Wachstum sind häufig nur möglich, wenn dem Wettbewerb Kundinnen und Kunden abgeworben werden. Da dies ausgesprochen schwierig ist, gewinnt das Ziel, die bestehende Kundschaft zu halten und für Folgekäufe zu motivieren, eine hohe Bedeutung. Die Automobilbranche bietet dafür ein Beispiel: Über Jahrzehnte hinweg konnte sie sich auf die Märkte in den USA, Japan und Westeuropa verlassen. Jetzt steigt die Zahl der Neuzulassungen auf diesen Märkten nicht mehr in nennenswertem Umfang, aber Prognosen sagen, dass eine Massenmotorisierung in Zukunft vor allem in Brasilien, Russland, Indien und China stattfinden wird. Als Gründe werden die gute Konjunkturentwicklung in diesen Staaten verbunden mit steigenden Einkommen und verbesserten Möglichkeiten der Finanzierung angesehen. Viele Fahrzeuge werden aber zunächst an Erstkäuferinnen und Erstkäufer verkauft, die preiswerte Autos haben wollen. Ob jedoch deutsche Hersteller auf den neuen Märkten mit ihren heimischen Modellen erfolgreich sein können, ist fraglich.

▸ Elektroauto ...

▸ ... oder Sportwagen mit Verbrennungsmotor?

Preise als Koordinationsmechanismen auf Märkten

Wenn beispielsweise die Nachfrage nach besonders umweltfreundlichen Autos steigt und die Nachfrage nach Geländewagen und Sportwagen sinkt, werden die Hersteller von umweltfreundlichen Autos die Produktion ausweiten und möglicherweise die Preise erhöhen. Die Gewinne der Hersteller nehmen zu und sie können mehr Autos bauen. Dann treten vermutlich neue Anbieter in den Markt ein. Auch bei den Zuliefererfirmen tritt eine erhöhte Nachfrage auf, z. B. nach technischen Komponenten, aber auch nach Arbeitskräften. Ein umgekehrter Prozess läuft im Markt für Geländewagen und Sportwagen ab. Auch hier wird ein neuer Gleichgewichtspreis gefunden, bei dem sich Angebot und Nachfrage einpendeln. Man könnte auch sagen, über Märkte und Preise suchen Unternehmen nach neuen Kundinnen und Kunden für neue Produkte oder Dienstleistungen.

Preis-Mengen-Diagramm zu Angebot und Nachfrage

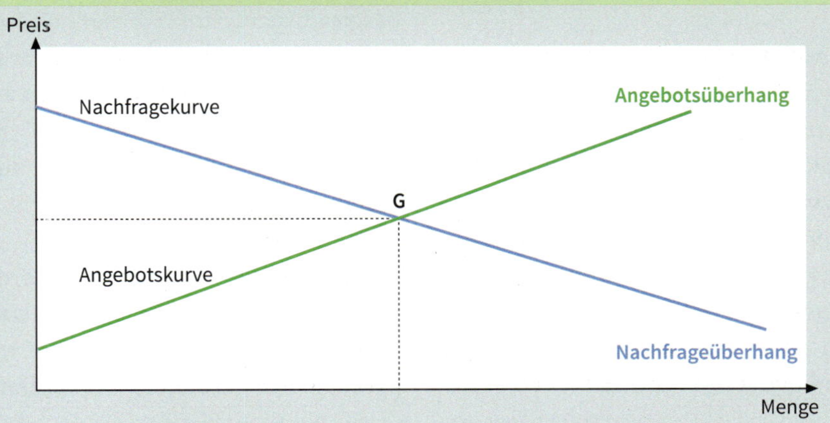

▸ Der Gleichgewichtspreis ist mit einem „G" gekennzeichnet. Dort finden Angebot und Nachfrage zueinander.

1. Auf Gütermärkten, z. B. auf dem Automarkt, sind die Preise der Produkte für die Kundinnen und Kunden leicht zu erkennen. Beurteilt, wie es sich damit auf dem Arbeits- bzw. Kapitalmarkt verhält.
2. Diskutiert: Wird der Marktmechanismus in der Realität so funktionieren wie beschrieben, und würde die Nachfrage nach Gelände- sowie Sportwagen sinken?

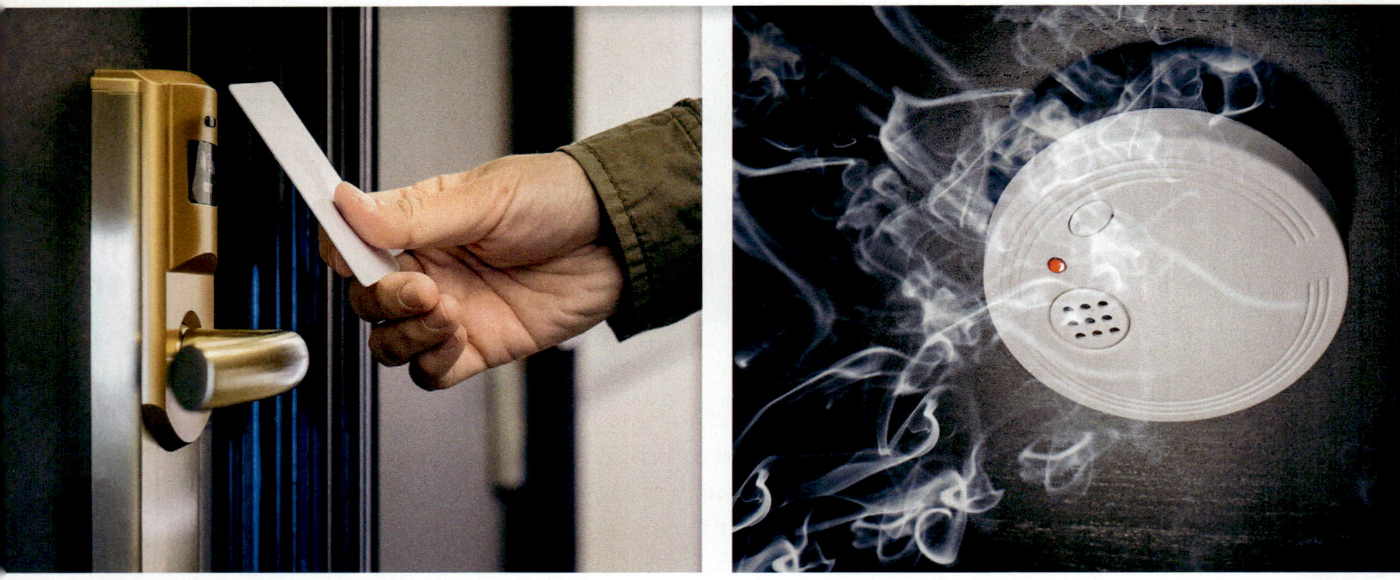

▸ Vergleichsportale gibt es etwa für Hotels oder Versicherungen (z. B. Hausratversicherungen).

Vergleichsportale im Internet

Preisvergleichsportale im Internet sollen für einen transparenten Markt sorgen. Aber tun sie das wirklich? Bei der Nutzung gibt es Chancen und Risiken, die bekannt sein sollten, um Vergleichsportale zielgerichtet und kritisch einsetzen zu können.

Chancen nutzen

Vergleichsportale im Internet können für eine Vielzahl von Produkten genutzt werden: Elektronikartikel, Handytarife, Versicherungen, Hotels sowie Bahn-, Bus- und Flugreisen. Vergleichsportale im Internet haben viele Vorteile: Wir können für ein Produkt Preise bei verschiedenen Händlern vergleichen. Oder für einen geplanten Urlaub die günstigste Anreisemöglichkeit und Unterkunft finden. Früher waren solche Preisvergleiche wesentlich aufwendiger. Oft können wir auch nach bestimmten Eigenschaften filtern. So werden uns zum Beispiel nur Smartphones angezeigt, deren Bildschirm mindestens 5,5 Zoll groß ist. Oder Hotels, die einen Pool haben. Oftmals sind Vergleichsportale auch mit Produktbewertungen anderer Nutzerinnen und Nutzer verbunden: Sie können ein Hinweis sein, ob ein Angebot hält, was es verspricht.

B NOAH MÖCHTE EIN NEUES HANDY KAUFEN

Noah möchte ein Handy kaufen. Dafür möchte er maximal 200 € ausgeben. Der Bildschirm sollte mindestens 6 Zoll groß sein, damit er gut Videos gucken kann. Und das Handy sollte eine Akkulaufzeit von mindestens 12 Stunden haben. Noah ruft ein Vergleichsportal im Internet auf. Dort kann er zunächst einige Filter-Einstellungen vornehmen: Er stellt den maximalen Preis auf 200 €, die Bildschirm-Größe auf „mindestens 6 Zoll“ und die Akkulaufzeit auf „mindestens 12 Stunden“.

Für seine Filter-Einstellungen werden ihm neun Ergebnisse angezeigt. Er wählt das oberste Ergebnis aus, weil dieses vom Vergleichsportal besonders empfohlen ist. Die Empfehlung wird extra durch rote Schrift und ein großes Banner „Unsere Empfehlung“ hervorgehoben. Jetzt kann Noah die Preise vergleichen. Das günstigste Angebot hat ein bekannter Online-Händler und liegt bei 192 €. Noah kann das Handy gleich vom Vergleichsportal aus in den Warenkorb beim Händler legen und bestellen. Er beeilt sich, denn über dem Angebot prangt ein großer Button: „Nur noch 1 Exemplar verfügbar!“ ■

▸ Online oder im lokalen Handel einkaufen?

Risiken und Probleme kennen

Vergleichsportale haben viele Vorteile. Wenn wir sie nutzen, müssen wir uns aber auch die Risiken und Probleme bewusst machen. Nur so können wir am Ende eine informierte Entscheidung treffen.

Kein Vergleichsportal kann wirklich alle Angebote und Preise überprüfen.

Lokale Händler sind zum Beispiel oft nicht aufgelistet, weil die Vergleichsportale deutschlandweit oder sogar weltweit tätig sind. So kann es zum Beispiel noch günstigere Angebote geben, die im Preisvergleich nicht auftauchen. Oder Hotels, die noch Zimmer frei haben, obwohl im Vergleichsportal steht, dass bereits alles ausgebucht sei. Im Zweifel lohnt es sich, noch einmal direkt beim Händler oder Hotel nachzufragen. Dies gilt auch für Versicherungs- und Bankprodukte, wo sich manche Anbieter bewusst dagegen entscheiden, mit den Vergleichsportalen zusammenzuarbeiten.

Vergleichsportale sind oft nicht unabhängig.

In der Regel erhalten sie eine Provision von dem Anbieter, bei dem am Ende gekauft oder gebucht wird. Bietet ein anderer Händler oder ein anderes Hotel eine höhere Provision, kann es sein, dass das Vergleichsportal dieses Angebot extra hervorhebt (zum Beispiel als besondere Empfehlung). Deshalb werben z.B. mittlerweile viele Hotels dafür, direkt bei ihnen zu buchen. So können sie sich die Provisionen für das Vergleichsportal sparen.

Bewertungen auf Vergleichsportalen oder in Online-Shops dürfen wir nicht blind vertrauen.

Diese können zwar ein Hinweis sein, ob ein Angebot hält, was es verspricht. Allerdings können Bewertungen auch gefälscht sein: So kann zum Beispiel ein Online-Händler eine Werbeagentur beauftragen, gute Bewertungen für das eigene Angebot oder schlechte Bewertungen für das Angebot der Konkurrenz zu fälschen.

1. Zählt auf, für welche Bereiche (zum Beispiel Elektronikartikel oder Hotels) ihr Vergleichsportale kennt und nennt diese.
   a) Recherchiert mithilfe eines Vergleichsportals den Preis für ein Produkt eurer Wahl.
   b) Recherchiert dann im Internet oder bei Händlern in eurer Umgebung, ob ihr das gleiche Produkt günstiger bei einem Händler findet, den das Vergleichsportal nicht aufgelistet hat.
   c) Stellt dar, warum ein Einkauf im lokalen Handel auch dann sinnvoll sein kann, wenn ein Produkt dort teurer als im Online-Handel ist.
2. Lest das Beispiel von Noah. Überlegt, was Noah tun könnte, um eine informiertere Kaufentscheidung zu treffen.
3. Erklärt, wie Vergleichsportale ihr Geld verdienen. Überlegt, was daran problematisch sein könnte.

Preisbildung in den verschiedenen Marktformen

Ein wichtiges Denkmodell ist das Modell der idealen Preisbildung. Die Preisbildung nach diesem Denkmodell hat aber viele Voraussetzungen. So sind die Voraussetzungen für einen vollkommenen, idealen Markt folgende:

- Es gibt viele Anbieter und viele Nachfrager, niemand kann den Markt alleine beherrschen.
- Nachfrager und Anbieter streben einen möglichst hohen Nutzen bzw. Gewinn an.
- Alle Nachfrager und Anbieter haben eine vollkommene Marktübersicht über Anbieter, Produkte und Preise.
- Alle angebotenen Produkte haben die gleiche Qualität, allein der Preis ist für die Auswahl wichtig.
- Niemand bevorzugt aus persönlichen, räumlichen oder zeitlichen Gründen einen Nachfrager oder Anbieter.

In der Wirklichkeit werden eine oder mehrere Bedingungen des „idealen Marktes" nicht erfüllt sein. In diesem Fall spricht man von einem unvollkommenen Markt. So sind z. B. selbst auf dem Wochenmarkt nie alle Informationen gleichzeitig zur Hand. Zum einen verursacht die Informationssuche Aufwand (und seien es auch nur Mühe und Zeit), zum anderen kann eine Information zum Zeitpunkt des Kaufs schon wieder veraltet sein. Ganz deutlich wird die mangelhafte Übersicht bei Märkten wie dem Wohnungsmarkt oder dem Arbeitsmarkt, sie gilt aber auch bei Teilmärkten wie dem Markt für Regenschirme oder Badehosen. Deshalb ist es hilfreich, je nach Anzahl der Marktteilnehmer verschiedene Marktformen zu unterscheiden. Die bisher behandelte, ideale Marktform mit vielen Anbietern und Nachfragern wird auch Polypol genannt. Sind auf einer Seite nur wenige Marktteilnehmende vorhanden, spricht man von einem Oligopol. Wenn es lediglich einen einzigen Anbieter oder Nachfrager gibt, handelt es sich um ein Monopol.

Dazu noch einige Anmerkungen: Gibt es nur einen Anbieter (Angebotsmonopol), wird der Preis weitestgehend vom Monopolisten festgesetzt.

Hierbei ist dieser jedoch nicht vollständig frei, weil auch er sich am Verhalten der Konsumentinnen und Konsumenten orientieren muss. Hinzu kommt in der Realität die Gefahr, dass bei „zu hohen" Preisen z. B. die Konsumentinnen und Konsumenten ein Gut durch ein anderes ersetzen. So kann zwar ein Automobilkonzern der einzige Hersteller von Luxuslimousinen sein, jedoch werden die Konsumentinnen und Konsumenten im Falle „überzogener" Preise möglicherweise mehr und mehr auf andere Fahrzeuge umsteigen.

Die Preisbildung im Oligopol bringt ebenfalls eigene Besonderheiten mit sich. Neben dem Nachfrageverhalten muss der Oligopolist auch das Verhalten seiner Mitbewerber beachten. Ohne äußere Einflüsse, z. B. teurere Rohstoffe, wird kein Oligopolist die Preise ändern. Darum sind die Preise meist recht starr und ändern sich wenig. Gibt es dennoch Gründe für Preisänderungen, so ist oft das Verhalten der sogenannten Preisführerschaft zu beobachten. Geht ein Unternehmen mit der Preiserhöhung voran, dann ist das ein Signal für die anderen Unternehmen, ihre eigenen Preise danach auszurichten. Für die Kundschaft wird es dann insgesamt teurer.

1. Erläutert die angegebenen Gründe von der Modellabweichung an weiteren Beispielen aus der Marktwirklichkeit.
2. Versucht, je ein Beispiel für ein Monopol, ein Oligopol und ein Polypol zu finden und erläutert diese.

‣ Amazon Hauptsitz in Seattle, USA

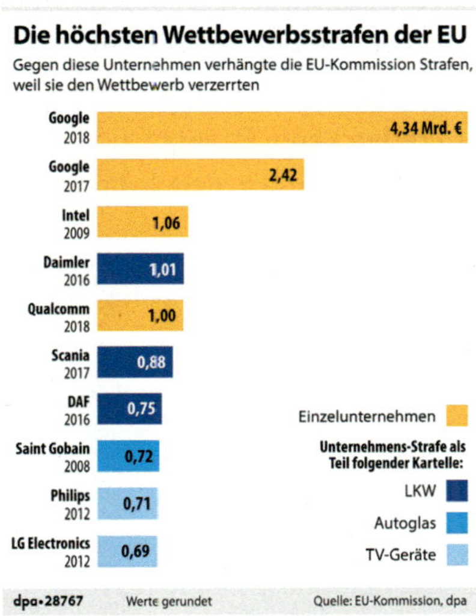

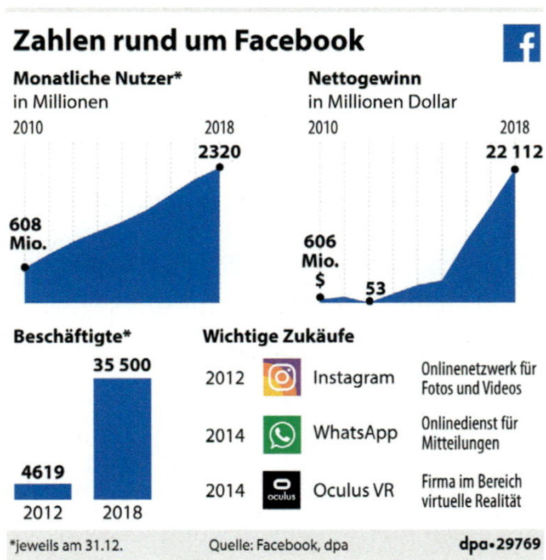

Wenn heute über Monopole oder Oligopole diskutiert wird, geht es häufig um die großen Internetunternehmen aus dem Silicon Valley in den USA. Digitaltechnologie ermöglicht es ihnen, die eigenen Angebote relativ schnell und kostengünstig weltweit verfügbar zu machen. Dabei kann es in einzelnen Bereichen schnell zu einer großen Marktmacht kommen, etwa im Bereich Online-Werbung oder bei Suchmaschinen. Im Jahr 2018 verhängte z. B. die EU-Kommission eine Kartellstrafe gegen den Digitalkonzern Google. Dies geschah im Zusammenhang mit der Bevorzugung der eigenen Suchmaschine im Smartphonebetriebssystem Android. Dieses System ist auch in Deutschland sehr weit verbreitet.

1. Erklärt, warum es bei digitalen Geschäftsmodellen schneller zu großer, weltweiter Markmacht kommen kann als z. B. bei der Herstellung von Autos.
2. Diskutiert, ob man bei dem Internet-Unternehmen Facebook (vgl. Grafik rechts) von einer marktbeherrschenden Stellung sprechen kann und wenn ja, in welchen Bereichen.
3. Setzt euch damit auseinander, wo in der digitalen Wirtschaft es noch Monopole oder Oligopole gibt und nennt Beispiele. Begründet eure Einschätzung.

LERNBILANZ

Lernbilanz

Am Ende dieses Kapitels hast du gelernt,
- *was das zentrale Problem allen Wirtschaftens ist,*
- *wie Menschen mit dem Problem der Knappheit umgehen,*
- *welche Auswirkungen dies auf ihr Handeln hat,*
- *was typisch ökonomisch ist und welche Fragen damit zusammenhängen,*
- *wie die Preisbildung am Markt und verschiedene Marktformen funktionieren.*

Mit den folgenden Aufgaben kannst du deine Kompetenzen prüfen.

1. In einem der berühmtesten Romane der Weltgeschichte wird von dem Engländer Daniel Defoe (1660-1731) die Geschichte des Schiffbrüchigen Robinson Crusoe erzählt. Er ist der einzige Überlebende nach einem Schiffbruch und kann nur wenige Dinge aus dem sinkenden Schiff auf eine einsame Insel retten. Nach einiger Zeit hat sich Robinson Crusoe auf der Insel so eingewöhnt, dass er sich durch Jagen und Fischen ernähren und vor wilden Tieren schützen kann. Nun ergibt sich, dass Robinson einen Inselbewohner vor seinen Verfolgern retten kann. Er nennt ihn Freitag. Jetzt sind sie zu zweit und Robinson stellt fest, dass Freitag viele Tätigkeiten geschickter und schneller erledigen kann als er selbst.

a) Erläutere, mit welchem grundlegenden Problem sich Robinson auseinandersetzen muss, als er als Schiffbrüchiger auf einer Insel strandet.

b) Vergleicht Robinsons Situation vor und nach der Zusammenkunft mit Freitag auf der Insel und beantwortet die Frage, was sich aus ökonomischer Sicht verändert hat.

2. Begründe, worin deiner Ansicht nach das Hauptproblem der Bedürfnispyramide nach A. H. Maslow besteht. Erkläre, was sich hingegen gut damit erklären lässt.

3. Analysiere die nachfolgende Karikatur und erkläre, worauf diese anspielt. Nimm Stellung dazu, ob man bei dem Internet-Konzern Amazon in bestimmten Geschäftsfeldern von einem Monopol sprechen kann.

4. Untersuche die nachfolgende Grafik anhand folgender Fragen:

a) Welches sind die drei größten Ausgabenbereiche der Jugendlichen?

b) Vergleicht Einnahmen und Ausgaben der Jugendlichen 2019.

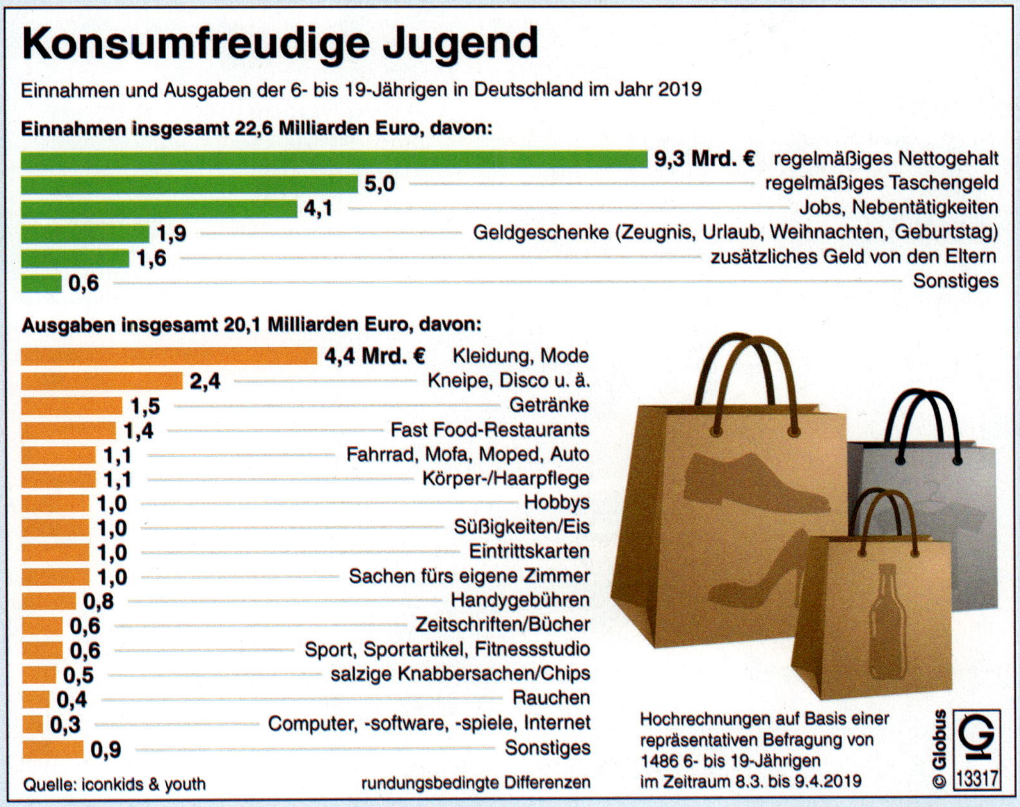

5. Analysiere den Verlauf der Ersparnisse und der Sparquote der Menschen in Deutschland im zeitlichen Verlauf. Erkläre, was auffällig ist.

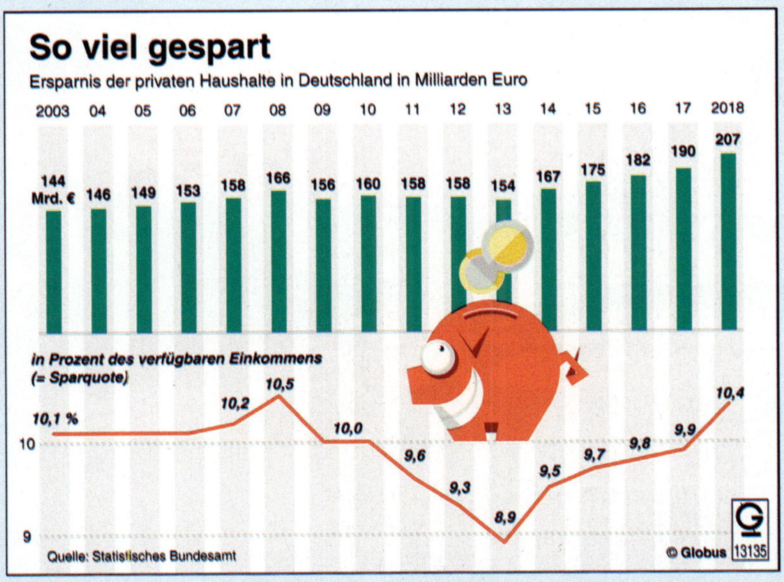

R2

praxis

In diesem Kapitel lernt ihr,

- welche Interessen es innerhalb und außerhalb des Unternehmens gibt,
- welche Perspektiven und Aufgaben Unternehmen haben,
- welche Fertigungsverfahren es gibt und wie die Entscheidung über ein Fertigungsverfahren getroffen wird,
- wie Preise kalkuliert werden,
- wie Marketing und der absatzwirtschaftlichen Prozess funktionieren,
- und welche betrieblichen Messgrößen es gibt.

II DAS UNTERNEHMEN UND SEINE LEISTUNGEN

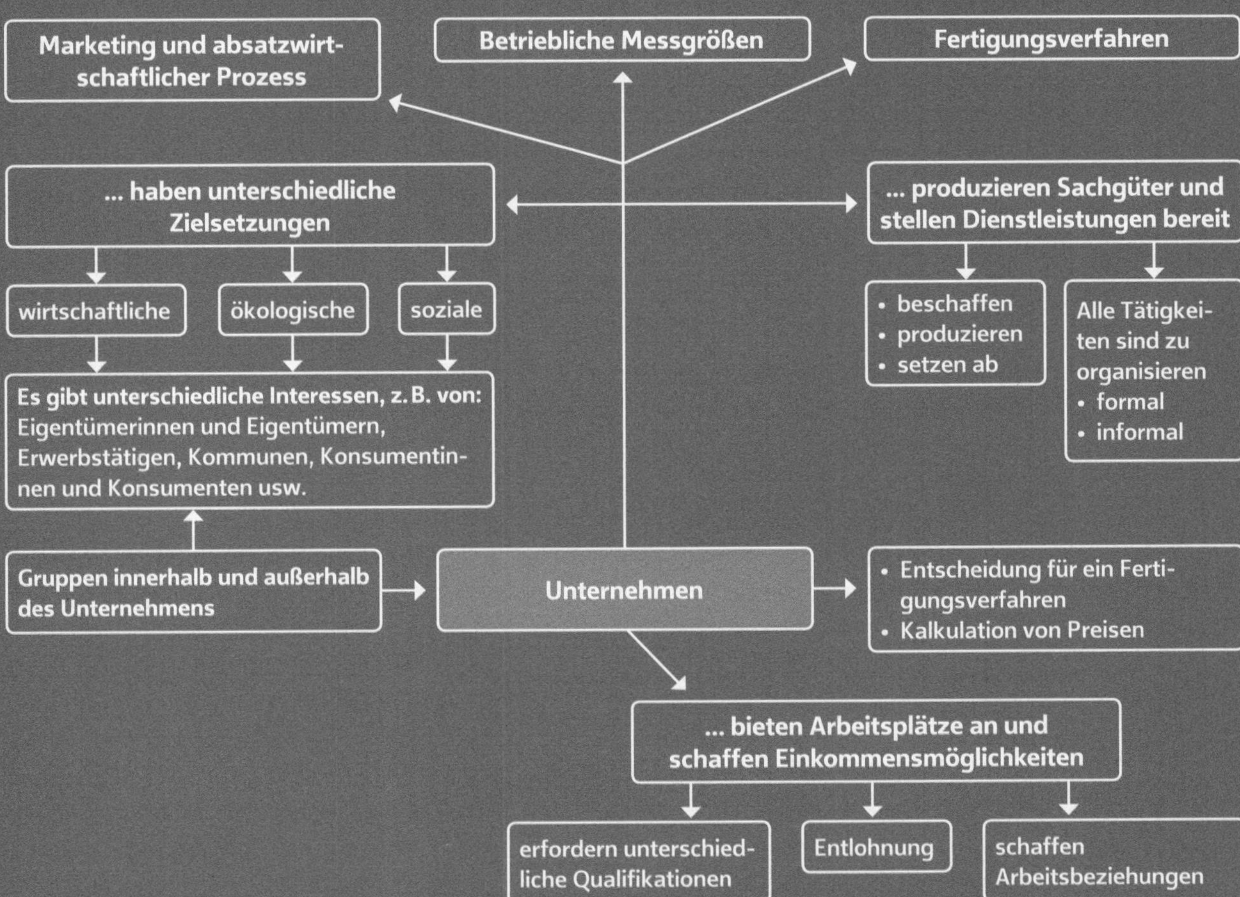

▸ Demonstration für den Erhalt des Siemens-Werkes in Görlitz

1 Gruppen in und außerhalb des Unternehmens

Unterschiedliche Interessen

In einem Unternehmen arbeiten viele Menschen zusammen. Sie arbeiten mit gemeinsamen, aber auch unterschiedlichen Zielen.

Gemeinsames Ziel kann es z. B. sein, ein Produkt zu produzieren oder eine Dienstleistung anzubieten, um so das Unternehmen als Anbieter auf dem Markt zu festigen und sich seinen Arbeitsplatz als Einkommensquelle zu sichern.

Unterschiedliche oder gegensätzliche Ziele können bestehen, wenn es um die Höhe der Einkommen geht oder die Schließung eines Werkes.

Q **TURBINEN-WERK: SIEMENS SCHLIESST KOMPROMISS FÜR GÖRLITZ**

Manchmal passieren die Dinge so schnell hintereinander, dass man nicht an einen Zufall glauben möchte. Am Montag erst hatte Siemens zeitlich befristete Betriebsschließungen in seiner Kraftwerkssparte angekündigt – und dies mit einem „anhaltenden beispiellosen Markteinbruch" bei der Stromerzeugung gerechtfertigt. Zwangsurlaub in turbulenten Zeiten: Seit Monaten streiten Management und Betriebsräte über die Pläne von Konzernchef Joe Kaeser, weltweit 6 900 Stellen in der Kraftwerkssparte zu streichen – die Hälfte davon in Deutschland. Werke wie Leipzig und Görlitz sollten geschlossen werden, die Lage schien aussichtslos.

Am Dienstag dann lud der Konzern zu einer spontanen Telefonkonferenz mit Personalvorstand Janina Kugel. Nach Schließungsplänen und Betriebsschließungen nun: ein Zukunftspakt von Unternehmensführung, Gesamtbetriebsrat und IG Metall. Die politisch heftig diskutierten Schließungspläne für das Werk im sächsischen Görlitz sind vom Tisch; das Werk soll nun zu einer weltweiten Zentrale für das Geschäft mit Industrie-Dampfturbinen ausgebaut werden, teilte der Konzern mit.

Ein Jobabbau ist in Görlitz nicht aus der Welt

Allerdings hat die frohe Botschaft auch einen Haken: eine „Restrukturierung", also ein Abbau von Jobs, ist in Görlitz damit nicht aus der Welt. Kugel spricht von einem „sehr guten Anfang", der sie „optimistisch" mache, und das sagt sehr viel über den Stand der Dinge: Die Einigung aus der vergangenen Nacht mögen Konzern und Betriebsräte als Verhandlungserfolg verbuchen. Die ganz heiße Phase ist überstanden – jetzt geht es ans Eingemachte.

Görlitz soll leben, aber der Standort Offenbach solle „perspektivisch aufgegeben" werden, heißt es. Ein Verkauf des Standorts in Leipzig wird geprüft, und ob es bei dem geplanten Abbau von 6900 Jobs bleibt, ob es weniger werden oder am Ende noch mehr, ist offen. Wichtig ist Kugel: Es soll ein „großer dreistelliger Millionenbetrag" eingespart werden. Um wie viele Stellen es am Ende genau gehen werde? Da müsse man sich noch gedulden, sagt die Managerin – man habe noch „sehr viel Arbeit" vor sich.

Sie zögert auch bei der Frage, ob Siemens betriebsbedingte Kündigungen aussprechen will. Dies sei „nicht das, was wir wollen" sagt sie. Aber: „Was sollen wir machen, wenn die freiwilligen Maßnahmen nicht ausreichen?" Was wohl viel heißt wie: Ja, alles ist möglich. Die IG Metall hatte übrigens den Erhalt der deutschen Standorte und einen Verzicht auf betriebsbedingte Kündigungen gefordert, davon werden die Gewerkschafter nicht alles bekommen. Andererseits: Auch Kaeser und Kugel wollten Görlitz schließen. Der Zukunftspakt aus der Nacht ist also vor allem eines: Ein erster Kompromiss, der Spannung rausnehmen und etwas Ruhe bringen soll. ■

Quelle: Thomas Fromm, 08.05.2018, https://www.sueddeutsche.de/wirtschaft/turbinen-werk-siemens-schliesst-kompromiss-fuer-goerlitz-1.3972080 (10.07.2020)

Das Beispiel zeigt, dass es Gruppen im Unternehmen und außerhalb des Unternehmens gibt, die unterschiedliche Ansprüche haben und auf unterschiedliche Weise versuchen, ihre Ansprüche durchzusetzen. Man nennt diese Gruppen auch Stakeholder. Das können Managerinnen und Manager, Gewerkschaften, Verbände, Aktionärinnen und Aktionäre, Kundinnen und Kunden, der Staat, Mitarbeiterinnen und Mitarbeiter usw. sein.

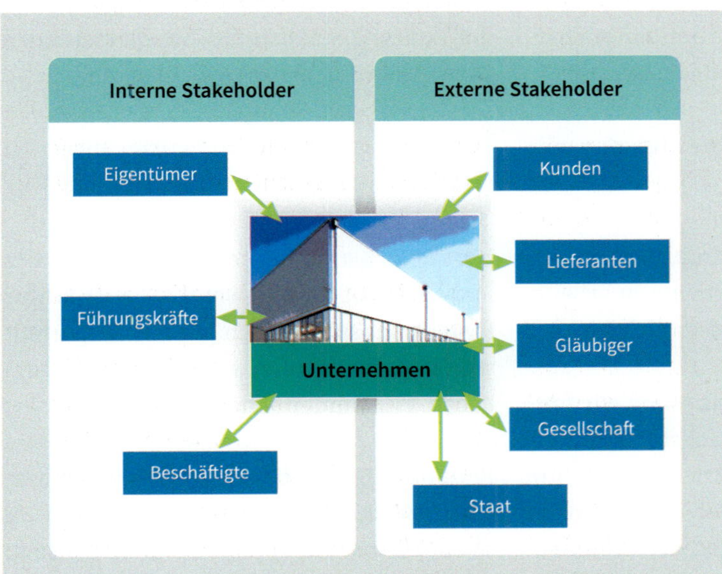

Die Grafik zeigt, welche internen und externen Stakeholder es bei Unternehmen geben kann.

1. Arbeitet die verschiedenen Interessengruppen im o. g. Beispiel heraus und beschreibt, wie diese versuchen, ihre Ziele durchzusetzen.

▸ Sitzung eines Betriebsrates

Wenn die Beziehungen der unterschiedlichen Gruppen zu einem Unternehmen durch ein einfaches Symbol gekennzeichnet werden sollen, könnte z. B. das Symbol „§“ verwendet werden. Das bedeutet, dass viele Beziehungen rechtlich geregelt sind, z. B. durch Verträge oder Gesetze.

Ein kleines Beispiel dafür, welche Probleme in einem Unternehmen auftauchen können und die es zu regeln gilt:

B Frau Retz, Mitglied des Betriebsrates in der Meier-Papier-AG, kommt nach einem anstrengenden Tag nach Hause. Ihr Mann, der in einer kleinen Möbeltischlerei mit vier Mitarbeitenden arbeitet, hat bereits für das Abendessen gesorgt. Am Tisch erzählt sie ihm von der heutigen Sitzung des Wirtschaftsausschusses:

Frau Retz: Puh, das war eine anstrengende Sitzung!

Herr Retz: Da bin ich echt froh, dass ich nur in so einem kleinen Unternehmen arbeite. Da fällt die Koordination wesentlich leichter.

Frau Retz: Na klar, aber was sollen wir tun? Ich glaube, da kommt in nächster Zeit noch richtig was auf uns als Betriebsrat zu. Zum Beispiel die Produktionsverlagerung nach Polen: Klar, dass wir expandieren müssen, aber wir müssen auch höllisch aufpassen, dass nicht plötzlich die Mehrzahl der Stellen hier weg ist. Zumal im Rahmen der gesamten Reorganisation einige Abteilungen zusammengelegt werden und im Zuge dessen sowieso schon Personal abgebaut wird. Der Vorstand stellt das natürlich ganz anders dar.

Herr Retz: Klar, dass eure Interessenlagen da nicht übereinstimmen.

Frau Retz: Wir wissen auch, dass die Ausweitung der Unternehmenstätigkeit ins Ausland unumgänglich ist, schon allein um die Existenz und Beschäftigung langfristig zu sichern. Gerade jetzt, wo unsere Gewerkschaft einen vernünftigen Tarifabschluss mit den Arbeitgebern ausgehandelt hat.

Herr Retz: Aber könnt ihr denn da überhaupt was machen?

Frau Retz: So hilflos sind wir ja auch nicht! Wir werden z. B. bei den anstehenden Entlassungen sehr genau sehen, dass sozialverträgliche Regelungen gefunden werden. Zum Glück gibt es ja klare rechtliche Regelungen, an denen niemand vorbeikann.

Herr Retz: Nur gut, dass ich mit so was nichts zu tun habe. Obwohl ich nächste Woche auch mal mit meinem Chef sprechen muss. Mit den Überstunden geht das so nicht weiter.

Frau Retz: Das stimmt, da musst du unbedingt was tun.

Herr Retz: Klar, im Moment liegt viel an, das ist ja auch gut so. Aber wenn das noch länger so geht, muss halt noch jemand eingestellt werden, oder es muss zumindest mehr Geld geben. Wir werden sehen.

Frau Retz: Das ist bei euch natürlich einfacher. Die Entlohnung ist bei uns auch noch so ein Thema. Der Vorstand hält, wie er sagt, die „Effizienz“ im Bereich der Produktion für nicht hoch genug und möchte ein neues Prämiensystem einführen, um die „Leistungsanreize“ zu erhöhen. ■

- Fremdkapitalgeber: z. B. Banken (hier im Frankfurter Bankenviertel)

- Eigenkapitalgeber: z. B. Aktionärinnen und Aktionäre

Bulle und Bär sind die Symboltiere für steigende bzw. fallende Aktienkurse (auf dem Foto vor der Frankfurter Börse).

- Mitarbeiterinnen und Mitarbeiter

- Finanzamt

Perspektiven und Aufgaben von Unternehmen

Unternehmen können aus einer dreifachen Perspektive betrachtet werden:
- Unternehmen = Einkommensquellen der Beteiligten
- Unternehmen = Marktteilnehmer
- Unternehmen = Leistungsersteller

Die Differenz zwischen den aufgewendeten Geldmitteln für die Produktionsfaktoren Betriebsmittel, Werkstoffe und andere Vorleistungen und den Einnahmen aus den verkauften Leistungen ist die Wertschöpfung der Unternehmen, z. B. in einem Jahr. Davon erhalten die Mitarbeiterinnen und Mitarbeiter ihren Lohn oder ihr Gehalt, die Banken oder andere Fremdkapitalgeber bekommen Zinsen, die Gesellschafterinnen und Gesellschafter oder andere Eigenkapitalgeber bekommen ihre Gewinnausschüttungen und der Staat erhält anteilig Steuern.

Unternehmen sind immer Teile der regionalen, der nationalen und der internationalen Wirtschaft. Unternehmen müssen mindestens die drei Grundaufgaben oder Grundfunktionen Beschaffung, Produktion und Absatz bewältigen, um auf Dauer existieren zu können.

▸ Beschaffung von Rohstoffen

▸ Produktion

▸ Absatz

Betriebliche Grundfunktionen

Die betrieblichen Grundfunktionen sind Beschaffung, Produktion und Absatz. Was sich hinter diesen Begriffen für Teilaufgaben verbergen, könnt ihr der Grafik entnehmen. Ein Unternehmen muss alle diese Grundfunktionen gleichermaßen erfüllen können, um dauerhaft erfolgereich sein zu können. Es nützt beispielsweise nichts, wenn die Verkaufs- und Produktionszahlen gut sind, aber die Werkstoffe so teuer eingekauft werden, dass kein Gewinn übrig bleibt.

Durch äußere Einflüsse können einzelne Grundfunktionen erschwert oder (vorübergehend) unmöglich erfüllt werden. So kann etwa ein Wintereinbruch mit Schnee und Eis dazu führen, dass eine Baufirma alle Arbeiten stoppen muss, obwohl die Nachfrage eigentlich hoch ist und auch ausreichend Werkstoffe und Arbeitskräfte zur Verfügung stehen.

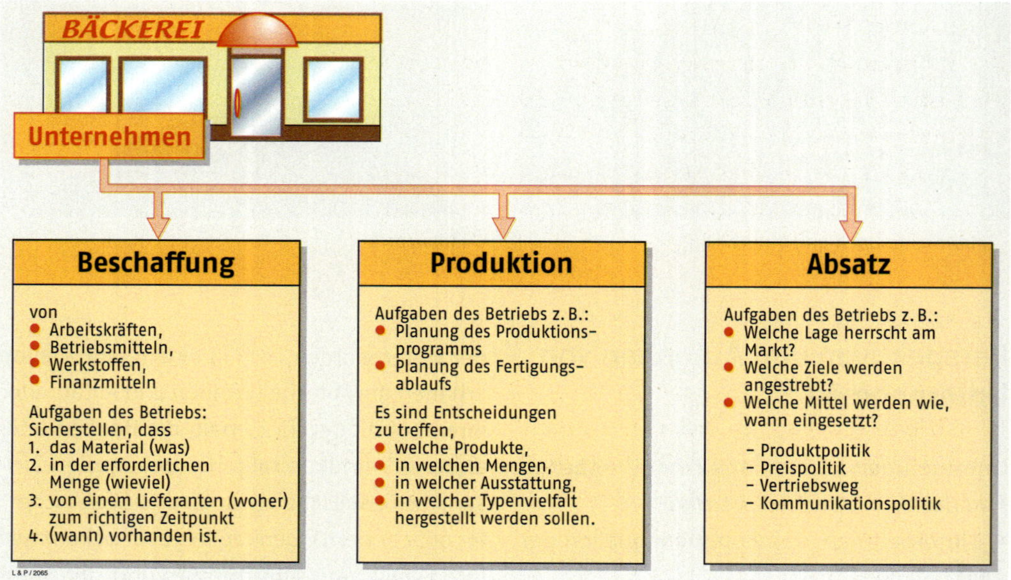

▸ Die betrieblichen Grundfunktionen

1. Erläutert in eigenen Worten die drei betrieblichen Grundfunktionen am Beispiel einer Bäckerei.
2. Entwickelt mindestens zwei Szenarien, in denen eine betriebliche Grundfunktion (vorübergehend) nicht erfüllt werden kann und dies auch Auswirkungen auf die anderen beiden Grundfunktionen hat.

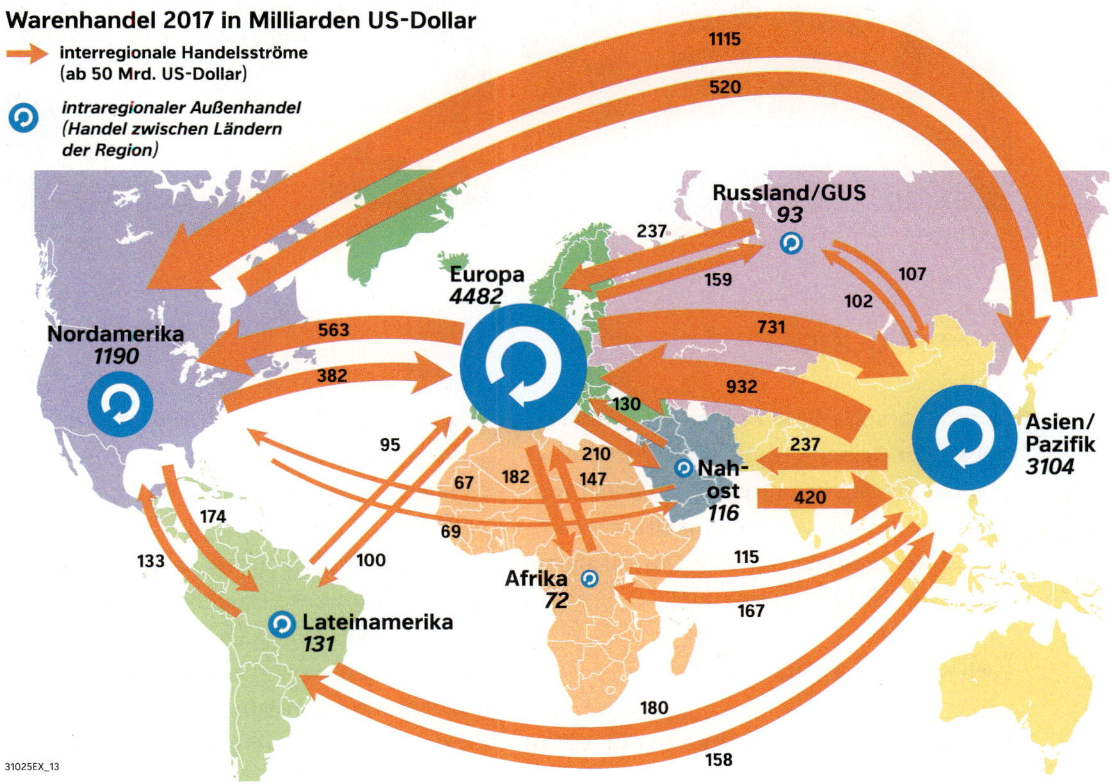

Durch die zunehmende internationale Vernetzung, etwa durch vereinfachte digitale Kommunikationsmedien oder günstigere Frachtraten (siehe Grafik), spielt der internationale Markt eine zunehmende Rolle bei vielen Unternehmen. Das betrifft alle betrieblichen Grundfunktionen: Beschaffung, Produktion und Absatz.

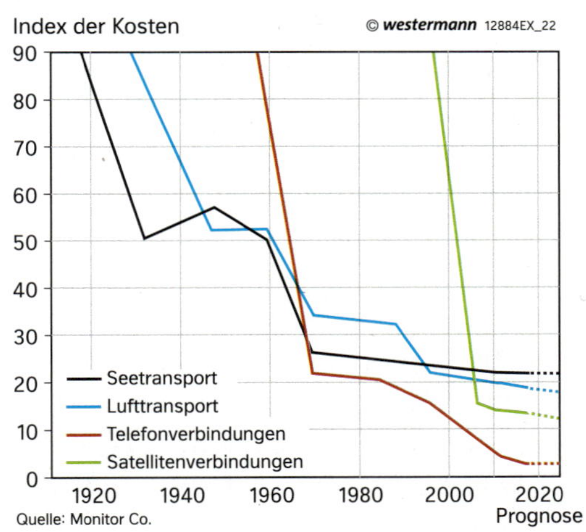

Beispielsweise können Unternehmen hochqualifizierte Arbeitskräfte aus dem Ausland anwerben. Oder die eigenen Produkte werden nicht nur in Deutschland, sondern europa- oder sogar weltweit verkauft. Durch große, global tätige Internetplattformen ist dies zunehmend auch kleineren Unternehmen schnell, einfach und kostengünstig möglich. Im Umkehrschlus steigt jedoch auch die Konkurrenz, etwa durch Mitbewerber aus dem Ausland, bei denen Kundinnen und Kunden in Deutschland ebenso schnell, einfach und kostengünstig einkaufen können.

1. Stellt dar, welchen Einfluss die zunehmende internationale Vernetzung auf die betrieblichen Grundfunktionen von Unternehmen in Deutschland hat. Arbeitet Chancen, aber auch Risiken heraus.

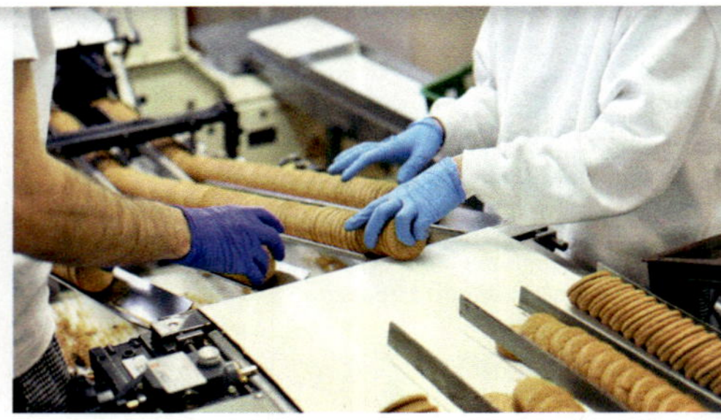

▸ Fließbandarbeit in einer Auto- und einer Keksfabrik

2 Fertigungsverfahren

Es gibt verschiedene Fertigungsverfahren. Neben der Reihenfertigung gibt es noch die Werkstattfertigung und die Insel- oder Gruppenfertigung. Diese unterschiedlichen Fertigungsformen werden auch als Organisationstypen der Fertigung bezeichnet.

Reihenfertigung

B Jan macht ein Praktikum in einer Druckerei. Sein Betreuer erzählt ihm: „Weißt du, die Druckplatten, die auf den Rollen eingespannt sind, müssen vorbereitet werden. Am Beginn steht die Setzerei. Hier werden die Seiten am Computer gestaltet. Bei uns werden die Druckplatten direkt vom Satzcomputer für den Druck fertiggestellt, die dann in die Maschine kommen.

Aber mit dem Drucken ist das Produkt noch nicht fertig. Es kommt in die Buchbinderei und wird dort fertig verarbeitet, in ‚Buchstraßen': Hier werden die einzelnen Bogen, die aus der Druckmaschine kommen, automatisch weiterverarbeitet. Übrigens – die einzelnen Produktionsschritte müssen nicht in einem einzigen Unternehmen stattfinden. Es kann auch sein, dass die Satzdaten zu einer Druckerei geliefert werden und dass die fertigen Bogen in einen eigenständigen Buchbindereibetrieb gebracht werden." ■

Was Jan kennengelernt hat, ist eine bestimmte Form der Produktionsorganisation: die „Reihenfertigung". Die Betriebsmittel und die Arbeitsplätze sind in der Reihenfolge der Arbeitsgänge angeordnet. Eine besondere Art der Reihenfertigung ist die Band- oder Fließfertigung, die häufig im Automobilbau zu sehen ist. Das Charakteristische der Reihenfertigung ist, dass hierbei eine Zeitvorgabe gegeben ist. Das Werkstück läuft auf einem Band an den Mitarbeiterinnen und Mitarbeitern in einem bestimmten Zeittakt vorbei. Dabei wird es z. B. Teil für Teil vervollständigt oder kontrolliert.

INFO

Die Unterscheidung zwischen Fertigungsform und Fertigungsverfahren einerseits sowie Fertigungstypen (Einzel- oder Mehrfachfertigung) andererseits, die hier im Folgenden vorgenommen wird, wird in der Praxis selten getroffen. Es wird oft der Begriff Fertigungsverfahren verwandt und eigentlich die Fertigungsform gemeint.

1. Der Gegensatz zur Reihenfertigung ist die Einzelfertigung. Überlegt, wie der Produktionsprozess ablaufen müsste, wenn eine einzelne Person ein Buch alleine fertigstellen würde.
2. Es gibt Güter, die nicht in Reihenfertigung hergestellt werden. Nennt einige, bei denen Reihenfertigung nicht vorkommt. Begründet, warum dies so ist.

▸ Belegen der Pizzas

▸ Verpackte Pizzas im Kühlhaus

Vorteile der Reihenfertigung (auch Fließfertigung) sind die kurzen Transportwege und ein kürzerer Zeitbedarf. Bei der Fließfertigung müssen gleiche Arbeitsschritte aufgeteilt werden, dadurch ergibt sich eine einfachere Fertigungssteuerung. Der Personalbedarf ist niedriger als bei der Werkstattfertigung und es kann geringer qualifiziertes Personal eingesetzt werden.

Nachteil der Reihenfertigung ist die geringere Flexibilität bei Änderungen des Produktionsprogramms, weil häufig aufwendige Spezialmaschinen und -vorrichtungen eingesetzt werden. Der Ausfall einer Station oder sogar nur einer Maschine kann zum Stillstand der gesamten Produktion führen. Dies kann zu großen zeitlichen Verzögerungen führen und hohe Kosten verursachen.

Am Beispiel der industriellen Pizza-Produktion (z. B. für den Verkauf in Tiefkühltheken im Supermarkt) wird eine Reihenfertigung gezeigt:

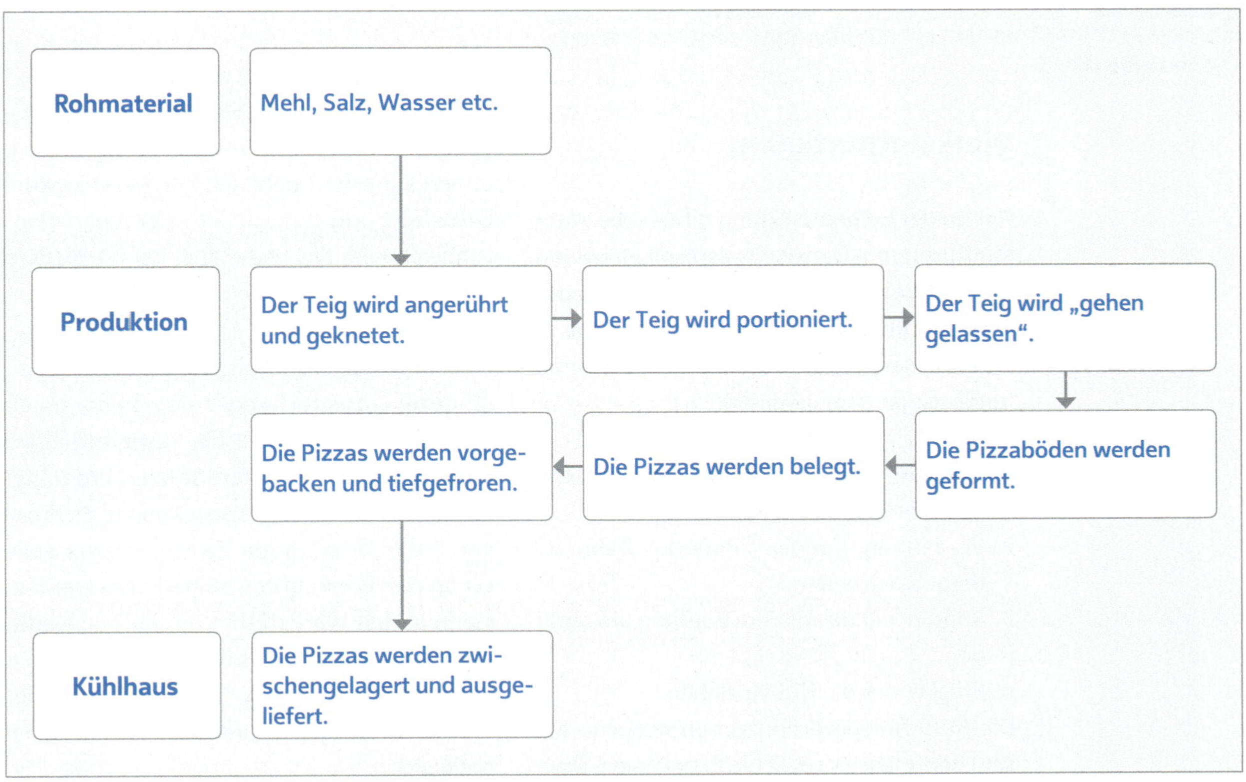

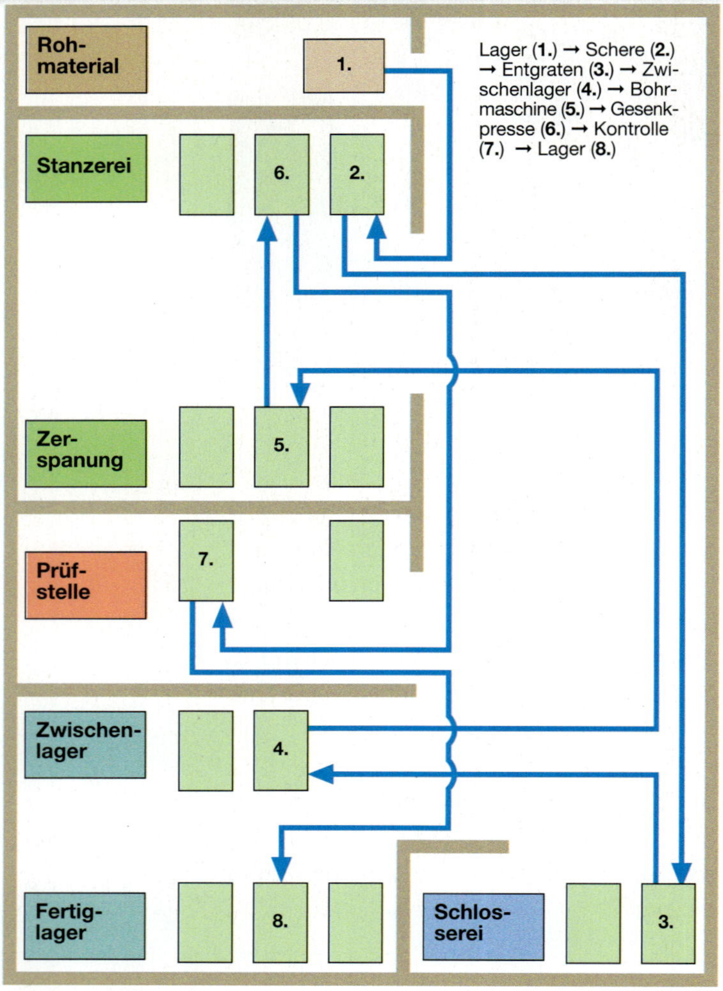

▸ Werkstattfertigung

Werkstattfertigung

Neben der Reihenfertigung gibt es die Werkstattfertigung. Dieses Prinzip soll im Folgenden am Beispiel eines Zahnrades erläutert werden. Um aus einem Rohling aus Stahl ein Zahnrad herzustellen, sind folgende Bearbeitungsvorgänge notwendig:

1. Drehen, um einen maßgenauen glatten Zylinder herzustellen,
2. Verzahnen, um die Zähne des Zahnrads herauszuarbeiten,
3. Bohren, um die mittlere Bohrung anzubringen,
4. Fräsen, um die Nut zu ziehen.

Die Maschinen, die dazu benötigt werden, sind Bohrmaschinen, Schleifmaschinen, Dreh- und Fräsmaschinen. An den Maschinen sind entsprechend qualifizierte Arbeitskräfte beschäftigt. Bohr-, Dreh- und Fräsmaschinen sind in bestimmten Bereichen der Fabrikationshalle zu einzelnen Werkstätten zusammengefasst. Die Werkstücke werden von einer Werkstätte zur nächsten transportiert. Die Reihenfolge der Arbeitsgänge ist nicht exakt festgelegt.

Möglich wären hier einerseits: Drehen (1), Bohren (3), Fräsen (4) und Verzahnen (2), oder auch: Drehen (1), Verzahnen (2), Bohren (3) und Fräsen (4). Das bedeutet, dass in den Werkstätten gleichzeitig unterschiedliche Produkte gefertigt werden können.

Eine andere Form des Werkstattprinzips ist die Baustellenfertigung. Charakteristisch für diese Organisationsform ist die Anordnung der Produktionsstellen um das Produktionsobjekt herum, wobei zwischen innerbetrieblicher (z. B. Schiffsbau) und außerbetrieblicher Baustellenfertigung (z. B. Brückenbau) unterschieden wird.

Ein Vorteil der Werkstattfertigung ist beispielsweise die hohe Flexibilität des Fertigungsprogramms. Die Umstellung auf ein anderes Produkt geht schnell. Es ist sowohl Einzelfertigung als auch Serienfertigung möglich. Fällt eine Maschine aus, kann trotzdem weiterproduziert werden.

Nachteile der Werkstattfertigung sind z. B. längere Transportwege, das kann einen höheren Zeitbedarf für die Fertigung eines Loses (Anzahl der zu fertigenden Produkte) bedeuten und damit höhere Kosten. Es müssen unter Umständen Zwischenlager zwischen den Werkstätten eingerichtet werden, wenn in den Werkstätten mit unterschiedlicher Geschwindigkeit produziert wird, auch das erhöht die Kosten. Schließlich ist in der Werkstattfertigung qualifiziertes Personal notwendig.

▸ Metall wird per Laser mithilfe einer CNC-Maschine geschnitten.

Inselfertigung

Die modernen computergestützten Werkzeugmaschinen (CNC-Maschinen = computer numerical control), mit denen man bei automatischem Werkzeugwechsel bohren, schleifen, fräsen und polieren kann, ermöglichen eine neuartige Form der Fertigung. Dabei spricht man von Fertigungsinseln oder Fertigungsbereichen. In ihnen steht eine solche Maschine oder es werden mehrere zusammengefasst. Die Werkstücke, z. B. Zahnräder oder Kettenräder, müssen nicht mehr von einer Werksabteilung zur anderen transportiert werden wie bei der Werkstattfertigung, sondern werden an einem Ort, eben der Fertigungsinsel, z. B. „Zahnrad" oder „Kettenrad", bearbeitet. Dies erspart Zwischenlager, die in den einzelnen Werkstätten nötig waren, und kostspielige Transportwege. Diese Art der Fertigung ist häufig mit Gruppenarbeit verbunden. Der Personalbedarf ist mittel bis gering, die benötigte Qualifikation dagegen ist hoch. Einzel- und Serienfertigung sind möglich. Nachteile können wie bei der Werkstattfertigung die ungleiche Auslastung der einzelnen Fertigungsinseln sein und dass hohe fachliche Anforderungen an das Personal gestellt werden.

1. Überlegt euch Beispiele für Produktionsentscheidungen: Welche Produkte, welche Mengen können über welchen Zeitraum bei welchen Fertigungsarten und Fertigungsformen hergestellt werden? Begründet eure Antworten.

▸ Schiffe werden meist nur einzeln oder in sehr kleinen Stückzahlen gebaut.

Fertigungstypen

Im Folgenden sollen nun die drei Fertigungsformen unter der Frage betrachtet werden, für welche Fertigungstypen (Einzel-, Mehrfach-) sie eingesetzt werden können. Bisher wurden die Fertigungsformen Reihenfertigung, Werkstattfertigung und Insel-/Gruppenfertigung eingeführt.

1. Einzelfertigung:
Bei der Einzelfertigung werden von einem bestimmten Produkt nur ein Stück oder einige wenige Stücke gefertigt. Im Laufe der Zeit werden möglicherweise ähnliche Teile hergestellt. Ein Beispiel ist ein Flugzeug eines bestimmten Typs, z. B. Frachtflugzeug. Die Herstellung wird durch eine Bestellung ausgelöst. Das Unternehmen benötigt hochqualifiziertes Personal und braucht universell einsetzbare Maschinen. Jedes Teil muss geplant werden. Die Kosten einzeln gefertigter Teile sind hoch.

2. Mehrfachfertigung:
Bei der Mehrfachfertigung werden die Massenfertigung, die Sortenfertigung (Chargenfertigung) und die Serienfertigung unterschieden. Von Autos wird häufig behauptet, sie würden in Massenfertigung hergestellt werden. Das Ford T-Modell der 1920er-Jahre wird dafür immer gerne als Beispiel genommen. Aber schon damals gab es mehrere Ausstattungsvarianten diese Autotyps. Heute ist die Variantenvielfalt bei modernen Autos sehr groß. Das betrifft sowohl die Unterschiede in der Motorleistung als auch die Innenausstattung. Bei der Autoproduktion kann man deshalb von einer Serienfertigung sprechen, bei der es sich um gleichartige Erzeugnisse handelt, bei denen durch Variation einzelner Bauteile unterschiedliche Typen entstehen. Ein sehr großer Teil der Fertigung ist auch hier Auftragsfertigung. Weitere typische Produkte, die in Serienfertigung hergestellt werden, sind Fernseher oder Notebooks.

Erdölraffinerie in Saudi-Arabien

Die Produktion von Bleistiften, USB-Kabeln oder Büroklammern hingegen ist eine klassische Massenfertigung, weil hier ein gleichbleibendes Produkt in hoher Stückzahl hergestellt wird.

Fertigung bei Ford im Jahr 1929

Sortenfertigung (Chargenfertigung) liegt vor, wenn z. B. ein gleichartiger Rohstoff unterschiedlicher Beschaffenheit verarbeitet wird. In der Chemieindustrie werden etwa verschiedene Rohölchargen verarbeitet, die sich hinsichtlich ihrer Zusammensetzung in Abhängigkeit von den Lagerstätten (Nordseeöl, Saudiarabisches Öl) unterscheiden.

1. Besichtigt, wenn möglich, eine moderne Autoproduktion und erkundet, ob es sich dabei um Massen- oder Serienfertigung handelt. Stellt dazu die Kennzeichen der beiden Fertigungsarten zusammen.
2. Erkundet oder recherchiert online, ob es in der Textilindustrie Sortenfertigung (z. B. bei der Baumwollverarbeitung) gibt.
3. Recherchiert online, inwiefern sich Nordseeöl und Öl aus Texas unterscheiden.

3 Entscheidung für eine Fertigungsform

Nehmen wir einmal an, in einem Unternehmen ist eine Entscheidung darüber zu treffen, ob die Werkstattfertigung oder die Fließfertigung als Fertigungsform eingesetzt werden soll. Die Entscheidung orientiert sich an den Kosten (K). Es soll die Fertigungsform eingesetzt werden, die die geringsten Kosten verursacht. Vereinfacht können bei den Kosten fixe und variable Kosten unterschieden werden. Fixe Kosten entstehen unabhängig davon, wie viel produziert wird. Zu den fixen Kosten zählen z. B. Löhne bei unveränderter Beschäftigung, Maschinen und Anlagekosten. Variable Kosten ändern sich z. B. durch höheren Materialverbrauch, höheren Energieverbrauch, aber auch durch höhere Beschäftigung. Fixe Kosten (fK) und variable Kosten (vK) ergeben die Gesamtkosten (gK). Um die Entscheidung für eine Fertigungsform zu treffen, werden die Kosten in Abhängigkeit von der produzierten Menge verglichen. Aus der unten abgebildeten Grafik ergibt sich, dass bei Verfahren 1 (Werkstattfertigung) die fixen Kosten geringer sind als bei Verfahren 2 (Fließfertigung). Dort sind die variablen Kosten geringer als bei Verfahren 1. Beim Vergleich der Gesamtkosten zeigt sich, dass bis zur produzierten Menge x Verfahren 1 kostengünstiger und ab der produzierten Menge x das Verfahren 2 kostengünstiger ist. Wenn x = 500 ist und 2000 Stück produziert werden sollen, fällt die Entscheidung für die Fließfertigung.

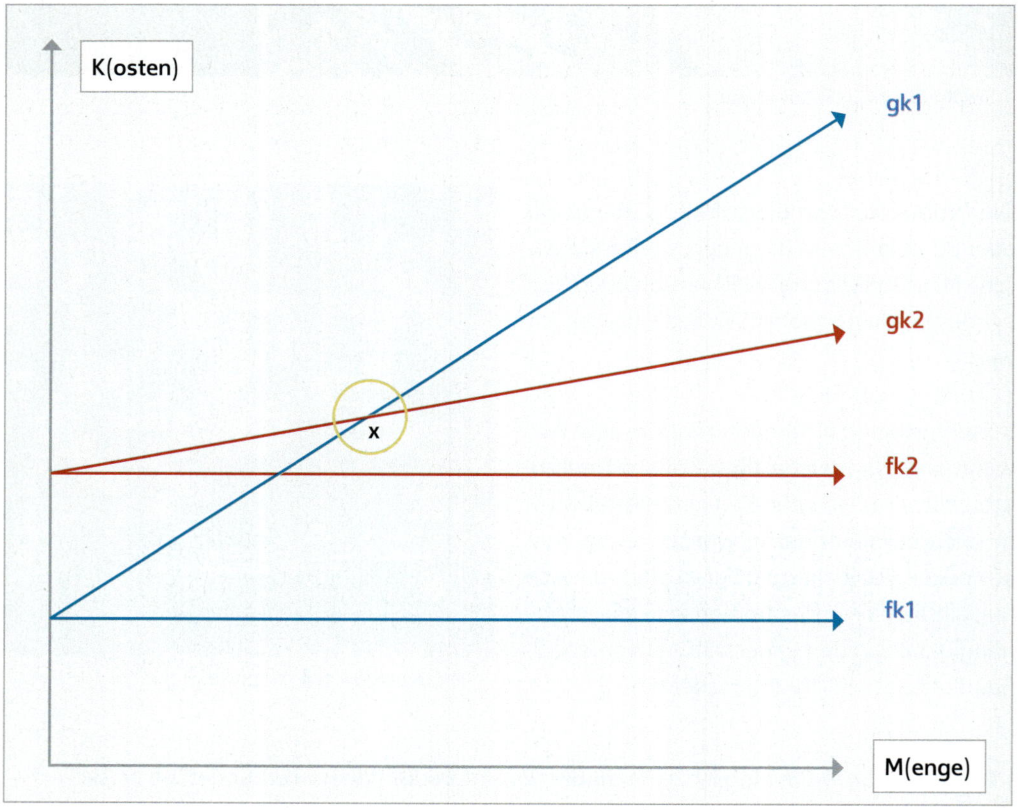

1. Nennt Beispiele für fixe und variable Kosten sowie für Gesamtkosten.
2. Entwickelt mithilfe des Beispiels ein eigenes Beispiel für eine Entscheidung für eine Fertigungsform.

4 Die Kalkulation von Preisen

Eine wesentliche Aufgabe eines Unternehmens besteht darin, die Preise für sein Produkt zu kalkulieren. Bei der Kalkulation eines Preises ist entscheidend, welche Preise andere Unternehmen für ihre Dienstleistungen oder Produkte veranschlagt haben, d.h., ob das Produkt oder die Dienstleistung zu dem kalkulierten Preis auf dem Markt abgesetzt werden kann. Auf einem Wochenmarkt können die Anbieter schnell feststellen, zu welchen Preisen die Mitbewerber anbieten und ihre eigenen Preise senken oder heben. Auf anderen Märkten beobachten Expertinnen und Experten die Preisgestaltung ihrer Mitbewerber sehr intensiv, z.B. indem sie Kataloge und Internetseiten durcharbeiten, auf Messen ihre Stände besuchen oder unter einer Tarnadresse Angebote einholen oder Güter bestellen. Preise haben unter Konkurrenten also Signalcharakter für die eigene Preisgestaltung.

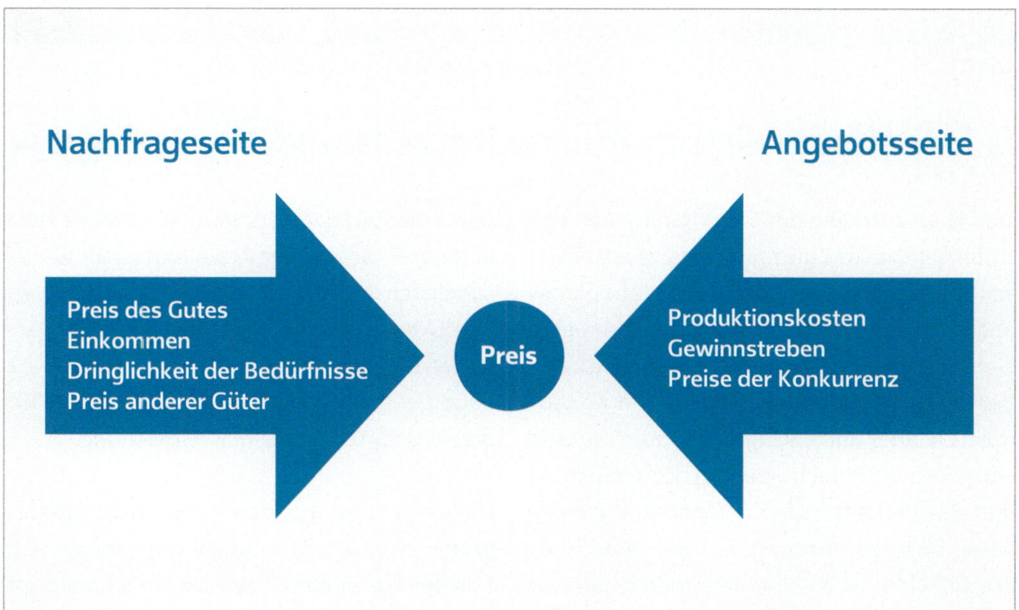

1. Erläutert an einem ausgewählten Beispiel die verschiedenen Faktoren der Preisbildung auf der Nachfrage- und der Angebotsseite anhand des Schaubildes.

‣ Product: Ein neues Smartphone

‣ Price: Was kostet es?

‣ Place: Wo wird es verkauft?

‣ Promotion: Werbung, z. B. durch Influencer

5 Der absatzwirtschaftliche Prozess und Marketingmix

Der Absatz ist eine der Grundfunktionen des Unternehmens. Zu Beginn des absatzwirtschaftlichen Prozesses steht die Situationsanalyse. Dabei werden verschiedene Aspekte einbezogen: Eine besondere Rolle spielt das Verhalten der Konsumentinnen und Konsumenten. Aber auch weitere Faktoren müssen sorgfältig untersucht werden. Zum einen ist dies das Verhalten der Konkurrenz. Hat diese neue, bessere Produkte auf den Markt gebracht? Oder ist diese untätig geblieben und hat sich auf alten Erfolgen ausgeruht? Zudem muss das Verhalten von Groß- und Zwischenhändlern analysiert werden. Haben diese ihr Bestellverhalten verändert? Auch weitere Aspekte müssen beachtet werden. So ist es etwa in einer Phase hoher Arbeitslosigkeit wahrscheinlich wenig sinnvoll, ein neues, teures Produkt einzuführen. Hier sollte besser gewartet werden, bis sich die gesamtwirtschaftliche Lage gebessert hat. Eine wichtige Quelle für diese Analysen ist die Marktforschung.

Hervorgehend aus den genannten Überlegungen werden dann Absatzziele festgelegt. Soll der Marktanteil oder der Umsatz erhöht werden? Soll ein Produkt bekannter gemacht werden? Dabei sind die übergeordneten Unternehmensziele (z. B. Gewinn, Umsatz, Image) zu berücksichtigen.

▸ Eine Geldbörse aus einer alten Jeans

▸ Der absatzwirtschaftliche Prozess

Erst danach können konkrete Maßnahmen im Rahmen der Produkt-, Preis-, Distributions- und Kommunikationspolitik festgelegt werden. Man spricht auch von den „4 Ps“ des Marketing: product, price, place und promotion. Am Ende des Prozesses ist jedes Instrument im Hinblick auf seinen Erfolg zu überprüfen und gegebenenfalls zu überdenken.

B Im Rahmen einer Arbeitsgruppe beschließen Schülerinnen und Schüler des 10. Jahrgangs einer Realschule die Gründung einer Schülerfirma. Ihre Geschäftsidee ist die Herstellung und der Verkauf von Taschen aus Restmaterialien wie Stoffresten, Kunststoffen und Ähnlichem. Sie errechnen sich gute Absatzchancen, weil ähnliche Produkte von Händlern am Ort nicht vertrieben werden und Nachhaltigkeit immer mehr Menschen beim Kauf von Produkten wichtig ist.

Die Schülerinnen und Schüler haben sich das Ziel gesetzt, eine regionale Bekanntheit zu erlangen und schließlich genügend Umsatz zur Finanzierung von Jahrgangspartys zu erwirtschaften. Nachdem die eigentliche Geschäftsidee feststeht, beraten sie bei einem weiteren Treffen über absatzpolitische Instrumente und sammeln hierfür spontane Ideen.

Sie wollen verschiedene Formate anbieten: Geldbörsen, Einkaufstaschen usw. Auch die Eigenschaften sollen unterschiedlich sein: Einige Taschen werden praktisch gestaltet, z. B. wasserfest bzw. abwaschbar, andere wiederum sollen durch besonderes Design hervorstechen. Somit wird es unterschiedliche Preise geben.

In Geschäften vor Ort wollen die Schülerinnen und Schüler anfragen, ob Muster ihrer Produkte mit ausgestellt werden können .

Sie beabsichtigen, auch auf Social-Media-Seiten Fotos ihrer Produkte zu veröffentlichen und über die Herstellung zu informieren. Der Verkauf soll allerdings nur im schuleigenen Shop stattfinden. ■

1. Erkundet in Gruppen den Marketingmix unterschiedlicher Produkte, soweit er von euch zu erkennen und zu erkunden ist, z. B. Nahrungsmittel, Kleidung, Musik, Smartphones usw.
2. In oben stehendem Beispiel haben die Schülerinnen und Schüler absatzpolitische Instrumente diskutiert und festgelegt. Ordnet die Entscheidungen der Produkt-, Preis-, Distributions- und Kommunikationspolitik zu.

Erkundung eines regionalen Unternehmens

Im Mittelpunkt dieses Kapitels steht das Unternehmen bzw. der Betrieb. Es ist sinnvoll, „theoretisch" erworbene Erkenntnisse mit der Wirklichkeit zu vergleichen. Dadurch werden die Einsichten zum Betriebsgeschehen anschaulicher und prägen sich besser ein.

▸ Für die Erkundung bietet sich z. B. eine lokale Bäckerei an.

Vorbereitung der Erkundung

1. Auswahl eines geeigneten Unternehmens der Region
2. Terminabsprachen
3. Auswertung von Informationsmaterialien zum Unternehmen (z. B. Firmeninternetseite, Veröffentlichungen der örtlichen Presse, Broschüren)
4. Festlegen der Erkundungsschwerpunkte und Erarbeiten eines Erkundungsbogens mit Fragen zum Unternehmen, z. B ...
   - Wie lange besteht das Unternehmen bereits?
   - Welche Produkte werden hergestellt und wie hat sich die Produktpalette im Laufe der Zeit verändert?
   - Wie sind Beschaffung, Produktion und Absatz organisiert?
   - Wie ist der betriebliche Ablauf organisiert?
   - Wie ist die Mitarbeiterstruktur (Berufsstruktur)?
   - Haben sich die Anforderungen an die Mitarbeiterinnen und Mitarbeiter in den letzten Jahren verändert, welche absehbaren Veränderungen wird es kurz- oder mittelfristig geben?
   - Wie werden die zukünftigen Marktchancen eingeschätzt?
   - Welche Zusammenarbeit gibt es mit den Kommunen und anderen Unternehmen der Region?

Durchführung der Erkundung

1. Einführungsgespräch mit einer Vertreterin/einem Vertreter der Geschäftsleitung
2. Erkundung des Unternehmens (in Arbeitsgruppen)
3. Sammeln von Informationen und Materialien
4. Diskussion offengebliebener Fragen

Auswertung der Erkundungsergebnisse

1. Auswertung der gewonnenen Informationen durch Erarbeiten von Berichten, Grafiken, Statistiken, Schaubildern etc.
2. Bewertung der Erkundung in einer Abschlussdiskussion:
   - Wurden alle Erkundungsziele erreicht? Wenn nicht, woran hat es gelegen?
   - Gab es Schwierigkeiten und wie wurde sich dabei verhalten?
   - Welche Bedeutung haben die gewonnenen Informationen für die eigene Berufsplanung?
3. Präsentieren der Ergebnisse durch Referate in anderen Klassen, Ausstellungen, Filme, Wandtafeln etc.

INFO

Fragt im Unternehmen nur, was ihr nicht einfach selbst herausfinden könnt (z. B. online). Das stellt eure gute Vorbereitung und Wertschätzung für eure Gesprächspartnerin/euren Gesprächspartner unter Beweis.

Expertenbefragung

Neben einer Betriebserkundung ist auch die Expertenbefragung eine gute Möglichkeit, um aktuelle und sachkundige Informationen zu bekommen. Der wichtigste Teil einer Expertenbefragung ist das Interview. Dieses muss geplant, vorbereitet und im Anschluss daran ausgewertet werden.

1. Vorbereitung

Zunächst müssen entsprechende Fragen ausgearbeitet werden. Es ist sinnvoll, kleinere Gruppen zu bilden, die sich auf bestimmte Teilbereiche vorbereiten. So gibt es beispielsweise

- Fragen zu technischen Problemen: Mit welchen Geräten, Werkzeugen bzw. Maschinen arbeiten Sie? Welche Computerprogramme setzen Sie ein? ...
- Fragen zu den Arbeitsplätzen: Beschreiben Sie Ihre Arbeit an Ihrem Arbeitsplatz. Bewerten Sie Ihre Arbeit als interessant? ...
- Fragen zur Organisation im Betrieb: Wie ist der Produktionsablauf organisiert? Wie hoch ist die Zahl der Mitarbeiterinnen und Mitarbeiter in der Produktion? ...
- Fragen zur Qualifizierung: Welche Ausbildung ist für die einzelnen Arbeitsplätze erforderlich? Wie sieht die Weiterbildung der Mitarbeiterinnen und Mitarbeiter aus? ...

2. Festlegen der Arbeitstechniken

Vor der Befragung ist zunächst die Aufgabenverteilung zu klären: Wer stellt die Fragen? Wer beobachtet? Wer notiert die Antworten? Für die Befragung sollten Fragebögen/Interviewleitfäden erstellt werden, die schnell ausgefüllt werden können.

3. Durchführung

Die Befragung kann an der Arbeitsstätte der Expertin/des Experten oder an der Schule stattfinden. Während der Befragung sollte man sich zunächst an die vorbereiteten Fragestellungen halten, um zielgerichtet zum Thema der Expertenbefragung zu kommen.

▸ Marketing-Expertin

Sollten während der Befragung neue Aspekte auftauchen, die in der Vorbereitung nicht bedacht wurden, so kann man diese natürlich einbeziehen.

4. Auswertung

Die Notizen, Skizzen u. Ä. sollten sofort nach der Befragung korrigiert und ergänzt werden, damit keine Gedanken verloren gehen. Sie werden zu einem Gesamtergebnis zusammengefasst und anschließend in geeigneter Form dargestellt (z. B. Wandzeitung oder digitale Präsentation).

Wenn möglich, sollte eine Rückmeldung an die Expertin/den Experten erfolgen. Eure Gesprächspartnerin/euer Gesprächspartner erkennt daran, dass deren/dessen Aussagen Interesse gefunden haben, und ist auch in Zukunft bereit, sachkundige Informationen anzubieten.

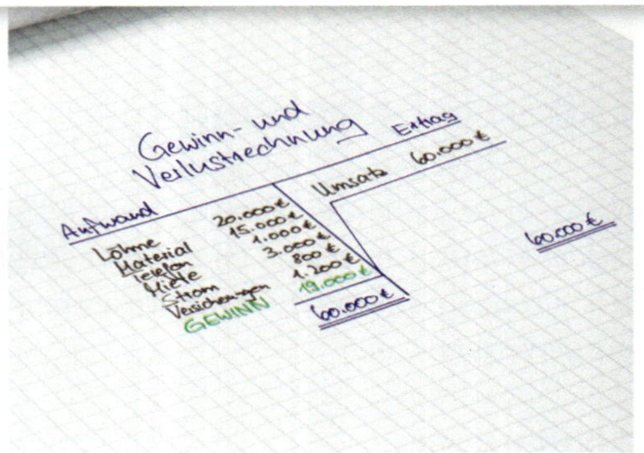

6 Betriebliche Messgrößen

Buchführung als Mittel zur Beurteilung unternehmerischen Handelns

Für die Führung eines Unternehmens werden Informationen benötigt, um die wirtschaftlichen Prozesse besser beurteilen zu können. Das Erwirtschaften von Gewinnen bzw. das Vermeiden von Verlusten sind für Betriebe wichtige Zielsetzungen. Gewinn oder Verlust zeigen Erfolg oder Misserfolg des wirtschaftlichen Handelns eines Betriebes an. Gewinne sind für das Unternehmen auch notwendig, um finanzielle Prozesse und damit die Lebensfähigkeit eines Unternehmens zu erhalten. Zur Beurteilung, ob ein Betrieb erfolgreich ist oder nicht, dient das betriebliche Rechnungswesen, das u. a. die Gewinn- und Verlustrechnung aufstellt. Nachfolgend werden die Zusammenhänge verdeutlicht:

Jahresabschluss

Bilanz
Darstellung von Vermögens- und Schuldenlage eines Unternehmens zu einem bestimmten Zeitpunkt

Erfolgsrechnung (Gewinn- und Verlustrechnung)
Gegenüberstellung von Erträgen und Aufwendungen in einem bestimmten Zeitraum

Aktiva
Anlagevermögen:
- Sachanlagen
- Finanzanlagen

Umlaufvermögen:
- Vorräte
- liquide Mittel

Passiva
Eigenkapital:
- Kapital
- Rücklagen
- Gewinn

Fremdkapital:
- Bankschulden
- Lieferantenschulden

Aufwand
- Löhne
- Materialeinsatz
- Abschreibungen
- Steuern
- Zinsen für Fremdkapital
- ...

Ertrag
- Umsatzerlöse
- Zinserträge
- ...

Bestandsgrößen (Bilanz) | **Erfolgsgrößen** (Erfolgsrechnung)

Die Gewinn- und Verlustrechnung (GuV)

In dieser Rechnung werden die Aufwendungen und die Erlöse aufgelistet. Von Bedeutung ist dabei, woher die Erlöse stammen und wofür Aufwendungen gemacht wurden. Die Hauptaufgabe besteht darin, den im Laufe einer bestimmten Zeit (z. B. eines Wirtschaftsjahres) erwirtschafteten Erfolg (Gewinn oder Verlust) aufzuzeigen. Der Erfolg ergibt sich aus der Differenz zwischen Aufwand und Erlösen. Zugleich ist ersichtlich, wo der Aufwand im Verhältnis zum Ergebnis zu hoch ist und wo Einsparungen notwendig sind. Die Rechnung zeigt auch, dass Erträge nicht nur durch den Verkauf von Produkten, sondern auch auf andere Weise, z. B. durch Zinsen, erwirtschaftet werden können. Die Gewinn- und Verlustrechnung ist zeitraumbezogen, d. h., es werden Aufwendungen und Erträge eines bestimmten Zeitraums (meistens ein Jahr) erfasst. Die Bilanz hingegen weist den Wert des Vermögens und die Höhe der Schulden zu einem bestimmten Zeitpunkt (Stichtag) aus.

▸ Arbeit in der Tischlerei

Beispiel: Gewinn- und Verlustrechnung einer Tischlerei

Aufwendungen in €		Erträge in €	
Materialaufwand	144.878,00	Umsatzerlöse	494.892,00
Personalaufwand	286.624,00	Bestandserhöhungen	159.665,00
Abschreibungen auf Anlagen	23.640,00	andere aktivierte Eigenleistungen	14.264,00
sonstige betriebliche Aufwendungen	42.111,00	sonstige betriebliche Erträge	21.195,00
Zinsen und ähnliche Aufwendungen	9.219,00	Zinsen und ähnliche Erträge	21.195,00
Steuern	5.093,00		
Summe	**511.565,00**	**Summe**	**723.625,00**

1. Erklärt, welchen Zweck das betriebliche Rechnungswesen hat.
2. Erläutert die Begriffe „Bestandsgröße“ und „Erfolgsgröße“ in der Grafik links.
3. Beurteilt, ob die Tischlerei in dem Beispiel Gewinn oder Verlust gemacht. Nennt die Höhe des Gewinns bzw. Verlusts.

Die Bilanz

Zu Beginn oder am Ende eines Geschäftsjahres bzw. bei der Gründung eines Unternehmens muss eine Aufstellung aller Vermögenswerte erfolgen. Aus der Bilanz wird ersichtlich, woher die zur Verfügung stehenden Mittel kommen (Passiva) und wofür sie verwendet werden (Aktiva).

‣ Buchführung in der Cloud

Neben der Gewinn- und Verlustrechnung wird am Jahresende auch eine Schlussbilanz erarbeitet. Sie ist eine Gegenüberstellung von Vermögen und Kapital eines Betriebes. Eine Bilanz sagt nichts über das Zustandekommen eines Gewinnes bzw. Verlustes aus. Sie ist eine Zustandsanalyse.

Digitialisierung vereinfacht die Buchführung
Früher war Buchführung in erster Linie Handarbeit. Heutzutage können viele Prozesse softwarebasiert vereinfacht werden. So gibt es etwa Cloud-Anwendungen, die von der Rechnungsstellung bis zur rechtssicheren Archivierung aller Belege viele Aufgaben übernehmen können. Gerade für neugegründete Unternehmen kann dies eine große Vereinfachung darstellen. Weitere Vorteile sind beispielsweise tagesaktuelle Auswertungen von Daten wie Umsatz usw. und die Minimierung von teuren Fehlern (z. B. fehlerhaft ausgestellten Rechnungen).

Beispiel: Bilanz einer Tischlerei

Aktiva (Vermögen) in €		Passiva (Kapital) in €	
Anlagevermögen		**Eigenkapital**	
Sachanlagen	875.000,00	Kapital	867.000,00
Umlaufvermögen		**Fremdkapital**	
Vorräte	190.000,00	Bankschulden	260.000,00
Forderungen aus Lieferungen u. Leistungen	60.000,00	Lieferantenschulden	40.000,00
Bankguthaben	35.000,00		
Kasse	7.000,00		
	1.167.000,00		1.167.000,00

1. Erklärt den Unterschied zwischen Eigen- und Fremdkapital. Recherchiert ggf. im Internet oder seht in einem Fachbuch oder Lexikon nach.
2. Erklärt, warum die Summe der Aktiva immer der Summe der Passiva entsprechen muss.
3. Seht euch die Beispielbilanz der Tischlerei an. Bewertet, wie gut das Unternehmen wirtschaftlich aufgestellt ist.

▸ Zementwerk

▸ Tischlerei

Produktivität und Wirtschaftlichkeit

Produktivität

Als Produktivität bezeichnet man das Verhältnis zwischen dem Arbeitsergebnis und der Anzahl der dafür beschäftigten Personen (bzw. Anzahl der Arbeitsstunden). Diese Kennziffer hat noch wenig Aussagekraft. Erst ein Vergleich der Kennziffern mehrerer Jahre bzw. mehrerer Betriebe mit gleichem Produktionsprofil führt zu aussagefähigen Ergebnissen.

INFO

$$\text{Arbeitsproduktivität} = \frac{\text{produzierte Menge}}{\text{Zahl der Arbeitsstunden bzw. Zahl der Arbeitenden}}$$

Wirtschaftlichkeit

Die Wirtschaftlichkeit misst das Verhältnis zwischen dem Wert (= Erlös) des Arbeitsergebnisses und den entstandenen Kosten.

Je mehr der Wert über 1,0 liegt, umso höher ist die Wirtschaftlichkeit. Wenn der Wert unter 1,0 liegt, sind die Kosten höher als die Erlöse, d. h. das Unternehmen macht Verlust. Mithilfe der Kennziffern können Vergleiche angestellt werden, z. B. zwischen Abteilungen eines Unternehmens oder zwischen verschiedenen Unternehmen.

INFO

$$\text{Wirtschaftlichkeit} = \frac{\text{Erlöse}}{\text{Kosten}}$$

1. Es wird die Arbeitsproduktivität zweier Zementwerke verglichen: Im Jahr 2021 erzeugt Zementwerk A 300.000 t Zement mit 30 Arbeitenden. Zementwerk B produziert 480.000 t Zement mit 40 Arbeitenden. Berechnet jeweils die Arbeitsproduktivität und vergleicht diese miteinander.
2. Es wird die Wirtschaftlichkeit zweier Produkte verglichen, die in einer Tischlerei hergestellt werden: Das Produkt A erbringt einen Verkaufserlös von 250.000 €, das Produkt B erzielt einen Erlös von 150.000 €, die Gesamtkosten für das Produkt A betragen 160.000 € und 85.000 € für das Produkt B. Berechnet jeweils die Wirtschaftlichkeit und vergleicht diese miteinander.

LERNBILANZ

Lernbilanz

Am Ende dieses Kapitels hast du gelernt,

- *welche verschiedenen Anspruchsgruppen es in Unternehmen gibt,*
- *was die verschiedenen Interessen der einzelnen Anspruchsgruppen sind,*
- *wie die verschiedenen Anspruchsgruppen ihre Ansprüche vertreten und durchsetzen wollen,*
- *was die zentralen Aufgaben von Unternehmen sind und wie die einzelnen betrieblichen Grundfunktionen zusammenhängen,*
- *wie man ein regionales Unternehmen planvoll und strukturiert erkundet,*
- *was bei der Durchführung einer Expertenbefragung zu beachten ist,*
- *welche wichtigen betrieblichen Messgrößen es gibt und was diese aussagen,*
- *wie man Produktivität und Wirtschaftlichkeit berechnen kann.*

Mit den folgenden Aufgaben kannst du deine Kompetenzen überprüfen.

1. Recherchiere online einen aktuellen Konflikt im Bereich Wirtschaft: Dabei kann es um die Schließung eines Werkes, den Abbau von Arbeitsplätzen und die Entlassung von Mitarbeiterinnen und Mitarbeitern oder um den Neubau eines Werkes gehen. Nenne die beteiligten Anspruchsgruppen und beschreibe, wie diese Gruppen versuchen, ihre Interessen durchzusetzen.

2. Erkläre mithilfe des abgebildeteten Wirtschaftskreislaufes, wie ein Unternehmen mit der nationalen und internationalen Wirtschaft zusammenhängen kann.

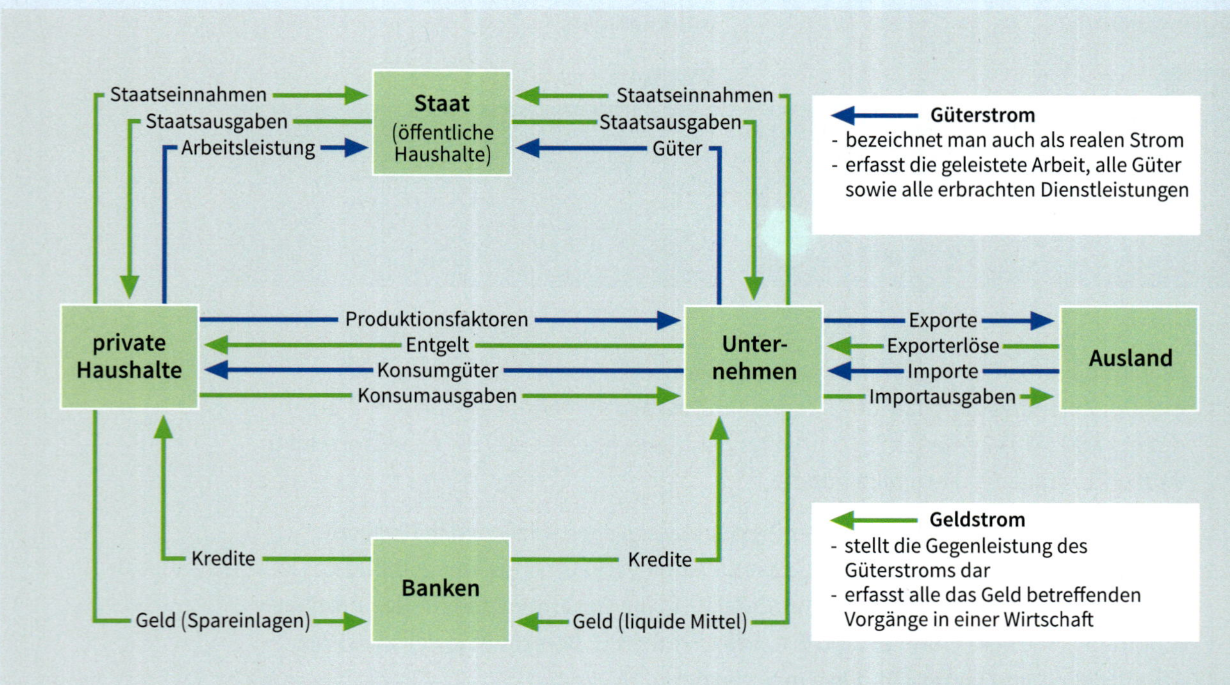

3. Ein Produktionsunternehmen benötigt für die Produktion von Stromkabeln u. a. den Werkstoff Kupfer.

a) Beschreibe, was eine starke Steigerung der Kupferpreise für das Unternehmen bedeuten würde.

b) Erkläre, inwieweit die drei betrieblichen Grundfunktionen Beschaffung, Produktion und Absatz von der Preissteigerung betroffen sein können.

4. Nenne beispielhaft Gründe, die bei der Entscheidung für eine Fertigungsform eine Rolle spielen können.

5. Erläutere mithilfe der nachfolgenden Abbildung den Markentingmix.

6. Erläutere mithilfe nachfolgender Abbildung den Begriff „Bilanz“. Begründe, warum Aktiva und Passiva zusammengerechnet immer den gleichen Wert ergeben.

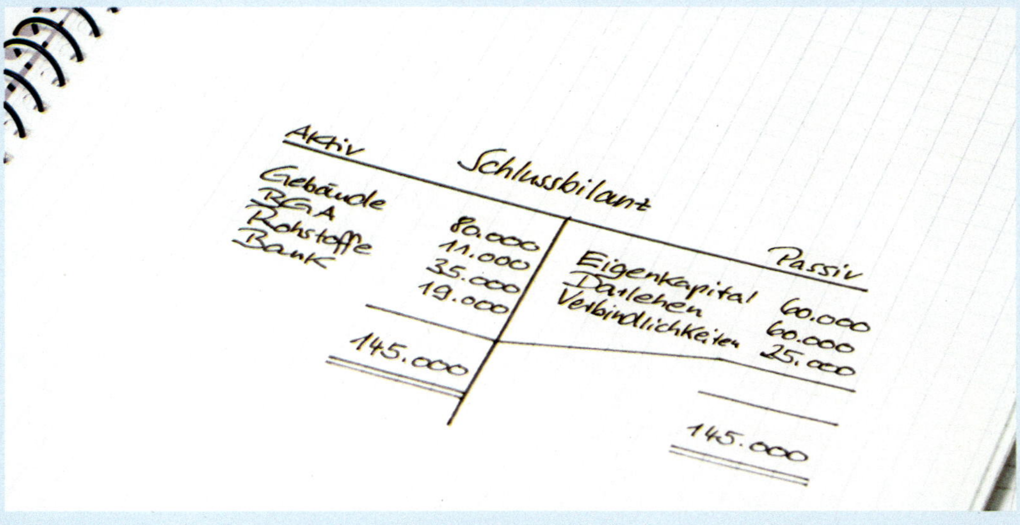

III GRÜNDUNG EINES UNTERNEHMENS

In diesem Kapitel lernt ihr,

- dass Menschen nicht nur in anderen Unternehmen oder im öffentlichen Dienst arbeiten, sondern dass man auch selbst ein Unternehmen gründen kann,
- welche Schritte dazu erforderlich sind und
- welche Chancen sich dabei bieten, aber auch, welche Risiken eine Unternehmensgründung bergen kann.

‣ Herr Krzynówek

‣ Frau Schulze

1 Gründungsmotive und Phasen unternehmerischer Tätigkeit

Warum gründet jemand ein Unternehmen? Oder besser gefragt: Was sind die Motive, sich mit einem eigenen Unternehmen selbstständig zu machen? Und welche typischen Eigenschaften kennzeichnen eine Unternehmensgründerin oder einen Unternehmensgründer? Um zunächst der Motivation bei Unternehmensgründungen auf den Grund zu gehen, sollen im Folgenden zwei Beispiele vorgestellt werden.

B Herr Krzynówek arbeitet nach seiner Ausbildung bei einem Handwerksbetrieb in Emden als Klempner. Nach einigen Jahren entschließt er sich, eine Weiterbildung zum Klempnermeister zu machen. Jetzt hat er die offizielle Erlaubnis, einen eigenen Betrieb zu eröffnen.

Bei seinem jetzigen Betrieb stört ihn einiges: Die Wochenendschichten, die langen Dienstreisen bis nach Süddeutschland und die schlechte Bezahlung. Er glaubt, dass in und um Emden ausreichend Bedarf für einen Klempnermeister besteht und entschließt sich dazu, sich selbstständig zu machen ■

B Frau Schulze ist Redakteurin bei einer kleinen Lokalzeitung in einer niedersächsischen Kleinstadt. Sie betreut dort den Lokalsport und andere Meldungen aus umliegenden Dörfern. Doch ihre eigentliche Leidenschaft ist das Kochen. Eines Tages entschließt sie sich, einen Food-Blog zu starten. Das Feedback und die Aufrufe des Blogs sind überwältigend.

Nach einigen Monaten entschließt sie sich, ihren Job als Redakteurin zu kündigen und sich voll und ganz auf das Food-Blog-Projekt zu konzentrieren. ■

Grundsätzlich kann man bei der Motivation für Unternehmensgründungen Push- und Pull-Faktoren unterscheiden. Push-Faktoren „drücken" einen buchstäblich in die Selbstständigkeit, etwa weil man keine Wahl hat (Arbeitslosigkeit, große Unzufriedenheit beim bisherigen Job, eine schlechte Bezahlung). Pull-Faktoren hingegen „ziehen" einen buchstäblich in die Selbstständigkeit, etwa weil man endlich eigene Projekte umsetzen möchte oder sich mehr Freiräume, z. B. in der Zeiteinteilung, erhofft.

1. Lest die Beispiele von Herrn Krzynówek und Frau Schulze sorfältig. Erklärt, bei wem von den beiden Push-Faktoren bei der Entscheidung für eine Selbstständigkeit eine Rolle spielen und bei wem Pull-Faktoren.

Vielfältige Gründungsmotive

▸ Höheres Einkommen

▸ Angestrebter höherer gesellschaftlicher Status

▸ Freiere Zeiteinteilung

▸ Verwirklichung eigener Ideen

▸ Unzufriedenheit im bisherigen Job

▸ Mehr Freiheit und Unabhängigkeit

1. Ordnet die oben dargestellten Gründungsmotive Push- und Pull-Faktoren zu.
2. Überlegt, ob ihr eine selbstständige Person in eurem Bekannten-, Familien- oder Freundeskreis kennt. Beschreibt, ob bei dieser Person beim Weg in die Selbstständigkeit eher Push- oder eher Pull-Faktoren eine Rolle gespielt haben.

▸ Welche Eigenschaften sind für eine erfolgreiche Unternehmensgründung von Vorteil?

Gründerinnen und Gründer

Die Entwicklung von Unternehmen wird gerade in der Anfangsphase maßgeblich durch die Person der Gründerin oder des Gründers bestimmt.

Es gibt viele Studien, die herausfinden wollen, welche typischen Eigenschaften diese Menschen kennzeichnen. Dort wird u. a. untersucht, welche Eigenschaften die Wahrscheinlichkeit erhöhen, dass sich eine Person selbstständig macht. Zudem wird versucht, die Persönlichkeitsmerkmale herauszufinden, die positiven Einfluss auf den Erfolg eines jungen Unternehmens haben.

Beispielsweise ist bekannt, dass die Wahrscheinlichkeit einer Gründung bei Personen höher ist, deren Eltern bereits unternehmerisch tätig waren. Ein weiterer Faktor, der die sogenannte Gründungsneigung erhöhen kann, ist, wenn in Schule, Ausbildung oder Studium das Thema „Gründung eines eigenen Unternehmens“ behandelt und als erstrebenswert dargestellt wird. Andere Eigenschaften, wie etwa die Risikofreudigkeit, sind hingegen umstritten.

Noch schwieriger ist es, genau die Eigenschaften zu identifizieren, die eine erfolgreiche Unternehmensgründung wahrscheinlich machen. Viele Untersuchungen sind zu dem Ergebnis gekommen, dass es kein festes, unveränderliches Charakterprofil gibt, das eine erfolgreiche Unternehmensgründung sichert. Betont wird immer wieder, dass es wichtig sei, sich neuen Situationen flexibel anzupassen und die dann geforderten Kenntnisse schnell erlernen zu können. Auch eine gewisse Stressresistenz ist gerade zu Beginn einer Unternehmensgründung von Vorteil, wenn vielfach auch unerwartete Probleme auftauchen können.

1. Recherchiert im Internet oder mithilfe eines Lexikons/Fremdwörterbuches, was mit dem Begriff „Entrepreneurship“ gemeint ist. Erläutert dann den Begriff in eigenen Worten.

‣ Die gründliche und umfassende Vorbereitung einer Unternehmensgründung ist unverzichtbar.

Unternehmensgründungen in Deutschland

Im internationalen Vergleich werden in Deutschland verhältnismäßig wenig neue Firmen gegründet. Viele Studien zu diesem Thema zeigen, dass es dafür eine ganze Reihe von Gründen gibt. So ist in Deutschland seit einigen Jahren die Lage auf dem Arbeitsmarkt sehr positiv. Zudem bietet eine Festanstellung in Deutschland vergleichsweise viel Sicherheit und weitere Vorteile (relativ langer bezahlter Urlaub, das Sammeln von Rentenansprüchen usw.). Von manchen Expertinnen und Experten wird auch beklagt, dass es in Deutschalnd zu viele rechtliche Fallstricke (z. B. im Steuer- und Sozialversicherungsrecht) gebe, die eine Gründung unnötig verkomplizierten und in die Länge zögen.

Ein weiterer wichtiger Punkt ist, dass viele Unternehmensgründungen schon nach kurzer Zeit wieder scheitern, etwa weil die Gründerin oder der Gründer die Nachfrage nach ihrem Produkt überschätzt haben.

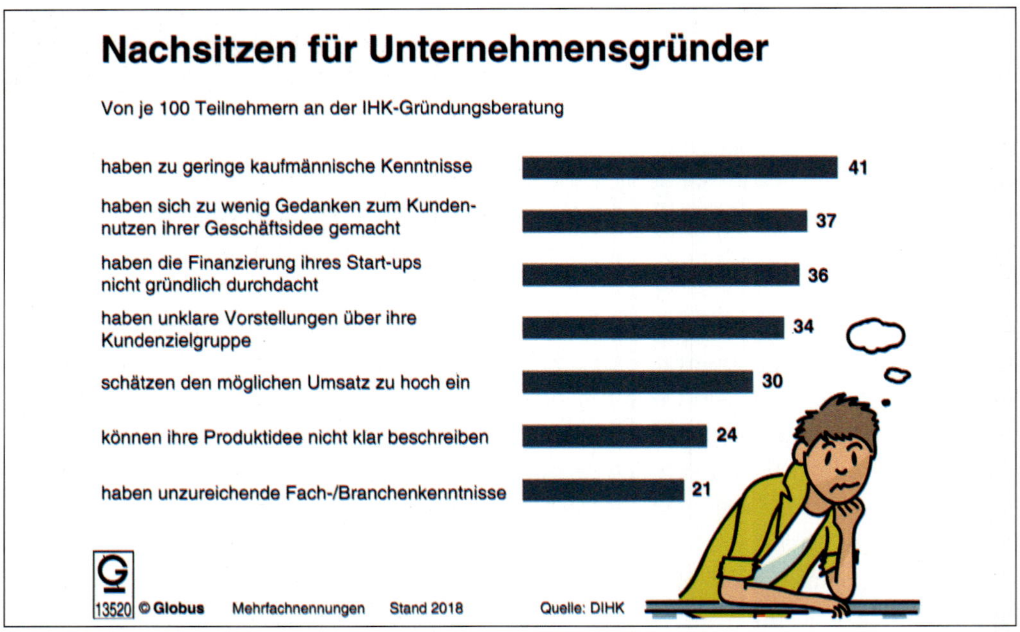

1. Erläutert, warum es in Deutschland im internationalen Vergleich verhältnismäßig wenige Unternehmensgründungen gibt. Diskutiert, was getan werden könnte, um die Zahl der Gründerinnen und Gründer zu erhöhen.
2. Seht euch die abgebildete Grafik an und beschreibt die häufigsten Gründe, warum Menschen mit Gründungsabsicht ihre Planungen noch einmal überdenken müssen.
3. Recherchiert online Erfolgsgeschichten von Unternehmensgründungen in Deutschland in den letzten Jahren. Sucht euch ein Beispiel heraus und stellt es in der Klasse vor. Begründet, warum euch dieses Beispiel besonders beeindruckt hat.

‣ Gerade am Anfang müssen viele Entscheidungen getroffen werden.

‣ Auch wenn dies manchmal frustrierend sein kann, darf man sich davon nicht entmutigen lassen.

2 Gründen bedeutet, viele Entscheidungen treffen zu müssen

Planungsüberlegungen

1. Einführung

Bei der Gründung eines Unternehmens sind viele Aspekte zu beachten. Sie reichen von A wie Anmeldung bis Z wie Zinsen oder Zuständigkeiten.

Mithilfe des folgenden Leitfadens soll eine Übersicht über wichtige Schritte zur Gründung eines Unternehmens kennengelernt werden. Im Rahmen eines Projekts könnt ihr die nachfolgenden Fragen als eine Hilfe für die Planung, Durchführung und Auswertung einer (fiktiven) Unternehmensgründung verwenden.

a) In dem ersten Schritt geht es um grundlegende Überlegungen, die vor der eigentlichen Gründung angestellt werden sollten und an deren Ende durchaus auch die Einsicht stehen kann, dass die Gründung eines Unternehmens wenig sinnvoll erscheint.

b) Wenn der Entschluss, ein Unternehmen zu gründen, nach diesen ersten Überlegungen bestehen bleibt, steht die Planung der Unternehmensgründung an, von deren Genauigkeit Erfolg oder Misserfolg entscheidend abhängen. Die Planung umfasst die Bearbeitung von Fragen, die sowohl das Unternehmen selbst betreffen als auch die Beziehungen des Unternehmens zu seiner Umwelt.

c) Die letzte Gruppe von Fragen beschäftigt sich mit dem Unternehmen selbst, d. h., es wird ein Blick auf die Binnenstruktur des Unternehmens geworfen. Ziel ist die Erarbeitung eines detaillierten Unternehmenskonzeptes. Das betrifft insbesondere die interne Organisation: Wer ist für was verantwortlich? Wer trifft welche Entscheidungen? Zudem muss geklärt werden, wie viele Mitarbeiterinnen und Mitarbeiter mit welcher Qualifikation benötigt werden und wie diese eingestellt werden sollen.

Während des Gründungsprozesses lohnt es sich immer, fachkundigen Rat einzuholen. Expertinnen und Experten, die ihr ansprechen könnt, können etwa Mitarbeiterinnen und Mitarbeiter der Gründungsberatung der Industrie- und Handelskammern, der Bundeagentur für Arbeit oder von Banken und Sparkassen sein.

2. Aufgabenstellung

Im Rahmen des fiktiven Gründungsprojekts ist es eure Aufgabe, ein Unternehmen zu „gründen“ und dabei ein Gründungs- bzw. Unternehmenskonzept zu entwickeln. Für eine Unternehmensgründung sind viele Dinge erforderlich, zunächst aber eine tragfähige Produkt- bzw. Geschäftsidee. In der Unternehmensgründungsphase könnt ihr in Gruppenarbeit folgendermaßen vorgehen:

a) Entwickelt eine Geschäftsidee oder die Idee für ein Produkt oder eine Dienstleistung. Nutzt kreative Techniken, um eine Idee zu entwickeln (z. B. Mindmaps, Brainstorming ...).

b) Informiert euch gemeinsam mit den anderen Gruppenmitgliedern darüber, was bei einer Unternehmensgründung alles zu beachten ist. Dabei helfen insbesondere auch die in den nachfolgenden Abschnitten dargestellten Leitfragen.

c) Entwickelt einen Arbeitsplan für die Unternehmensgründung.

d) Stellt euer Unternehmenskonzept vor.

e) Zum Abschluss solltet ihr Expertinnen und Experten z. B. aus der Gründungsberatung der Industrie- und Handelskammer oder der Kreditabteilung einer Bank einladen und sie das Unternehmensgründungskonzept bewerten lassen. Die Überzeugungskraft eures Konzeptes könnte z. B. in der (fiktiven) Erteilung eines Kredites deutlich werden.

▸ Wie soll das Unternehmen finanziert werden?

▸ Welche rechtlichen Regelungen sind zu beachten?

3. Grundlegende Überlegungen

In Abwandlung eines weitverbreiteten Sprichwortes könnte man sagen: „Unternehmer/-in werden ist nicht schwer, Unternehmer/-in sein dagegen sehr."

Folgende Frage ist entscheidend: Eigne ich mich zur Unternehmerin bzw. zum Unternehmer? Welche Überlegungen müssen in diesem Zusammenhang angestellt werden?

a) Zunächst braucht man eine Geschäfts- bzw. eine Produkt- oder Dienstleistungsidee. Womit wollt ihr den Markt erobern?

b) Wenn man ein Unternehmen gründet, verbindet man damit auch Wünsche und Ziele. Welche sind das?

c) Welche Gründe könnte es geben, dass Existenzgründerinnen und Existenzgründer auch scheitern, dass also ihre Vorstellungen nicht wahr werden? Welche Möglichkeiten gibt es, Schwierigkeiten bei der Existenzgründung oder sogar ein Scheitern zu verhindern?

d) Welches sind konkret die einzelnen Schritte bei der Planung einer Unternehmensgründung? Wo könnt ihr euch darüber informieren?

e) Auch für Unternehmerinnen und Unternehmer gilt: „Ohne Moos nichts los!" Wie veranschlagt ihr die Kosten eures Unternehmens, die auf euch zukommen werden? Welchen Gewinn strebt ihr in den ersten Jahren an?

4. Unternehmensgründung

Jetzt wird es ernst. Ihr sollt jetzt mit der Planung der Unternehmensgründung und des Unternehmens beginnen. Welche Punkte sollte euer Gründungskonzept berücksichtigen? Macht einen ersten Entwurf für das Konzept.

a) Für welchen Standort des Unternehmens entscheidet ihr euch? Wie können Standorte analysiert und bewertet werden?

b) Für eine Unternehmensgründung wird Kapital benötigt. Wofür braucht ihr Geld? Welche Kapital- und Finanzquellen gibt es überhaupt?

c) Jedes Unternehmen hat eine Rechtsform. Was ist das? Welche Rechtsformen gibt es? Für welche entscheidet ihr euch und warum?

d) Ein Unternehmen hat Beziehungen zur Umwelt, z.B. müssen Vorschriften und Gesetze beachtet werden. Welche Anmeldeformalitäten und Vorschriften gibt es bei eurer Unternehmensgründung?

e) Der Staat ist immer dabei – insbesondere wenn es um das Geld geht. Welche Steuern zahlt ein Unternehmen bzw. eine Unternehmerin/ein Unternehmer?

‣ Welcher Standort bietet sich für das Unternehmen an? Welche Vor- und Nachteile hat dieser? Ausschlaggebende Kriterien könnten etwa Mietpreise oder die Laufkundschaft sein.

5. Das Unternehmen

a) Ein Unternehmen soll auf dem Markt erfolgreich sein. Welche Aspekte sind diesbezüglich zu bedenken und welche Instrumente sind wichtig?

b) Innerhalb des Unternehmens muss die Organisation stimmen und die betrieblichen Abläufe müssen funktionieren. Dafür muss qualifiziertes, motiviertes Personal gefunden werden. Was muss bei der Einstellung des Personals beachtet werden?

c) Ein Unternehmen muss nachhaltig wirtschaften – heute und in Zukunft. Was bedeutet es, ein nachhaltiges Unternehmen zu sein?

6. Das Unternehmenskonzept

Nachfolgend einige Fragen, mit denen ihr euch auseinandersetzen müsst, um eure Geschäftsidee näher zu untersuchen.

a) Geschäftsidee
- Welche Dienstleistung bzw. welches Produkt wollt ihr anbieten?
- Welchen Nutzen hat euer Angebot?
- Was soll es kosten?

b) Marktanalyse
- Kennt ihr die Nachfrage für die Dienstleistung, die ihr anbietet, bzw. für euer Produkt?
- Wie groß ist der Markt?
- Wie wird sich die Auftragslage/die Nachfrage entwickeln?
- Welche Zielgruppe wollt ihr ansprechen?

c) Branchenanalyse
- Kennt ihr eure Konkurrenz?
- Was wollt ihr besser machen als die Konkurrenz?
- Kennt ihr Überlegungen der Stadt/der Gemeinde für euren Standort, die Einfluss auf eure Geschäftsidee haben könnten?

▸ Wie sollen neue Mitarbeiterinnen und Mitarbeiter ausgewählt werden?

▸ Welche besonderen Kenntnisse (z. B. Programmierkenntnisse) benötigen neue Mitarbeiterinnen und Mitarbeiter?

d) Kosten und Gewinn
- Gibt es genügend Kundschaft am Standort?
- Wie ist die Verkehrsanbindung des Standortes?

e) Rentabilitätsvorschau
- Werdet ihr mit eurer Unternehmung ausreichend Gewinne erzielen können?
- Wie hoch sind die Kosten?
- Welches sind die größten Kosten, die bei eurer Unternehmensidee besonders in der Anfangsphase anfallen werden?

f) Finanzierung/öffentliche Förderung
- Habt ihr euren Kapitalbedarf bereits ermittelt? Wie viel Kapital benötigt ihr?
- Wie könnt ihr euch das notwendige Startkapital beschaffen?
- Wie viel Eigenkapital steht euch zur Verfügung?
- Besonders in der Gründungsphase kann man auf staatliche Unterstützung hoffen. Versucht herauszufinden, welche Mittel und Hilfen jungen Existenzgründerinnen und Existenzgründern zur Verfügung gestellt werden könnten. Eine erste Anlaufstelle kann die Abteilung für Wirtschaftsförderung in eurer Stadt oder eurem Landkreis sein.

g) Genehmigung
- Braucht ihr für euer Unternehmen besondere Genehmigungen?
- Wenn ja, welche?
- Benötigt ihr eine spezielle Zulassung?
- Wenn ja, welche?

h) Personal
- Wie viele Mitarbeiterinnen und Mitarbeiter benötigt euer Unternehmen?
- Wie wählt ihr diese aus? Welche Qualifikationen sollten eure Mitarbeiterinnen und Mitarbeiter besitzen?
- Wer übernimmt welche Aufgaben im Unternehmen?

i) Steuern/Abgaben
- Welche Steuern und Abgaben sind zu zahlen? In welcher Höhe? Wo informiert ihr euch darüber und wer könnte euch bei Fragen und Unklarheiten weiterhelfen?

IV DER WIRTSCHAFTS-KREISLAUF

praxis

In diesem Kapitel lernt ihr,

- welche Akteure es im Wirtschaftskreislauf gibt,
- wie deren Stellung im Wirtschaftskreislauf aussieht und
- wie ihr mithilfe des Wirtschaftskreislaufes grundlegende Zusammenhänge in der Wirtschaft eines Landes analysieren könnt.

▸ Hildesheim aus der Vogelperspektive

▸ Sarah und Max Mittendorf

1 Wirtschaftliche Tätigkeiten und Wirtschaftskreislauf

Wirtschaftsprozesse sind Tauschprozesse

Bisher wurde sich in der Regel mit jugendlichen Konsumentinnen und Konsumenten und ihrer Stellung in der Rechtsordnung, mit der Politik in der Kommune und mit den privaten Haushalten und den Unternehmen auseinandergesetzt. Stets wurde dabei ein einzelnes Unternehmen, ein privater Haushalt oder eine einzelne Kommune betrachtet.

Jetzt wird ein anderer Weg eingeschlagen, um wirtschaftliche Vorgänge näher zu untersuchen. Dabei wird die Wirtschaft quasi aus der Vogelperspektive betrachtet und überlegt, was sich dabei für Erkenntnisse sammeln lassen. Dazu wird eine Methode entwickelt, die bei dieser Analyse hilft: der Wirtschaftskreislauf.

B „Na, Max, wie war dein Arbeitstag?", fragt Sarah Mittendorf ihren Mann, der heute ungewöhnlich spät von der Arbeit nach Hause kommt.

Max Mittendorf sagt mit ziemlich genervter Stimme: „Ach, lass mich doch erst mal in Ruhe, was gibt es denn zu essen?" Bevor seine Frau antworten kann, fährt er fort: „Ach, entschuldige, Sarah, es war heute ein ziemlich hektischer und blöder Tag und Ärger gab es in der Firma auch." „Komm, erzähl mal", sagt Frau Mittendorf, die ihren Mann gut kennt und weiß, dass er sich gleich wieder beruhigen wird.

Max Mittendorf: „Bei uns ist heute eine wichtige Maschine ausgefallen und wir stehen unter Termindruck. Wenn wir die versprochenen Möbelteile nicht bis morgen ausliefern können, bekommen wir Ärger mit unserer Kundschaft. Und das ist überhaupt nicht lustig. Aber wir haben es schließlich hinbekommen. Die Sendung kann morgen rausgehen."

Sarah Mittendorf: „Na, da habt ihr ja Glück gehabt. Heute habe ich übrigens mal wieder ins Online-Banking geschaut. Wenn wir weiterhin die Absicht haben, unser Wohnzimmer zu verändern – wir wollen ja einen neuen Tisch, einen neuen Schrank und eine neue Stehlampe kaufen – dann werden wir ohne einen Kredit kaum auskommen. Erkundigst du dich morgen mal online nach den Zinsen?"

Max Mittendorf: „Ja, das mache ich. Aber bevor ich es vergesse, wir haben heute im Betrieb auch eine gute Botschaft bekommen. Es gibt wieder Weihnachtsgeld wie früher und das macht bei mir schon einen Tausender aus!" ■

Befüllung von Dosen in einer Fabrik für Fertiggerichte

Beratung und Einkauf in einer Boutique

In früheren Zeiten stellten die Menschen alles selbst her, was sie für ihr Leben benötigten. Man spricht von einer Selbstversorgungswirtschaft. Es gab nur einfache Formen der Arbeitsteilung, z. B. innerhalb einzelner Familien zwischen den Familienmitgliedern. Die wirtschaftlichen Vorgänge waren sehr überschaubar.

Arbeitsteiligkeit heute hat eine ganz andere Qualität. Man braucht nur in die Obst- und Gemüseabteilung in einem Supermarkt zu gehen: Bananen aus Costa Rica, Tomaten aus Spanien und Äpfel aus Neuseeland. Auch in anderen Bereichen sind Waren aus aller Welt selbstverständlich: Sneaker aus den USA, Laptops aus China usw. Ohne eine arbeitsteilige Weltwirtschaft würde unser Leben sehr viel gleichförmiger aussehen. In Deutschland wurden im Jahr 2019 Waren im Wert von über 1.105 Milliarden Euro eingeführt und Waren im Wert von 1.328 Milliarden Euro ausgeführt.

Diese Zahlen belegen, in welch hohem Maße Deutschland in die arbeitsteilige Weltwirtschaft eingebunden ist. Menschen üben unterschiedliche Tätigkeiten aus: Essen, Trinken, ein Buch lesen, ins Kino gehen, in einer Fabrik arbeiten, eine Fahrradtour machen, eine Disko besuchen, Freundinnen und Freunde treffen, an einer politischen Versammlung teilnehmen, eine (Online-)Zeitung lesen, Videos gucken, ein Haus kaufen usw. Hier setzen wir uns vor allem mit wirtschaftlichen Tätigkeiten auseinander. Im Wirtschaftsgeschehen lassen sich vier verschiedene Tätigkeiten unterscheiden:

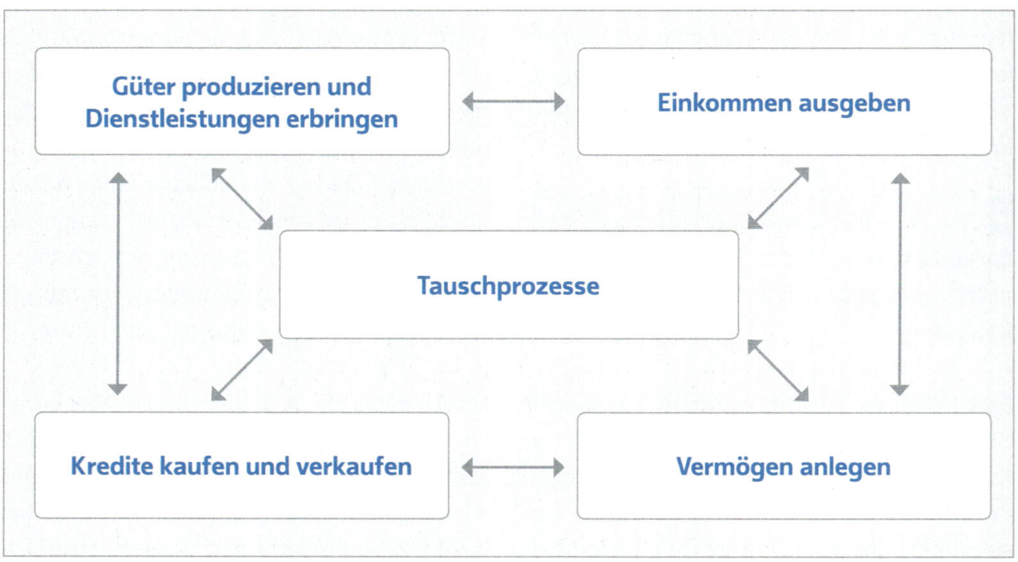

▸ Wer Geld zurücklegen kann, kann sich am Aktienmarkt direkt an Unternehmen beteiligen.

▸ An der Frankfurter Börse werden auch Anleihen gehandelt.

Eine Anleihe ist ein Wertpapier, mit dessen Hilfe sich ein Staat oder ein Unternehmen Geld am Kapitalmarkt leihen kann.

a) Sachgüter und Dienstleistungen produzieren und verkaufen

Dies kann die Produktion von Autos sein oder auch die Produktion von Gartenzwergen, der Verkauf einer Urlaubsreise oder das Haareschneiden beim Friseur.

Zum Herstellen von Produkten und zur Bereitstellung von Dienstleistungen werden nicht nur Produkte von anderen Unternehmen benötigt, sondern auch Mitarbeiterinnen und Mitarbeiter, Räume, Gebäude, Grundstücke und natürlich Maschinen usw. Das heißt: Es werden Produktionsfaktoren benötigt, z. B. Boden, Kapital und Arbeit.

b) Einkommen empfangen und verwenden
Wofür wird produziert? Um die Bedürfnisse der Menschen zu befriedigen. Um Sachgüter kaufen und Dienstleistungen in Anspruch nehmen zu können, benötigt man in der Regel Einkommen.

c) Vermögen bilden und anlegen
Manche Personen kommen nie mit ihrem Einkommen aus, weil es tatsächlich zu niedrig ist oder weil sie vielleicht über ihre Verhältnisse leben. Andere wiederum sind in der Lage, von ihrem Einkommen etwas zu sparen, Aktien zu kaufen, einen Sparplan abzuschließen usw.

d) Kredite kaufen und verkaufen
Für den Kauf einer neuen Küche oder die Erweiterung eines Unternehmens benötigt man einen Kredit, der bei einer Bank gekauft werden kann.

Durch diese vier unterschiedlichen wirtschaftlichen Tätigkeiten entstehen in einer Wirtschaft vielfältige Tauschprozesse. Da in einer Volkswirtschaft viele Millionen Menschen irgendeine dieser wirtschaftlichen Tätigkeiten ausüben, ergibt sich daraus für außenstehende Betrachterinnen und Betrachter ein verwirrendes und kompliziertes Gefüge von Tauschprozessen. Und wir stellen fest: Menschen haben unterschiedliche Interessen. Diejenigen, die z. B. Güter produzieren und sie an Konsumentinnen und Konsumenten verkaufen wollen, möchten möglichst viel für ihre Produkte erlösen. Konsumentinnen und Konsumenten hingegen möchten für qualitativ gute Produkte möglichst wenig zahlen.

1. Nennt für jede der vier zentralen Tätigkeiten im Wirtschaftsgeschehen mindestens zwei nicht im Text genannte Beispiele. Ihr könnt die Abbildungen oben zu Hilfe nehmen.

▸ In einer Fußgängerzone treffen Konsumentinnen und Konsumenten und Unternehmen aufeinander.

Der Wirtschaftskreislauf: Der Grundgedanke

Modelle kennt ihr auch aus anderen Schulfächern wie Physik und Chemie. Wenn ihr z. B. ein Flugzeugmodell mit einem tatsächlichen Flugzeug im Original vergleicht, dann stellt ihr fest, dass das Modell zwar eine Anschauung und Vorstellung von einem wirklichen Flugzeug vermittelt, nicht aber das Original selbst ist. Ähnliches gilt auch für das Stadtplanungsmodell: Damit können sich die Architektinnen und Architekten ein Bild davon machen, wie ein neu zu bauender Stadtteil aussehen könnte.

Menschen schaffen sich sehr häufig Modelle, damit sie die Wirklichkeit besser erkennen und verstehen können. Man bedient sich sogenannter „Denkmodelle", z. B. um das komplizierte Wirtschaftsgeschehen besser zu begreifen und zu verstehen. Aber Vorsicht! Modelle haben auch ihre Tücken. Sie haben nämlich die Eigenschaft, nie die Wirklichkeit ganz zu erfassen. Sie werden nur für einen bestimmten Zweck und unter einer ganz bestimmten Sichtweise konstruiert.

Für ein besseres Verständnis wirtschaftlicher Vorgänge wird das Modell des Wirtschaftskreislaufes verwendet. Mit dessen Hilfe werden nur die wirtschaftlichen Beziehungen und die Geldströme zwischen den Unternehmen, den privaten Haushalten und dem Staat dargestellt. Allerdings lassen sich beispielsweise die politischen Beziehungen in einem Staat mit dem Wirtschaftskreislauf noch nicht untersuchen.

Es gibt verschiedene Darstellungen des Wirtschaftskreislaufes. Diese unterscheiden sich u. a. in der Vielfalt der dargestellten Akteure. Ihr werdet diese nachfolgend kennenlernen.

INFO

Um die verwirrende Vielfalt der wirtschaftlichen Vorgänge übersichtlich darzustellen, wird eine Methode benötigt. Allein die wirtschaftlichen Tätigkeiten einer Kleinstadt mit ihren wenigen Betrieben und Bewohnerinnen und Bewohnern wäre sonst kaum noch zu verstehen. Die Methode, mit der sich die wirtschaftlichen Beziehungen einer Volkswirtschaft verdeutlichen lassen, ist der Wirtschaftskreislauf.

Die Methode „Der Wirtschaftskreislauf" ist nicht für alle Aufgaben geeignet, so wie eine Zange sich kaum für das Einschlagen eines Nagels eignet. Mit dem Wirtschaftskreislauf soll die Vielzahl der wirtschaftlichen Vorgänge (Produzieren, Verkaufen, Einkommen erzielen und verwenden, Kredite kaufen und verkaufen) vereinfacht und übersichtlich dargestellt werden. Ein einfacher Wirtschaftskreislauf könnte folgendermaßen aussehen:

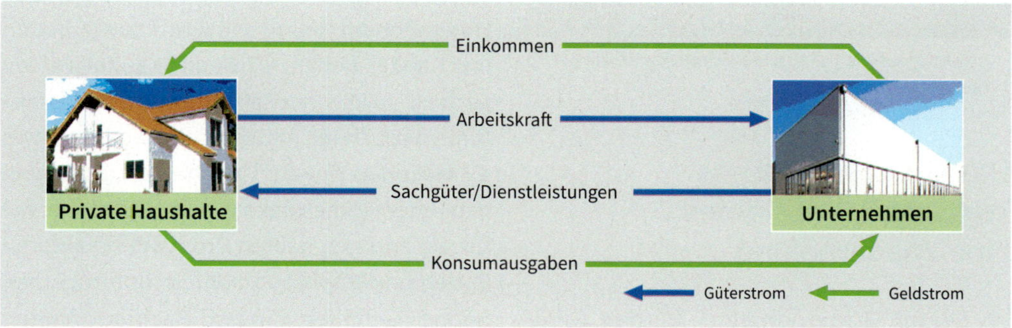

▸ Einfacher Wirtschaftskreislauf

▸ 3D-Modell einer Wohnzimmereinrichtung

1. Beschreibt, welche Aufgaben das abgebildete Modell einer Wohnzimmereinrichtung für diejenigen erfüllen kann, die sich eine neue Inneneinrichtung kaufen möchten.
2. Vergleicht das Modell der Wohnzimmereinrichtung mit dem Wirtschaftskreislauf.

Im Unternehmen „Textilfabrik" werden Güter hergestellt.

Das Grundmodell des Wirtschaftskreislaufes: Eine Wiederholung

Im Sektor „Unternehmen" werden Güter hergestellt, mit denen die Konsumentinnen und Konsumenten ihre Bedürfnisse befriedigen können. Das können z. B. Lebensmittel, Bekleidung, Autos, Fußbälle, Smartphones usw. sein. Oder die Unternehmen bieten Dienstleistungen an, wie dies z. B. bei Banken, Softwarefirmen, Versicherungsunternehmen oder Friseursalons der Fall ist. Im Sektor „Private Haushalte" verkaufen Menschen den Unternehmen ihre Arbeitskraft sowie Boden und Kapital. Boden, Arbeit und Kapital werden auch als volkswirtschaftliche Produktionsfaktoren bezeichnet. In Deutschland gibt es etwa 42 Millionen private Haushalte. Für die von den Unternehmen gekaufte Arbeitskraft sowie für die anderen beiden Produktionsfaktoren Boden und Kapital zahlen die Unternehmen Löhne, Gehälter, Zinsen, Pachten, Mieten und Gewinne (z. B. in Form von Dividenden bei Aktienbesitz), die in die privaten Haushalte fließen.

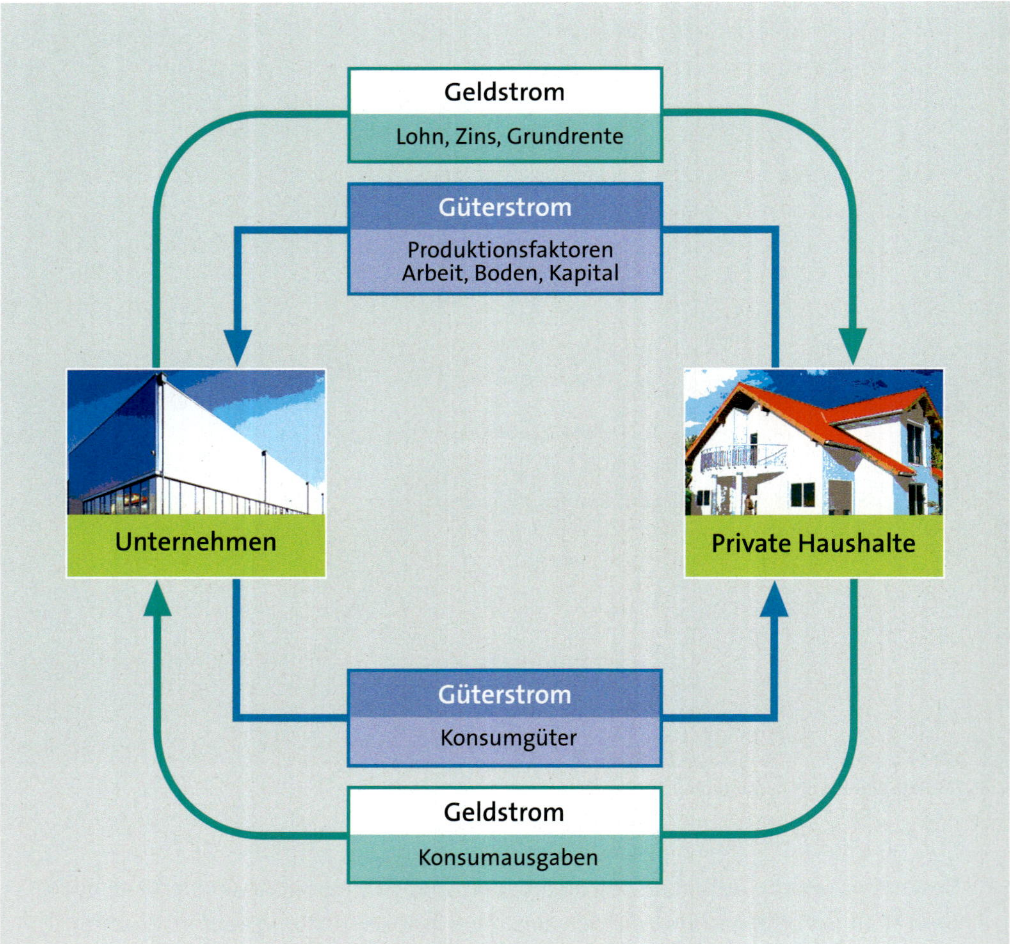

Geldströme und Güterströme zwischen Unternehmen und privaten Haushalten

▸ Von ihrem Einkommen kaufen die privaten Haushalte die Güter.

Mit den in den Unternehmen erwirtschafteten Einkommen kaufen die Haushalte u. a. die von Unternehmen produzierten Güter. Damit fließt auch wieder ein Geldstrom von den Haushalten zurück in die Unternehmen. So kann der Kreislauf wieder von Neuem beginnen.

Das Grundmodell eines einfachen Wirtschaftskreislaufes ist jetzt entwickelt. Es wird unterschieden:

a) Der Geldstrom:
Das sind die Einkommen der privaten Haushalte und die Konsumausgaben, die davon bestritten werden.

b) Der Güter- und Leistungsstrom:
Das sind die Produktionsfaktoren Arbeit, Boden und Kapital, welche die privaten Haushalte den Unternehmen zur Verfügung gestellt haben. Von den Unternehmen fließt ein Güterstrom zu den privaten Haushalten.

▸ Geldstrom

▸ Güterstrom

1. Erklärt, warum es zur Vereinfachung des Kreislaufbildes ausreichen kann, nur die Geldströme einzuzeichnen.

Das erweiterte Kreislaufmodell

Die Abbildungen auf den beiden vorhergehenden Seiten stellen das einfachste Grundmodell des Wirtschaftskreislaufs in seiner schrittweisen Entwicklung dar. Die wirtschaftlichen Vorgänge in einer Volkswirtschaft sind jedoch weitaus komplizierter, sodass das Kreislaufbild noch erweitert werden muss. Der Staat ist der dritte große Sektor der Volkswirtschaft, der in vielfältiger Weise in das Wirtschaftsgeschehen eingreift. Als Staat werden hier die Kommunen, die Länder und der Bund verstanden.

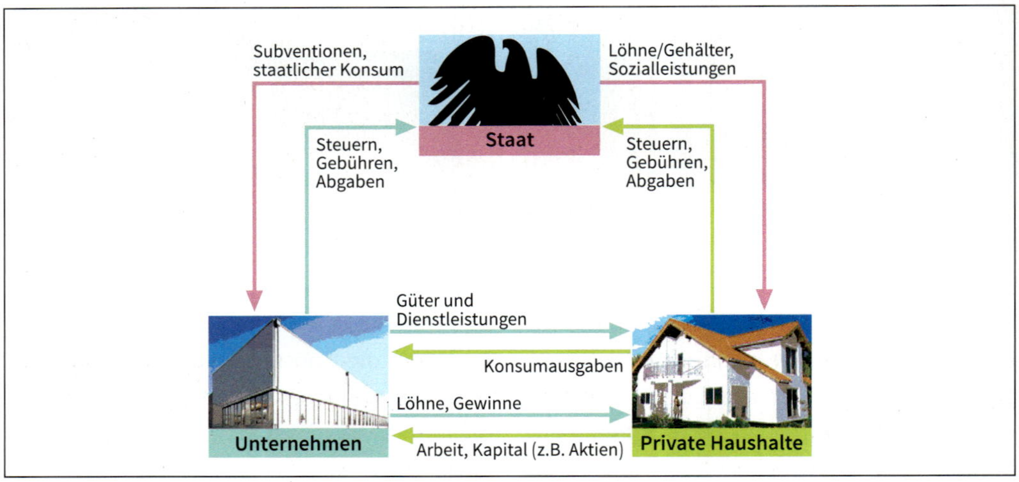

▸ Das erweiterte Kreislaufmodell

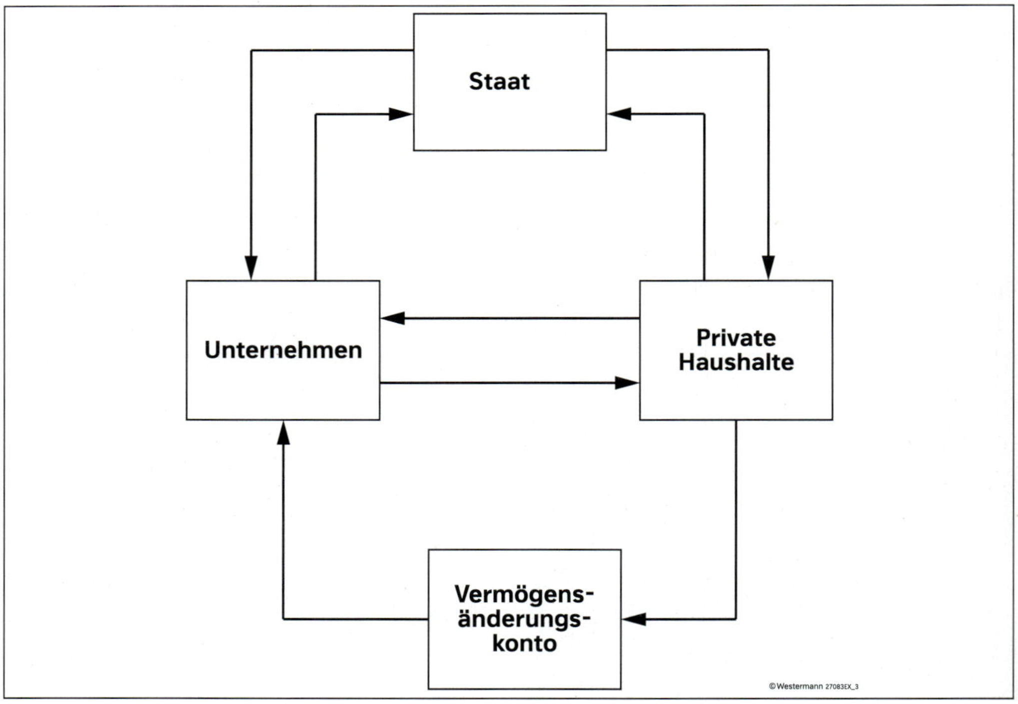

▸ Wirtschaftskreislauf mit dem Sektor „Vermögensänderungskonto"

1. Untersucht, welche Ströme zwischen den Unternehmen, Staat und privaten Haushalten fließen. Nennt jeweils Beispiele.

▸ Auch das gemeinsame Essengehen im Restaurant ist Teil des wirtschaftlichen Geschehens.

Bisher wurde in den Kreislaufmodellen immer davon ausgegangen, dass z. B. die privaten Haushalte das Geld, was sie bekommen, auch in gleicher Weise wieder für Konsumausgaben verwenden. Aber manche Haushalte sind in der Lage, etwas zu sparen. Sie kaufen z. B. Aktien, bilden eine Rücklage auf einem Tagesgeldkonto usw. Man kann sich das für die Analyse so vorstellen, als ob die privaten Haushalte, der Staat oder die Unternehmen das gesparte Geld auf ein Konto der Volkswirtschaft einzahlen und dieses Geld dann später für Ausgaben verwenden. Ein privater Haushalt will sich z. B. ein Grundstück kaufen oder ein Haus bauen, ein Unternehmen z. B. alte Maschinen ersetzen. Um dieses alles tun zu können, müssen die Unternehmen und privaten Haushalte sparen, d. h. ein Vermögen bilden. Im Denkmodell des Wirtschaftskreislaufes kann man sich daher mit einem Konto behelfen, das als „Vermögensänderungskonto“ bezeichnet wird. Konkret „liegt“ natürlich das Geld nicht auf einem Konto der „Volkswirtschaft“, sondern bei einer Bank oder Sparkasse. Aber Banken und Sparkassen sind auch Unternehmen. Das Konto zeigt, woher das Vermögen kommt und wofür es verwendet wird.

Zusammenfassend kann also festgehalten werden: Mithilfe des Wirtschaftskreislaufes lassen sich wirtschaftliche Tauschprozesse vereinfacht und übersichtlich darstellen. Es lässt sich zeigen,
- welche Sektoren am wirtschaftlichen Geschehen beteiligt sind (z. B. die privaten Haushalte, der Staat, die Unternehmen),
- welche geldlichen Beziehungen zwischen diesen Sektoren bestehen,
- dass diese Sektoren unterschiedliche Interessen haben können,
- dass der Staat in das wirtschaftliche Geschehen einer Volkswirtschaft z. B. mit seiner Steuerpolitik eingreifen kann.

Aber genauso deutlich wird, dass mit dem Wirtschaftskreislauf nicht alles erklärt werden kann. So werden nur die wirtschaftlichen Beziehungen gezeigt.

1. Zeigt am Modell des Wirtschaftskreislaufes mögliche wirtschaftliche Auswirkungen
a) einer Erhöhung der Mehrwertsteuer,
b) einer Senkung der Sozialleistungen,
c) einer allgemeinen Erhöhung der Löhne und Gehälter.

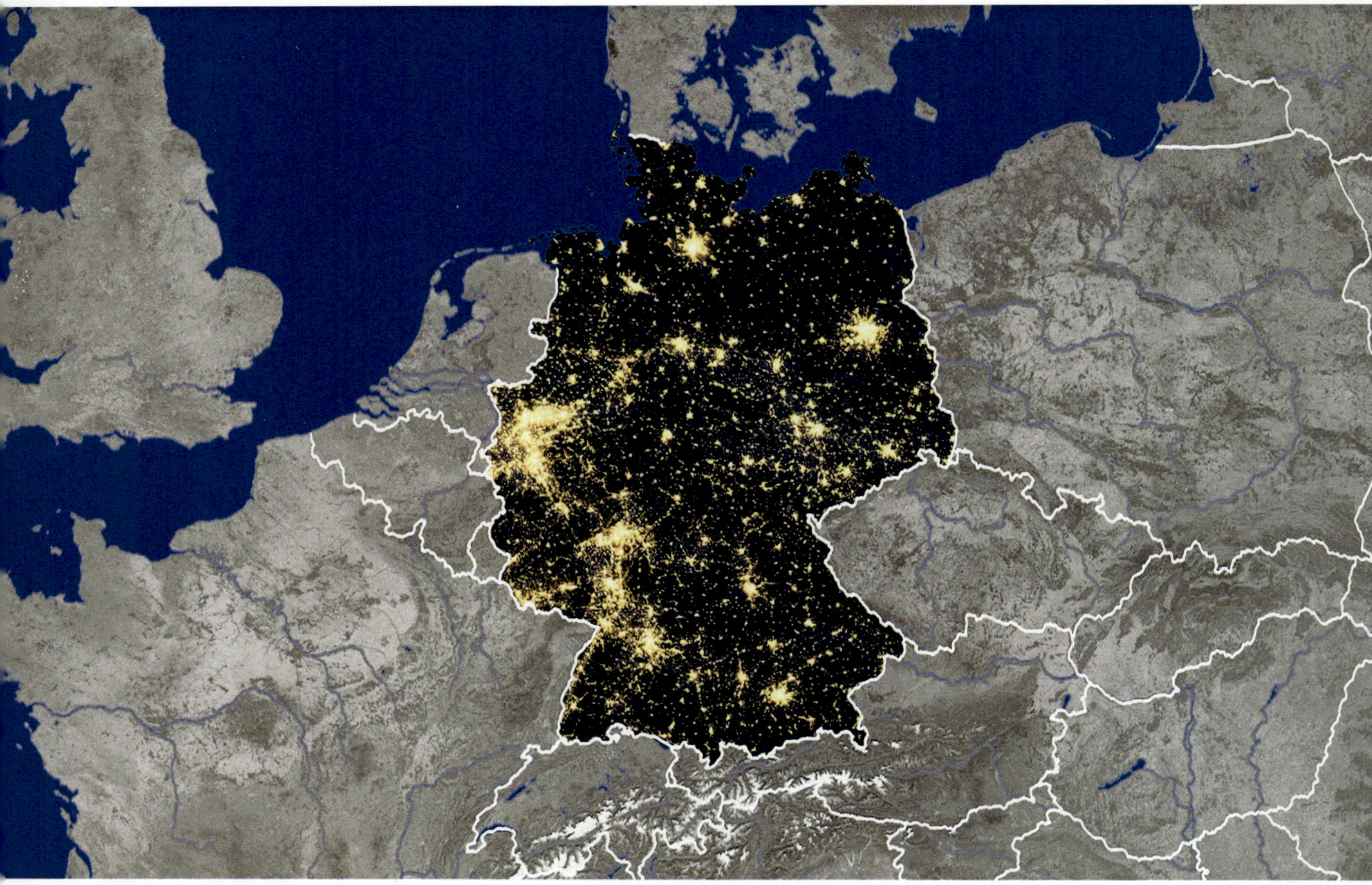

▸ Wie hoch ist das Einkommen aller Bewohnerinnen und Bewohner?

2 Bruttonationaleinkommen (BNE)

Das BNE oder: eine der bekanntesten volkswirtschaftlichen Kennzahlen

Soll das Bruttonationaleinkommen einer Volkswirtschaft, z. B. das der Bundesrepublik Deutschland, berechnet werden, muss nach einem Maßstab gesucht werden, mit dem dieses gemessen werden kann. Soll es in einer Gewichtsgröße ausgedrückt werden – in Tonnen oder Kilogramm – oder soll es in Metern oder Kilometern gemessen werden?

Die Industrieländer der Welt haben sich darauf geeinigt, den Wert des Bruttonationaleinkommens folgendermaßen zu messen: Es werden alle in einem Jahr in einem Land erzielten Einkommen zusammengerechnet. In der Statistik heißt es dann: 2019 betrug das Bruttonationaleinkommen in Deutschland rund 3,5 Billionen Euro.

Dass der Wert der Güter und Dienstleistungen als Maßstab genommen wird, ist sicherlich nicht überraschend. Bei der Konstruktion des Wirtschaftskreislaufmodells auf den vorhergehenden Seiten wurde ebenfalls besonderer Wert auf Geldströme gelegt. Nun könnte man einwenden, dass der Wert eines Produktes oder einer Dienstleistung, der durch den Preis ausgedrückt wird, keine absolut feststehende Größe sei. Das ist zwar richtig, aber entscheidend ist, was die Konsumentinnen und Konsumenten für ein bestimmtes Gut bzw. eine bestimmte Dienstleistung auf den Märkten zahlen müssen bzw. bereit sind zu zahlen.

▸ Welchen Wert haben Luxusgüter?

Wodurch erhalten Sachgüter und Dienstleistungen ihren Wert?

Wird der Wert des Bruttonationaleinkommens in Preisen, also in Geld, ausgedrückt, dann muss bekannt sein, wodurch Produkte oder Dienstleistungen ihren Wert erhalten. Sachgüter und Dienstleistungen erhalten ihren Wert vor allem durch zwei Faktoren:

– durch die erforderliche menschliche Arbeit für die Erstellung eines Gutes:

Güter können nur hergestellt und Dienstleistungen nur erbracht werden, wenn Menschen arbeiten. Um Güter wie Autos, Brot, Medikamente oder Käse herzustellen, werden Maschinen und Werkzeuge benötigt.

Entscheidend ist aber die menschliche Arbeitskraft, die die Werte schafft, denn auch die Maschinen und Werkzeuge werden durch menschliche Arbeit hergestellt. Auch für Dienstleistungen, wie etwa eine Smartphone-, Waschmaschinen- oder Autoreparatur, ist menschliche Arbeitskraft notwendig.

– dadurch, dass die hergestellten Güter jemand haben wollen muss, und zwar weil sie oder er diese braucht oder weil sie oder er glaubt, sie zu brauchen:

Das heißt: Die Nachfrage der Konsumentinnen und Konsumenten bestimmt wesentlich den Wert eines Produktes oder einer Dienstleistung. Ein Produkt, das niemand haben will, kann mit noch so viel menschlicher Arbeitskraft produziert worden sein, es wird sich nicht verkaufen lassen und beim Hersteller liegen bleiben. Ein Unternehmen könnte noch so sehr damit argumentieren, wie viel Mühe und Kosten mit der Produktion eines Gutes verbunden sein mögen. Die Konsumentinnen und Konsumenten interessieren sich nicht für die Kosten der Unternehmen bei der Herstellung der Produkte, sondern für den Preis, den sie zu zahlen haben. Sie treffen ihre Entscheidung nicht nach dem Motto: Die Produkte von Firma A sind zwar viel teurer als die von Firma B, aber diese hat sich doch viel mehr Mühe gegeben. Am Ende entscheiden sie nur nach ihrem tatsächlichen oder zumindest wahrgenommenen Bedarf.

▸ Wie fließen der Geldstrom und der Güterstrom zwischen diesen drei Unternehmen?

Eine Modellvolkswirtschaft: Von der Milch zum Molkereiprodukt

Ein Beispiel aus der Landwirtschaft: Die Milch im Euter der Kuh ist für den Menschen zunächst wertlos. Sie wird für ihn nur dadurch wertvoll, dass sie

- gemolken und weiterverarbeitet wird und
- die Verbraucherinnen und Verbraucher die Milch oder entsprechende Molkereiprodukte wie verschiedene Käsesorten, Joghurts usw. haben wollen.

Man stelle sich eine Modellvolkswirtschaft mit nur drei Unternehmen vor: einem landwirtschaftlichen Betrieb (U1), einer Molkerei (U2) und einem Lebensmittelgeschäft (U3).

Zusätzlich stelle man sich einen privaten Haushalt in der Modellvolkswirtschaft vor. Er besteht aus den Eltern Herrn und Frau Mertens und ihren Kindern Finn und Emma. Sie führen eine gemeinsame Hauswirtschaft.

Wie hängen die Akteure der Modellvolkswirtschaft grundsätzlich zusammen? In Unternehmen arbeiten Menschen. Für diese Arbeit werden sie bezahlt, d.h., sie bekommen in den meisten Fällen Lohn und Gehalt auf ihr Konto überwiesen. Aus den Unternehmen fließt nicht nur Geld für die geleistete Arbeit in die Haushalte, sondern auch für Kapital oder Grund und Boden, das/der ihnen gehört und an Unternehmen oder andere Haushalte verkauft oder ihnen zur Verfügung gestellt wird (Zinsen, Pacht, Mieten usw.).

1. Überlegt, wie die drei Unternehmen durch Pfeile so miteinander verbunden werden können, dass zu erkennen ist, welches Unternehmen an wen Geld für die gelieferte Ware bezahlt. Beschreibt, wie der Geldstrom und wie der Güterstrom fließt.
2. An der Herstellung einer Ware wie z.B. Joghurt sind normalerweise mehr als drei Unternehmen beteiligt. Im Beispiel sind viele Zulieferfirmen nicht berücksichtigt. Arbeitet Beispiele heraus, welche weiteren Produkte von anderen Firmen noch erstellt werden oder welche Dienstleistungen noch erbracht werden müssen, damit ihr in einem Lebensmittelgeschäft Joghurt, Käse, Butter usw. einkaufen könnt.

Für die unternehmerische Tätigkeit erhält man ebenfalls Geld: den Gewinn. Auch dieses Geld fließt zunächst in die Haushalte. In die Haushalte fließen also nicht nur die Verdienste der abhängig beschäftigten Arbeitnehmerinnen und Arbeitnehmer, sondern auch die der Unternehmerinnen und Unternehmer für ihre unternehmerische Tätigkeit.

In der Modellvolkswirtschaft gehört Frau Mertens ein großer Parkplatz mit zahlreichen Stellplätzen. Diesen vermietet sie an die Molkerei U2. Das heißt: Eine Person kann mehrere wirtschaftliche Aktivitäten durchführen und mehrere Aufgaben im Wirtschaftsprozess ausüben, wie in der nachfolgenden Grafik zu sehen ist:

- Frau Mertens

- Einkommen aus abhängiger Beschäftigung in einem Unternehmen (Arbeitnehmerin)

- Mieteinnahmen durch Vermietung eines Parkplatzes (Unternehmerin)

- Kapitaleinkommen aus Ausschüttungen eines Aktienfonds (Kapitaleignerin)

▸ Vorleistung von U1 für U2: Milch

▸ Vorleistung von U2 für U3: Verpackter Käse

Die Berechnung des Bruttonationaleinkommens

Der Maßstab, mit dem das Bruttonationaleinkommen gemessen werden soll, sind die Preise für Sachgüter und Dienstleistungen. Und so sieht die Rechnung aus: Die Landwirtin (U1) benötigt für die Produktion einer bestimmten Menge Milch 30 Geldeinheiten (GE). Damit deckt sie ihre Kosten ab, bezahlt ihre eigene Arbeit und macht auch etwas Gewinn. Der landwirtschaftliche Betrieb hat so eine Wertschöpfung von 30 GE erzielt. Die sich aus der Wertschöpfung ergebenden Löhne und Gewinne fließen in die Haushalte.

Die Molkerei U2 bekommt die Milch von U1 als Vorleistung. Aus der Milch werden jetzt Käse, Joghurt usw. produziert. Dafür sind wiederum Löhne zu zahlen. Außerdem will das Unternehmen für seine Leistung einen Gewinn erzielen. Deshalb verkauft es den Käse für 110 GE an das Lebensmittelgeschäft U3. In diesem Preis sind die 30 GE des landwirtschaftlichen Betriebes enthalten. Die eigene Wertschöpfung der Molkerei beträgt also nur 110 GE – 30 GE = 80 GE. Die Wertschöpfung fließt wieder in Form von Löhnen und Gewinnen zurück in die Haushalte.

U3, das Lebensmittelgeschäft, kauft jetzt den Käse für 110 GE. Die 110 GE sind eine Vorleistung von U2. Für die eigene Verkaufsleistung will das Lebensmittelgeschäft natürlich ebenfalls Geld bekommen. Das Personal muss bezahlt werden, Energiekosten usw. fallen an, und einen Gewinn will es auch erzielen. Deshalb wird der Käse an die Haushalte für 130 GE verkauft. Damit hat sich der Kreislauf geschlossen. Die Wertschöpfung des Lebensmittelgeschäftes beträgt somit 130 GE – 110 GE = 20 GE.

Nach diesem Prinzip wird auch das Bruttonationaleinkommen der Bundesrepublik und in vielen anderen Ländern errechnet. Dann sind es allerdings nicht nur drei Unternehmen, wie in der Modellvolkswirtschaft, sondern Millionen von Unternehmen. Die Berechnung wird dadurch zwar schwieriger, der Grundgedanke bleibt aber der gleiche.

INFO

Wie hoch ist das Bruttonationaleinkommen in der kleinen Modellvolkswirtschaft?

Dazu muss die Wertschöpfung der einzelnen Unternehmen zusammengezählt werden:

Unternehmen 1 = 30 GE
Unternehmen 2 = 80 GE
Unternehmen 3 = 20 GE
BNE = 130 GE

Dieses Grundmodell lässt sich erweitern. So muss z. B. berücksichtigt werden, dass die Bundesrepublik exportiert und importiert. Der Staat erhebt Steuern, zahlt Subventionen, Renten, Arbeitslosengeld, Wohngeld usw. Weiterhin muss berücksichtigt werden, dass sich die Maschinen und Anlagen abnutzen. Man nennt den Betrag, der für die jährliche Abnutzung der Maschinen, Gebäude und Fabriken aufgewendet werden muss, Abschreibungen. Und es muss berücksichtigt werden, dass Unternehmen Investitionen vornehmen. Sind keine Abschreibungen abgezogen worden, spricht man vom Bruttonationaleinkommen; wurden diese jedoch abgezogen, spricht man vom Nettonationaleinkommen.

Für die bisherigen Beispiele sind diese Unterscheidungen aber ohne Bedeutung. Die Höhe des Bruttonationaleinkommens spielt in der politischen Diskussion eine wichtige Rolle: z. B. bei Tarifverhandlungen, bei Wahlen, bei der Einschätzung, ob es einer Wirtschaft gut oder schlecht geht oder bei der Frage, was getan werden muss, um das Bruttonationaleinkommen zu steigern.

1. Erklärt anhand von Beispielen, was unter Vorleistungen verstanden wird. Nehmt dabei die beiden Abbildungen auf S. 84 zu Hilfe.
2. Erläutert mithilfe der abgebildeten Grafik und des Textes den Unterschied zwischen Brutto- und Nettonationaleinkommen.
3. Beschreibt in eigenen Worten die abgebildete Grafik. Stellt dar, welche Informationen sich der Grafik entnehmen lassen.

LERNBILANZ

Lernbilanz

Am Ende der letzten beiden Kapitel hast du gelernt,
- *dass Menschen nicht nur in anderen Unternehmen oder im öffentlichen Dienst arbeiten, sondern dass sie auch selbst Unternehmen gründen können,*
- *welche Schritte bei der Gründung eines Unternehmens wichtig sind,*
- *welche Motive es gibt, ein Unternehmen zu gründen,*
- *was den einfachen und den erweiterten Wirtschaftskreislauf ausmacht und*
- *wie man das Bruttonationaleinkommen berechnet und was dies bedeutet.*

Mit den folgenden Aufgaben kannst du deine Kompetenzen überprüfen.

1. Stelle dar, welche grundsätzlichen Vorüberlegungen bei der Gründung eines Unternehmens angestellt werden müssen.

2. Nenne und erkläre mindestens vier Motive, ein Unternehmen zu gründen.

3. Erläutere, welche Beratungsangebote es für Gründerinnen und Gründer gibt.

4. Analysiere die nachfolgende Grafik. Nenne Gründe, warum die Zahl der Gründungen in Deutschland in den letzten Jahren gesunken ist. Erörtere, wie insbesondere Gründerinnen gefördert werden könnten.

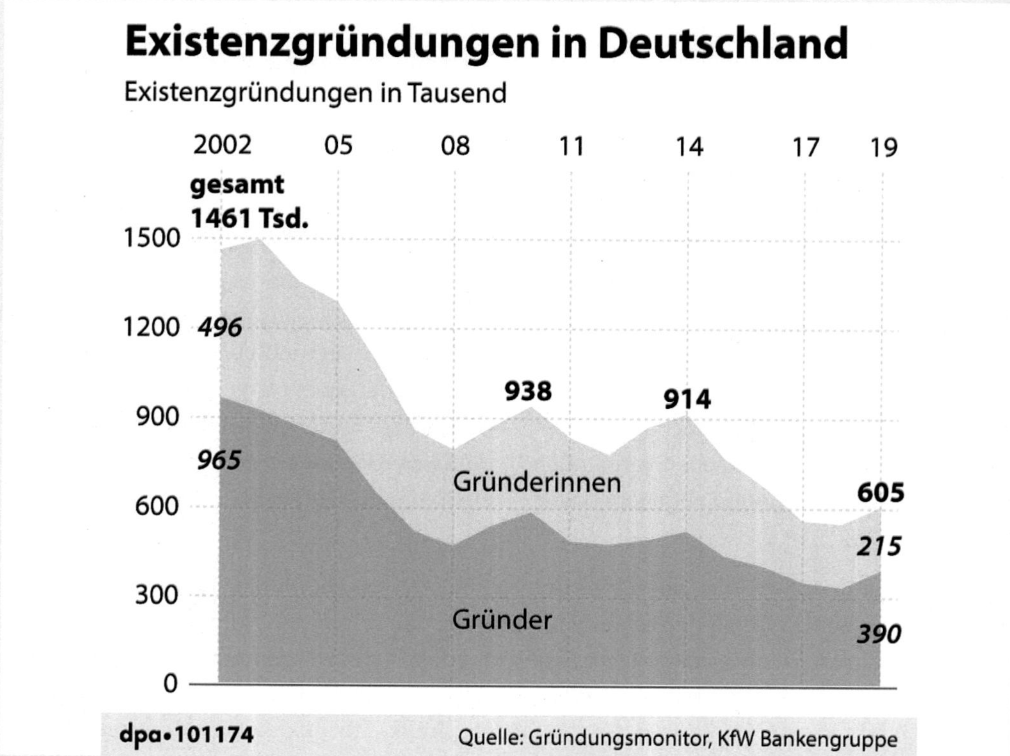

5. Erkläre, welche Funktion das Modell „Wirtschaftskreislauf“ hat.

6. Laut einer Statistik sind im Jahr 2019 ca. 384 000 Verkehrsteilnehmerinnen und Verkehrsteilnehmer verunglückt. Angenommen, dass jede verunglückte Verkehrsteilnehmerin bzw. jeder verunglückte Verkehrsteilnehmer Kosten von durchschnittlich 2 000 € verursacht hat (bei den meisten Unfällen sind die Kosten sehr viel höher):

a) Beschreibe, welche Auswirkungen die Kosten dieser verunglückten Verkehrsteilnehmerinnen und Verkehrsteilnehmer auf das Bruttonationaleinkommen von Deutschland haben. Denke auch daran, dass die Dienstleistungen der Ärztinnen und Ärzte, die evtl. bei einem Verkehrsunfall in Anspruch genommen werden müssen, ebenfalls eine Wertschöpfung in der Volkswirtschaft darstellen. Gleiches gilt etwa für Autowerkstätten.

b) Stelle mithilfe einer Mindmap dar, welche Bereiche der Wirtschaft und welche sonstigen Berufsgruppen mit der Abwicklung eines Verkehrsunfalls befasst sind.

c) Vielfach wird behauptet, dass ein steigendes Bruttonationaleinkommen gleichbedeutend sei mit steigendem Wohlstand. Beurteile diese Aussage kritisch vor dem Hintergrund des Beispiels mit den Verkehrsunfällen.

7. Wähle die richtige Antwort aus: Vorleistungen sind ...

a) die Rohstoffe und Güter, die ein Unternehmen von einem anderen Unternehmen bekommen hat, um etwas zu produzieren.

b) die Maschinen, die ein Unternehmen einem anderen Unternehmen schenkt.

8. Zähle Beispiele auf, welche Leistungen nicht bei der Berechnung des Bruttonationaleinkommens berücksichtigt werden. Nimm die Abbildungen zu Hilfe.

Bundeskartellamt

praxis

In diesem Kapitel lernt ihr,

- welche Rolle der Staat im Wirtschaftsprozess spielt,
- wie die Instrumente des Staates zur Regulierung des Wirtschaftsprozesses aussehen und
- was man unter einer Rechtsordnung versteht und wie rechtliche Regelungen den Alltag beeinflussen – sei es für Konsumentinnen und Konsumenten, Arbeitnehmerinnen und Arbeitnehmer oder Unternehmerinnen und Unternehmer.

V DER STAAT IM WIRTSCHAFTSPROZESS

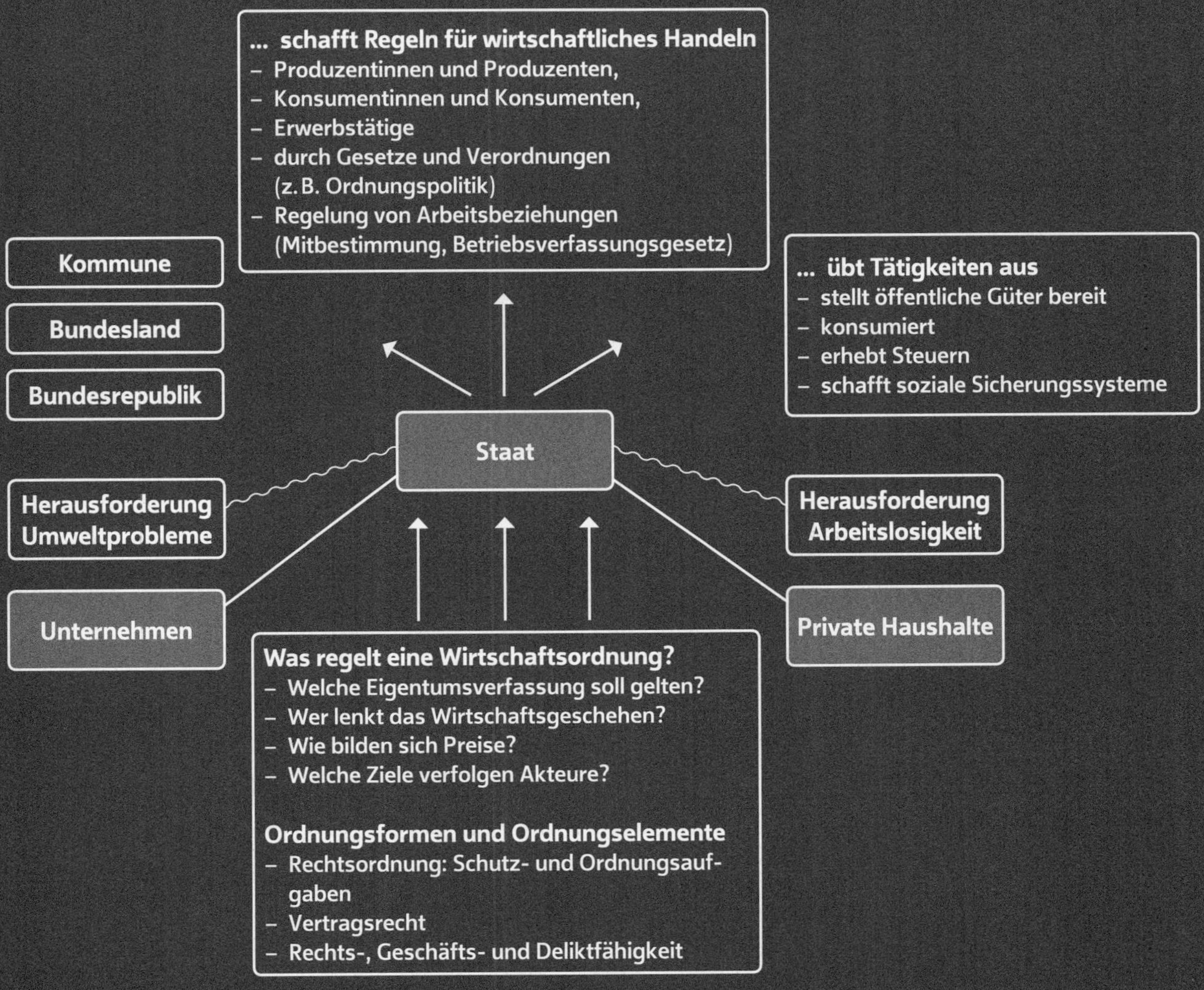

1 Strukturen und Wirtschaftsordnungen

Verschiedene Staaten haben unterschiedliche Wirtschaftsordnungen. Diese kommen in jahrzehntelangen politischen Prozessen zustande. Grundsätzlich lassen sich z. B. marktwirtschaftliche von planwirtschaftlichen Ordnungen unterscheiden. In einer marktwirtschaftlichen Ordnung wie der sozialen Marktwirtschaft der Bundesrepublik Deutschland soll das Wirtschaftsgeschehen grundsätzlich mithilfe von Märkten organisiert werden.

In planwirtschaftlichen Ordnungen liegt die Aufgabe der wirtschaftlichen Planung und Lenkung hingegen in den Händen des Staates. Dieser entscheidet zentral über das Wirtschaftsgeschehen. Eine solche Wirtschaftsordnung gab es etwa in der DDR.

In allen Wirtschaftsordnungen gibt es jedoch Regelungen zu folgenden Fragen:
- Welche Formen von Eigentum gibt es?
- Wer regelt und lenkt mit welchen Mitteln das Wirtschaftsgeschehen?
- Wie werden Preise gebildet?
- Nach welchen Prinzipien und im Rahmen welcher Regeln treffen Unternehmen ihre Entscheidungen?

Jede Wirtschaftsordnung hat ein eigenes Regelsystem, das die Handlungen von privaten Haushalten und Unternehmen beeinflusst. Man spricht in diesem Zusammenhang auch von den Ordnungsformen einer Wirtschaftsordnung, die sich unterschiedlich ausgestalten lassen.

▸ Lenkung durch den Markt oder den Staat?

▸ Privateigentum oder Staatseigentum?

▸ Gewinn- oder Planerfüllungsprinzip?

▸ Marktpreise oder staatliche Preisfestlegung?

Ordnungsformen und –elemente

Jede Ordnungsform kann grundsätzlich auf zwei verschiedene Arten gestaltet werden. Diese Arten werden als Ordnungselemente bezeichnet. Sie können jedoch nicht beliebig kombiniert werden. So verträgt sich z. B. das Prinzip „Freiheit" nicht mit der ausschließlich staatlichen Planung.

Marktwirtschaftliche Ordnungen sind in der Regel charakterisiert durch:
- Privateigentum,
- dezentrale Planung und Lenkung auf Märkten,
- Preisbildung auf Märkten,
- betriebliche Ergebnisrechnung nach dem Gewinnprinzip.

Plan- bzw. zentralverwaltungswirtschaftliche Ordnungen sind in der Regel charakterisiert durch:
- Kollektiv-/Staatseigentum,
- zentrale Planung und Lenkung durch den Staat,
- staatliche Preisfestsetzung,
- betriebliche Ergebnisrechnung nach dem Planerfüllungsprinzip.

In diesem Zusammenhang ist es jedoch wichtig zu wissen, dass die in der Realität zu erkennenden Wirtschaftsordnungen nie ganz den hier gezeigten Idealvorstellungen entsprechen. So greift z. B. der Staat auch in marktwirtschaftlichen Ordnungen in das Wirtschaftsgeschehen ein.

Ordnungsform „Eigentumsverfassung"

Hier ist zu entscheiden, ob grundsätzlich Güter u. Ä. einzelnen Menschen gehören (Privateigentum) oder ob alles dem Staat gehört und dieser entscheidet, was damit geschieht (Kollektiveigentum).

Ordnungsform „Planung und Lenkung"

Hier gilt es zu klären, wie die wirtschaftlichen Prozesse innerhalb einer Gesellschaft geplant und gelenkt werden sollen: auf Märkten, also dezentral, oder durch den Staat, also zentral.

Ordnungsform „Preisbildung"

Sollen sich Preise auf Märkten aus dem Zusammenspiel von Angebot und Nachfrage ergeben oder sollen sie staatlich für einzelne Güter und Dienstleistungen festgelegt werden?

Ordnungsform „Betriebliche Ergebnisrechnung"

Wie agieren Unternehmen? Entscheiden sie selbst darüber, was angeschafft und produziert werden soll und streben sie die Erzielung von Gewinnen an? Oder handeln sie im Auftrag des Staates und erfüllen mit ihrer Arbeit festgelegte Planvorgaben?

1. Erklärt in eigenen Worten den Unterschied zwischen einer Plan- und einer Marktwirtschaft. Nennt, wenn möglich, Beispiele.
2. Diskutiert die Vorteile einer marktwirtschaftlichen Ordnung, wie wir sie in der Bundesrepublik Deutschland haben. Geht dabei insbesondere auf die Bedürfnisse der Menschen ein.

▸ In andern Ländern gelten andere Regeln. Im Vereinigten Königreich z. B. gilt Linksverkehr.

▸ Das Bundesverfassungsgericht in Karlsruhe kann prüfen, ob Gesetze verfassungsgemäß sind.

2 Wirtschaften und Rechtsordnung

Aufgaben des Rechts

Manchmal kann es ganz schön nervig sein, ständig gesagt zu bekommen, was man alles nicht darf. Und vielleicht hat man sich auch schon mal eine Welt ganz ohne Regeln und Verbote vorgestellt, eine Welt, in der alle machen können, was sie wollen ...

Bestimmte Regeln sind aber für das menschliche Zusammenleben unumgänglich. Man stelle sich nur mal eine große Kreuzung vor, an der die Ampel ausgefallen ist und niemand die Rechts-vor-Links-Regel einhält. Hier könnte es sehr schnell zu einem Massenunfall kommen. Fußgängerinnen und Fußgänger hätten vielleicht gar keine Chance mehr, die Straße zu überqueren. Um das Zusammenleben zu organisieren und um den einzelnen Menschen zu schützen, braucht man deswegen einige Regeln. Sie legen durch allgemeingültige Gesetze fest, was erlaubt und was verboten ist. Es gibt unabhängige Gerichte, die die Einhaltung der Gesetze überwachen und deren Regelungen notfalls durchsetzen.

Damit z. B. an der beschriebenen Straßenkreuzung nicht nur die großen Wagen Vorfahrt haben, sondern auch einzelne Fußgängerinnen und Fußgänger die Straße passieren können, darf nur der Staat Verstöße gegen das Recht bestrafen. Wenn dies eine Einzelperson tun würde, wäre das Selbstjustiz, die in unserem Rechtsstaat nicht vorgesehen ist.

Bei Selbstjustiz müssten sich alle ihr Recht verschaffen, indem sie beispielsweise andere verprügeln (Faustrecht). Würde das Recht der/des Stärkeren gelten, gäbe es oft gewaltsame Auseinandersetzungen zwischen den Menschen. Nur der Staat darf Gewalt ausüben (staatliches Gewaltmonopol). Dies ist eine der wichtigsten Voraussetzungen, um das friedliche Zusammenleben der Menschen in einer Gesellschaft zu gewährleisten.

Durch Recht und Gesetz wird nicht nur eine schwache Person vor einer stärkeren Person geschützt. Es geht auch um den Schutz des einzelnen Menschen vor Handlungen des Staates, die vielleicht das Leben und die Gesundheit der/des Einzelnen verletzen oder deren/dessen Handlungsfreiheit einschränken. Deshalb ist auch der Staat bei der Ausübung des Gewaltmonopols an Recht und Gesetz gebunden.

Ein Beispiel für den Schutz der Bürgerinnen und Bürger vor dem Staat ist das Recht auf Leben und körperliche Unversehrtheit in Artikel 2, Absatz 1 Grundgesetz (GG). Das Grundgesetz ist die Verfassung Deutschlands. Es gibt in Deutschland keine Todesstrafe. Von der Polizei festgenommene Personen dürfen nicht misshandelt werden (siehe Artikel 102 und 104, Absatz 1 GG). Institutionen wie die Polizei und Verfahren wie der Ablauf von Gerichtsverfahren sorgen dafür, dass bei Konflikten für alle Parteien geltende Entscheidungen getroffen werden.

Neben dem Schutz, den die Grundrechte dem einzelnen Menschen bieten, sichern sie auch deren Freiheit. Durch Artikel 2 GG ist festgelegt, dass jeder Mensch eine möglichst große Handlungsfreiheit haben soll. Es wird die Freiheit garantiert, sich nach eigenen Vorstellungen entfalten zu können, allerdings nur, soweit die freie Entfaltung anderer Menschen nicht beeinträchtigt wird. In der Schule bedeutet freie Entfaltung der Persönlichkeit also keineswegs, den Schülerinnen und Schülern alles zu erlauben, was ihnen angenehm ist, z. B. im Unterricht zu stören oder zu kommen und zu gehen, wann sie wollen.

Mit der Sicherung der Freiheit ist die Garantie der Gleichheitsrechte untrennbar verbunden. Artikel 3, Absatz 1 GG bestimmt: „Alle Menschen sind vor dem Gesetz gleich." Das bedeutet, dass die Gesetze auf alle Menschen gleich angewendet werden müssen. Rothaarige Menschen dürfen deshalb nicht anders als blonde behandelt werden. Allerdings heißt dies nicht, dass alle Menschen gleich sind. Das sind sie offensichtlich nicht. Daher gilt, Gleiches muss gleich, Ungleiches muss ungleich behandelt werden. Wenn Gerichte eine Geldstrafe verhängen, berücksichtigen sie z. B. immer auch die Einkommensverhältnisse. Da die Grundrechte vor einem übermächtigen Staat schützen sollen, gelten sie grundsätzlich auch nur im staatlichen Bereich. Als Privatperson verstößt man nicht gegen Artikel 3 GG, wenn man dem einen Straßenmusiker einen Euro gibt und einem anderen nichts.

▸ Justitia

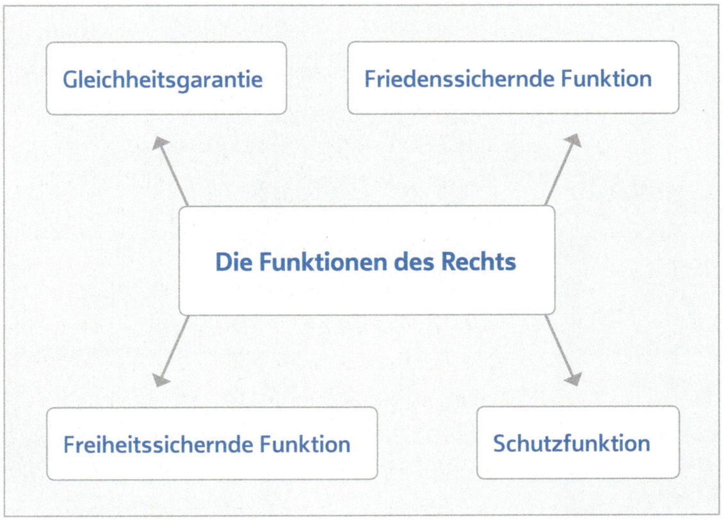

1. Erklärt, warum Justitia (die symbolische Darstellung der Gerechtigkeit) häufig mit verbundenen Augen dargestellt wird.
2. Analysiert die beiden Gegenstände (Schwert und Waage), die Justitia in ihren Händen hält und erklärt, was diese symbolisieren sollen.

Rechtsnormen und Verhaltensregeln

Eine Rechtsordnung ist die Summe von „Spielregeln“, die das Zusammenleben der Menschen in einem Staat verbindlich regelt. Der Staat hat die Aufgabe, die Geltung der einzelnen Rechtsvorschriften notfalls auch mit Gewalt durchzusetzen (Gewaltmonopol des Staates). Dafür gibt es in Deutschland z. B. die Polizei, den Zoll oder die Justizbehörden.

Die Grundidee des Gewaltmonopols geht auf den englischen Philosophen Thomas Hobbes (1588-1679) zurück. Danach geben die Menschen einen Teil ihrer Macht (z. B. die Macht, Gewalt auszuüben) an eine übergeordnete Instanz ab. Im Gegenzug wendet diese übergeordnete Instanz ihre Macht dann im Interesse der Menschen an. Das kann z. B. in Form eines unparteiischen Gerichtsverfahrens geschehen, dessen Urteil dann vom Staat durchgesetzt wird. So können Konflikte geschlichtet werden, ohne dass die Konfliktparteien selbst Gewalt gegenüber der jeweils anderen Partei ausüben müssen, um ihr (vermeintliches) Recht durchzusetzen. Hobbes Werk ist benannt nach dem mythologischen Leviathan, einem äußerst starken und mächtigen Ungeheuer.

▸ „Leviathan“: Titelblatt der Erstausgabe 1651

Hobbes usrpüngliche Idee wurde aber später kritisiert, da in seinen Überlegungen keine Schutzmechanismen der Menschen vor dem dann übermächtigen Staat vorhanden sind. In Deutschland muss sich auch der Staat bei der Ausübung seines Gewaltmonopols an Recht und Gesetz halten. So kann die Polizei beispielsweise niemanden vorsorglich auf unbestimmte Zeit einsperren, weil sie ohne konkrete Anhaltspunkte vermutet, diese Person könnte irgendwann in der Zukunft eine Straftat begehen. In Artikel 1, Absatz 3 GG heißt es entsprechend: „Die nachfolgenden Grundrechte binden Gesetzgebung, vollziehende Gewalt und Rechtsprechung als unmittelbar geltendes Recht.“

Im Rechtssystem unterscheidet man zwischen Sitten und Bräuchen auf der einen Seite und Rechten auf der anderen Seite. Sitten und Bräuche sind regelmäßig wiederkehrende Verhaltensweisen, die sich im gemeinsamen-Miteinander der Menschen entwickelt haben und auf deren Missachtung mit sozialen Bestrafungen, wie z. B. Spott, reagiert wird. Im Gegensatz dazu spricht man von Rechtsnormen, wenn deren Einhaltung von einer übergeordneten Instanz erzwungen werden kann, z. B. von einem Staat.

‣ An Silvester wird Feuerwerk gezündet.

‣ Ladendiebstahl ist verboten.

‣ Der Schulbesuch ist verpflichtend.

‣ Ampelphasen sind einzuhalten.

‣ In der Osterzeit werden Osterfeuer entfacht.

‣ Am 1. Mai werden Maibäume aufgestellt.

1. Entscheidet begründet, ob es sich bei den oben dargestellten Aussagen um eine Sitte bzw. einen Brauch oder um eine Rechtsnorm handelt.

Die Rangfolge von Rechtsnormen

In der Rechtsordnung der Bundesrepublik Deutschland gibt es eine Rangfolge der Rechtsnormen, d. h. eine Hierarchie von übergeordneten und untergeordneten Regelungen. Grundsätzlich gilt: Untergeordnete Rechtsnormen dürfen nicht im Widerspruch zu übergeordneten Rechtsnormen stehen. Beispielhaft lässt sich dies am Schulwesen beschreiben: An oberster Stelle unseres Rechtssystems steht die Bundesverfassung (das Grundgesetz) und innerhalb der Rechtsordnung jedes Bundeslandes die Landesverfassung mit ihren Artikeln. In Artikel 70 Absatz 1 GG ist festgelegt: „Die Länder haben das Recht der Gesetzgebung, soweit dieses Grundgesetz nicht dem Bunde Gesetzgebungsbefugnisse verleiht.“ Im Grundgesetz nicht genannte Aufgaben sind also Sache der Bundesländer. Das Schulwesen ist dort nicht aufgeführt, daher gilt zunächst: „Schulrecht ist Landesrecht“. Es gibt deshalb kein einheitliches Schulrecht in Deutschland, sondern 16 unterschiedliche in den einzelnen Bundesländern. Welche Rechte und Pflichten Schülerinnen und Schüler, Lehrerinnen und Lehrer und Eltern in niedersächsischen Schulen haben, wird durch das Land Niedersachsen im Niedersächsischen Schulgesetz festgelegt. Solche Gesetze werden von den Landesparlamenten mit der Mehrheit der Stimmen der Abgeordneten beschlossen. Für deren Ausführung ist dann die Kultusministerin oder der Kultusminister zuständig. Das Parlament kann zusätzlich in einem Gesetz beschließen, dass die Kultusministerin oder der Kultusminister auch eigene Rechtsnormen erlassen darf. Diese nennt man dann Verordnungen.

‣ Ebene *Landesgesetze*: Niedersächsischer Landtag in Hannover

‣ Vereinfachte Darstellung der Rangfolge von Rechtsnormen auf Bundesebene

‣ Ebene *Verordnungen auf Landesebene*: Niedersächsisches Kultusministerium in Hannover

‣ Vereinfachte Darstellung der Rangfolge von Rechtsnormen auf Landesebene

▸ Privatrecht

▸ Öffentliches Recht

Privatrecht und öffentliches Recht: Der Aufbau der Rechtsordnung in Deutschland

Es gibt zwei Teilbereiche des Rechts: das Privatrecht und das öffentliche Recht. Diese Unterscheidung hat große Bedeutung für das wirtschaftliche Handeln. Rechtliche Normen, mit denen die Beziehungen der Bürgerinnen und Bürger untereinander geregelt werden, z. B. zwischen Verkäuferinnen/Verkäufern und Käuferinnen/Käufern, zwischen Vermieterinnen/Vermietern und Mieterinnen/Mietern oder zwischen Arbeitgeberinnen/Arbeitgebern und Arbeitnehmerinnen/Arbeitnehmern, gehören zum Privatrecht. Das Bürgerliche Recht, das im Bürgerlichen Gesetzbuch (BGB) steht, ist der Kern des Privatrechts. Es ist für das Alltagsleben von entscheidender Bedeutung, denn es regelt die Rechtsverhältnisse zwischen den Menschen.

Der Grundgedanke ist, dass alle die Freiheit haben sollen, ihren Lebensbereich selbst zu gestalten. Dabei müssen aber eingegangene Verpflichtungen und die Rechte anderer beachtet werden. Deutlich wird dies beispielsweise an der Vertragsfreiheit. Beim Abschluss eines Kaufvertrags kann jede Person selbst entscheiden, ob sie dessen Bedingungen annehmen will oder nicht. Ist der Vertrag abgeschlossen, dann sind die Vertragsparteien per Gesetz an die getroffenen Vereinbarungen gebunden und sie haben das Recht, von der anderen Vertragspartei die Leistung, zu der sich diese verpflichtet hat, zu verlangen. Dieses Recht kann notfalls auch vor einem Gericht eingeklagt werden.

Der Grundgedanke des öffentlichen Rechts ist ein anderer: Es regelt nicht die Belange zwischen den einzelnen Bürgerinnen und Bürgern, sondern zwischen dem Staat und den Bürgerinnen und Bürgern. Der Staat steht als Inhaber des Gewaltmonopols den Menschen gegenüber. Von einer Instanz der öffentlichen Gewalt (d. h. des Staates) wird etwas angeordnet, genehmigt oder verboten. Das Schulrecht und das Strafrecht sind Teile des öffentlichen Rechts. Es ist zwingend, d. h. für die Beteiligten bindend, und kann nicht von den Beteiligten ausgestaltet werden. Man spricht darüber hinaus auch dann vom öffentlichen Recht, wenn es z. B. um das Rechtsverhältnis zwischen dem Bund, den Bundesländern und den Gemeinden geht.

1. Erklärt in eigenen Worten den Unterschied zwischen Privatrecht und öffentlichem Recht.
2. Nennt für das Privatrecht und das öffentliche jeweils drei Beispiele. Nehmt die Abbildungen oben zu Hilfe.

3 Verträge und rechtliche Regelungen

‣ Verkäufer im Kiosk

B Vor der Schule geht ihr in den benachbarten Kiosk, sucht euch ein Getränk aus und stellt es auf die Ladentheke. In diesem Moment habt ihr eine Willenserklärung abgegeben, das Getränk zum ausgezeichneten Preis zu kaufen. Der Kioskbetreiber tippt den Betrag in seine Kasse ein, damit hat er das Angebot angenommen und sich verpflichtet, euch das Getränk zum angegebenen Preis zu überlassen. Im Fachausdruck heißt das „schuldrechtliches Verpflichtungsgeschäft". Es folgt die zweite Phase des Vertragsschlusses, das „dingliche Erfüllungsgeschäft": Ihr gebt dem Verkäufer das Geld und packt die Flasche ein. ■

Ebene 1: Kaufvertrag = schuldrechtliches Verpflichtungsgeschäft

... verpflichtet die Verkäuferin/den Verkäufer zur Übergabe und Übereignung der verkauften Sache.	⟷	... gibt der Käuferin/dem Käufer einen Anspruch auf Übergabe und Übereignung der verkauften Sache.
... gibt der Verkäuferin/dem Verkäufer einen Anspruch auf Zahlung des Kaufpreises.	⟷	... verpflichtet die Käuferin/den Käufer zur Zahlung des Kaufpreises.

Ebene 2: Übereignung = dingliches Erfüllungsgeschäft

Die Verkäuferin/der Verkäufer erfüllt ihre/seine Verpflichtung durch Übereignung der verkauften Sache. Sie/er übergibt die Sache selbst und die Rechte daran.	⟷	Die Käuferin/der Käufer erfüllt ihre/seine Verpflichtung durch Zahlung des Kaufpreises, d. h. bei Barzahlung durch Übereignung entsprechender Geldscheine und Geldstücke.

1. Stellt zwei eigene Beispiele solcher Vertragsabschlüsse dar und beschreibt die jeweiligen Ebenen 1 und 2.
2. Erläutert, weshalb es für Vertragsabschlüsse, bei denen die Ebenen 1 und 2 nicht unmittelbar aufeinanderfolgen, z. B. beim Bestellen im Internet und späterer Lieferung, besondere Regeln braucht. Nennt Probleme, die auftreten können und die geregelt werden müssen.

Man stelle sich vor, ein 14-jähriger Jugendlicher würde ein alkoholisches Getränk auf die Theke stellen und der Kioskbesitzer würde die Übergabe daraufhin ablehnen. Was wäre passiert? Es hätte eine Willenserklärung des Jugendlichen gegeben, die jedoch vom Anbieter der Ware abgelehnt worden wäre. Somit wäre kein Vertrag zustande gekommen. Der Grund hierfür liegt in gesetzlichen Regelungen des Jugendschutzes, die festlegen, dass bestimmte Waren wie Alkohol und Tabak an Jugendliche nicht verkauft werden dürfen. Hätte der Kioskbesitzer dem Vertrag zugestimmt, hätte er einen Gesetzesverstoß begangen. Darüber hinaus gibt es zahlreiche Regelungen im Bürgerlichen Gestezbuch (BGB), die festlegen, ab wann Kinder und Jugendliche überhaupt wirtschaftlich aktiv werden dürfen. Grundsätzlich gilt:

- Kinder bis zum Alter von sieben Jahren sind geschäftsunfähig und dürfen keine eigenen wirtschaftliche Entscheidungen treffen.
- Kinder, die älter als sieben Jahre alt sind, und Jugendliche sind eingeschränkt geschäftsfähig. So dürfen sie z. B. über ihr Taschengeld verfügen. Ratenzahlungen dürfen dabei aber nicht eingegangen werden. Auch größere Anschaffungen bedürfen der Zustimmung der Eltern bzw. der Erziehungsberechtigten.
- Erst Volljährige, also Menschen, die 18 Jahre alt und älter sind, gelten als voll geschäftsfähig.

Viele weitere Sachverhalte werden im BGB und anderswo geregelt, z. B. auch die Frage, wie vorgegangen wird, wenn ein Produkt oder eine Leistung nicht dem beworbenen Zustand oder der Beschreibung entspricht.

BGB § 105 Nichtigkeit der Willenserklärung
(1) Die Willenserklärung eines Geschäftsunfähigen ist nichtig.

(...)

BGB § 106 Beschränkte Geschäftsfähigkeit Minderjähriger
Ein Minderjähriger, der das siebente Lebensjahr vollendet hat, ist nach Maßgabe der §§ 107 bis 113 in der Geschäftsfähigkeit beschränkt.

BGB § 108 Vertragsschluss ohne Einwilligung
(1) Schließt der Minderjährige einen Vertrag ohne die erforderliche Einwilligung des gesetzlichen Vertreters, so hängt die Wirksamkeit des Vertrags von der Genehmigung des Vertreters ab.

(...)

BGB § 110 Bewirken der Leistung mit eigenen Mitteln
Ein von dem Minderjährigen ohne Zustimmung des gesetzlichen Vertreters geschlossener Vertrag gilt als von Anfang an wirksam, wenn der Minderjährige die vertragsmäßige Leistung mit Mitteln bewirkt, die ihm zu diesem Zweck oder zu freier Verfügung von dem Vertreter oder mit dessen Zustimmung von einem Dritten überlassen worden sind.

1. Findet weitere Beispiele für Güter und Dienstleistungen, die Jugendliche nicht erwerben dürfen. Setzt euch jeweils mit der Frage auseinander, warum diese Regelungen vom Staat festgelegt wurden.
2. Ein 15-Jähriger hat viel gespart und kauft sich in einem Elektromarkt einen Fernseher für 1000 €. Seine Eltern sind damit nicht einverstanden und bringen das Gerät zurück. Beurteilt, ob der Elektronikhändler das Gerät zurücknehmen muss.

‣ Alex und seine Freunde hatten sich eigentlich sehr auf den Urlaub gefreut ...

Ernüchterung auf großer Reise

B Nach langem Hin und Her hat Alex sich für den Urlaub mit seinen Freunden entschieden. Aber hätte er vorher gewusst, was folgen würde, hätte er sicher eine andere Entscheidung getroffen. Einer seiner Freunde, Sven, und er hatten das Hotel für die ganze Gruppe über ein Reisebüro gebucht. Der Preis war günstig und es sah wirklich gut aus ...

Allerdings nur auf den Bildern. Bei der Ankunft kam dann die Ernüchterung: Das Ganze war doch deutlich mehr eine schmutzige Baustelle als ein Sonnenparadies. Überall Schuttreste, kein Wasser im Pool, der hauseigene Club wegen Krankheit des DJs geschlossen und die 300 Meter Luftlinie zum Strand entpuppten sich als Treppensteilwand mit 357 Stufen.

Nach endlosen und erfolglosen Diskussionen mit der Reiseleitung haben sich Alex und seine Freunde am Ende auf eigene Faust eine günstige Pension gesucht, in der zumindest nicht die Gefahr bestand, nachts von Ungeziefer attackiert zu werden. Aber der Frust saß tief und der Urlaub war gelaufen. ■

Vielleicht habt ihr selbst oder eure Familie schon einen vergleichbaren Fall erlebt. Schon in alltäglichen Situationen haben rechtliche Regelungen eine große Bedeutung. Um dies näher zu analysieren, soll der zeitliche Ablauf des Beispiels einmal aus rechtlicher Sich betrachtet werden:

Alex und Sven schließen mit dem Reiseunternehmen einen Vertrag ab. Alex und Sven überlassen der Reiseverkäuferin den festgelegten Geldbetrag und erhalten dafür die Urlaubsreise. Zu diesem Zeitpunkt können Alex und Sven die Qualität der Reise noch nicht überprüfen.

‣ Verkäuferin im Reisebüro

Alex und seine Freunde treten die Reise an und stellen fest: Die Leistung entspricht nicht dem vertraglich Vereinbarten. Die Beschwerde von Alex vor Ort bleibt ohne Wirkung. Seine Freunde und er müssen höhere Kosten aufwenden für eine neue Pension und verbringen keinen schönen Urlaub.

▸ Der Lärm durch Presslufthämmer war unerträglich.

Nach seiner Rückkehr schaltet Alex über seinen Vater eine Rechtsanwältin ein, die ihm und seinen Freunden hilft, ihre Rechte durchzusetzen. Ein Gericht entscheidet, dass Alex Anspruch auf Schadensersatz hat. Grundlage hierfür sind mehrere Paragrafen im Bürgerlichen Gesetzbuch (BGB), die du nachfolgend findest.

▸ Eine Rechtsanwältin hilft Alex und seinen Freunden dabei, ihr Recht durchzusetzen.

Q BGB § 651i Rechte des Reisenden bei Reisemängeln

(1) Der Reiseveranstalter hat dem Reisenden die Pauschalreise frei von Reisemängeln zu verschaffen.

(2) Die Pauschalreise ist frei von Reisemängeln, wenn sie die vereinbarte Beschaffenheit hat. (...)

(3) Ist die Pauschalreise mangelhaft, kann der Reisende, wenn die Voraussetzungen der folgenden Vorschriften vorliegen und soweit nichts anderes bestimmt ist,
1. nach § 651k Absatz 1 Abhilfe verlangen,
2. nach § 651k Absatz 2 selbst Abhilfe schaffen und Ersatz der erforderlichen Aufwendungen verlangen,
3. nach § 651k Absatz 3 Abhilfe durch andere Reiseleistungen (Ersatzleistungen) verlangen,
4. nach § 651k Absatz 4 und 5 Kostentragung für eine notwendige Beherbergung verlangen,
5. den Vertrag nach § 651l kündigen,
6. die sich aus einer Minderung des Reisepreises (§ 651m) ergebenden Rechte geltend machen und
7. nach § 651n Schadensersatz oder nach § 284 Ersatz vergeblicher Aufwendungen verlangen.

§ 651k Abhilfe

(1) Verlangt der Reisende Abhilfe, hat der Reiseveranstalter den Reisemangel zu beseitigen. (...)

(2) Leistet der Reiseveranstalter vorbehaltlich der Ausnahmen des Absatzes 1 Satz 2 nicht innerhalb einer vom Reisenden bestimmten angemessenen Frist Abhilfe, kann der Reisende selbst Abhilfe schaffen und Ersatz der erforderlichen Aufwendungen verlangen. Der Bestimmung einer Frist bedarf es nicht, wenn die Abhilfe vom Reiseveranstalter verweigert wird oder wenn sofortige Abhilfe notwendig ist. ■

1. Stellt den Fall von Alex dar, wobei ihr davon ausgeht, dass es keine rechtlichen Regelungen für derartige Probleme gäbe. Beurteilt, wie der Fall vermutlich gelaufen wäre und welches Ende er wohl genommen hätte.

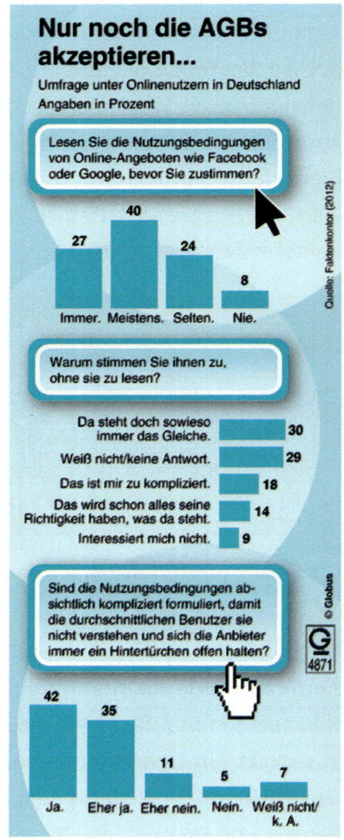

Allgemeine Geschäftsbedingungen

Wer einen Vertrag unterschreibt, der muss unbedingt „das Kleingedruckte" lesen. Wer dies unterlässt, kann oftmals ein böses Erwachen erleben. Fachlich ausgedrückt handelt es sich hierbei um die Allgemeinen Geschäftsbedingungen, kurz AGB. Egal ob Versicherungs-, Kauf- oder Mietvertrag, die AGB sind stets Bestandteil eines Vertrages. Sie sind für Menschen ohne juristische Kenntnisse oft nur schwer zu durchschauen. Das BGB definiert AGB im § 305 so:

Q (1) Allgemeine Geschäftsbedingungen sind alle für eine Vielzahl von Verträgen vorformulierten Vertragsbedingungen, die eine Vertragspartei (Verwender) der anderen Vertragspartei bei Abschluss eines Vertrags stellt. ■

B Wer online etwas bestellt, erhält über die AGB u. a. alle Infos zum Umtausch- und Rückgaberecht und zu den Zahlungsbedingungen. Auch bei Bankdienstleistungen, etwa dem Vertrag für ein Girokonto, sind in den AGB zahlreiche Regelungen festgehalten, etwa zu Kündigungsrechten und –fristen. Darüber hinaus gibt es auch Allgemeine Geschäftsbedingungen, die einen anderen Namen tragen, z. B. die Allgemeinen Versicherungsbedingungen (AVB): Wer etwa eine Privathaftpflichtversicherung abschließt, findet in den AVB die genauen Regelungen, in welchen Fällen die Versicherung zahlt und in welchen nicht. ■

INFO

Die gesetzlichen Regelungen zu den Allgemeinen Geschäftsbedingungen findet ihr im BGB, §§ 305-310.

Nun könnte man annehmen, dass die Anbieter von Waren und Dienstleistungen die AGB nutzen, um die Nachfrager zu benachteiligen. Wer findet sich als Mensch ohne juristische Kenntnisse schon in der Menge von Informationen zurecht? Um dies zu verhindern, gibt es zahlreiche gesetzliche Regelungen, auf die sich Verbraucherinnen und Verbraucher im Zweifelsfall berufen können:

Grundsätzlich gilt, dass
- es sich bei AGB nicht um gesetzliche Regeln, sondern um Vereinbarungen zwischen Vertragsparteien handelt;
- AGB nicht gegen die Grundgedanken des BGB verstoßen dürfen und
- die Käuferinnen und Käufer nicht unangemessen benachteiligt werden dürfen.

AGB sind in der Regel nur dann gültig, wenn Käuferinnen und Käufer bei Vertragsabschluss
- ausdrücklich auf sie hingewiesen werden,
- die Möglichkeit haben, in zumutbarer Weise von ihrem Inhalt Kenntnis zu nehmen und
- mit ihnen einverstanden sind.

Q Urteil: Sky darf Programmpakete nicht willkürlich einschränken oder ändern

Das Landgericht München hat auf Klage von Verbraucherschützern die Geschäftsbedingungen von Sky Deutschland zurechtgestutzt.

Sky Deutschland hat sich in den Allgemeinen Geschäftsbedingungen (AGB) zu weitgehende Rechte eingeräumt, vereinbarte Programmangebote zu ändern oder einzuschränken. Entsprechende Klauseln in den Abo-Bedingungen des Pay-TV-Anbieters sind unwirksam, hat das Landgericht München I nach einer Klage des Bundesverbands der Verbraucherzentralen (vzbv) entschieden.

Der Bezahlsender hatte sich in den AGB vorbehalten, das Programmangebot beliebig zu überarbeiten, solange dessen "Gesamtcharakter" erhalten bleibe. Der vzbv kritisierte, die Klausel könne selbst unzumutbare Einschränkungen des Programms rechtfertigen, und auf ein Beispiel jüngeren Datums verwiesen: Viele Kunden hätten das Sky Sport Paket zunächst vor allem wegen der kräftig beworbenen Übertragung von Formel 1-Rennen abonniert. In der Saison 2018 seien diese aber auf dem Sender nicht mehr zu sehen gewesen. Wer sein Abo daraufhin habe kündigen wollen, sei wegen der strittigen Klausel nicht aus dem Vertrag gekommen.

Keine unzumutbare Reduzierung des Programms

Das Gericht schloss sich laut dem jetzt veröffentlichten Urteil von Mitte Januar der Auffassung der Verbraucherschützer an, dass Sky-Abonnenten durch die Bestimmung unangemessen benachteiligt werden (Az.: 12 O 1982/18). Das Recht zur einseitigen Leistungsänderung sei darin an keinerlei Voraussetzungen geknüpft und ermögliche es dem Anbieter, ein gebuchtes Programmpaket grundlos umzugestalten. Sky darf laut dem Beschluss zudem Programminhalte nicht in unzumutbarer Weise reduzieren. ■

Quelle: Stefan Krempl, 06.03.2019, https://www.heise.de/newsticker/meldung/Urteil-Sky-darf-Programmpakete-nicht-willkuerlich-einschraenken-oder-aendern-4327698.html (03.08.2020)

1. Begründet, warum im Internet das Feld „Ich stimme den AGB zu." nicht schon voreingestellt sein sollte.
2. Arbeitet mithilfe der Grafik auf Seite 102 oben rechts heraus, warum viele Menschen die AGB, gerade im Internet, gar nicht lesen.
3. Erklärt, warum das Landgericht München I die AGB in o. g. Quelle beanstandet hat.
4. Interpretiert die Karikatur auf S. 102 oben links.

▸ Der lateinische Rechtsgrundsatz „Pacta sunt servanda" wird oft mit „Verträge sind einzuhalten" übersetzt. Er bedeutet, dass ein Vertrag beide Vertragsparteien bindet.

4 Rechtliche Regelung von Arbeitsbeziehungen in Unternehmen

Ein Unternehmen – ein Netzwerk von Verträgen

Mit dem Begriff „Arbeitsbeziehungen" sind die Beziehungen zwischen Arbeitgebenden und Arbeitnehmenden gemeint. In Unternehmen, in denen Menschen miteinander arbeiten, sind Regelungen erforderlich, um mögliche Konflikte lösen zu können. Viele dieser Regelungen sind im Arbeitsrecht enthalten, z. B. zum Arbeitsschutz.

Grundlage der Arbeitsbeziehungen ist ein Arbeitsvertrag, den Arbeitgebende und Arbeitnehmende miteinander schließen. Wie der Vertrag gestaltet ist, und damit die Beziehung zwischen Arbeitnehmenden und dem Arbeitgebenden, wird durch Gesetze und Regelungen eingeschränkt:
- Jugendarbeitsschutzgesetz (z. B. Verbot der Nachtarbeit für Jugendliche)
- Tarifverträge (z. B. hinsichtlich der Arbeitszeitregelungen),
- Regelungen, die direkt zwischen Arbeitnehmenden und Arbeitgebenden getroffen werden (z. B. Urlaubsregelungen).

Mitbestimmung – die gesetzlichen Regelungen

Man unterscheidet zwischen betrieblicher Mitbestimmung und der Mitbestimmung auf Unternehmensebene. In den Gesetzen zur Mitbestimmung sind zwei Möglichkeiten für Arbeitnehmerinnen und Arbeitnehmer geschaffen, bei Entscheidungen des Unternehmens mitzuwirken:
- Die Unternehmensverfassung regelt die Mitbestimmung der Arbeitnehmerinnen und Arbeitnehmer in den Aufsichtsräten großer Unternehmen.
- Die Betriebsverfassung regelt die Mitbestimmung bzw. Mitwirkung der Arbeitnehmerinnen und Arbeitnehmer durch die Betriebsräte.

‣ Cornelia Löb erläutert Bernd Krämer die Rechtslage.

Arbeitsbeziehungen: Rechte und Pflichten

B Bernd Krämer ist eigentlich ein netter Kollege, aber ein geborener Pessimist, dem manchmal die Fantasie durchgeht: „Also, was ich da gehört habe, schlimm, schlimm ... Kemper und Malli können in zwei Monaten gleich zu Hause bleiben. Dann kommen die neuen Maschinen und daran sind beide nicht ausgebildet. Kuhlmann will in ihre Personalakte schauen. Lässt sich der Chef doch nicht gefallen! Wladimir hat gemotzt, weil ihm keiner seine Lohnabrechnung erklärt. Außerdem hatte Wladimir schon an seinem ersten Arbeitstag Krach geschlagen, weil ihn niemand gewarnt hatte, dass das Sicherheitssystem an der Formpresse defekt war. War auch gefährlich, hätte er aber selbst überprüfen müssen."

„Bernd", mischt sich Betriebsratsmitglied Cornelia Löb ein, „halt lieber die Klappe, du redest dummes Zeug!" Cornelia Löb kennt sich aus und weist die Behauptungen ihres Kollegen aus gutem Grund zurück: Nach dem Betriebsverfassungsgesetz hat jedes Unternehmen gewisse Pflichten. Danach müsste der Vorgesetzte mit Kemper und Malli z. B. eine innerbetriebliche Weiterbildung erörtern. Wladimir kann darauf bestehen, dass ihm seine Lohnabrechnung erklärt wird. Und er hätte zuerst über Unfallgefahren belehrt werden müssen. Diese Rechte stehen den Arbeitnehmerinnen und Arbeitnehmern nach dem BetrVG zu. Cornelia Löb erläutert Bernd Krämer diese Rechtslage ■

Die Beispiele zeigen, dass rechtliche Regelungen zum Schutz der Arbeitnehmerinnen und Arbeitnehmer in einem Unternehmen geschaffen wurden. Die Rechte und Pflichten von Unternehmen und Arbeitnehmerinnen und Arbeitnehmern sind im Betriebsverfassungsgesetz (BetrVG) geregelt. Jede Person, die in einem Betrieb tätig ist, sollte daher die wichtigsten Bestimmungen dieses Gesetzes kennen, um bei auftretenden Problemen richtig handeln zu können.

1. Ermittelt mithilfe des Internets, ob Frau Kuhlmann Einblick in ihre Personalakte nehmen darf. Erklärt, warum bzw. warum nicht.

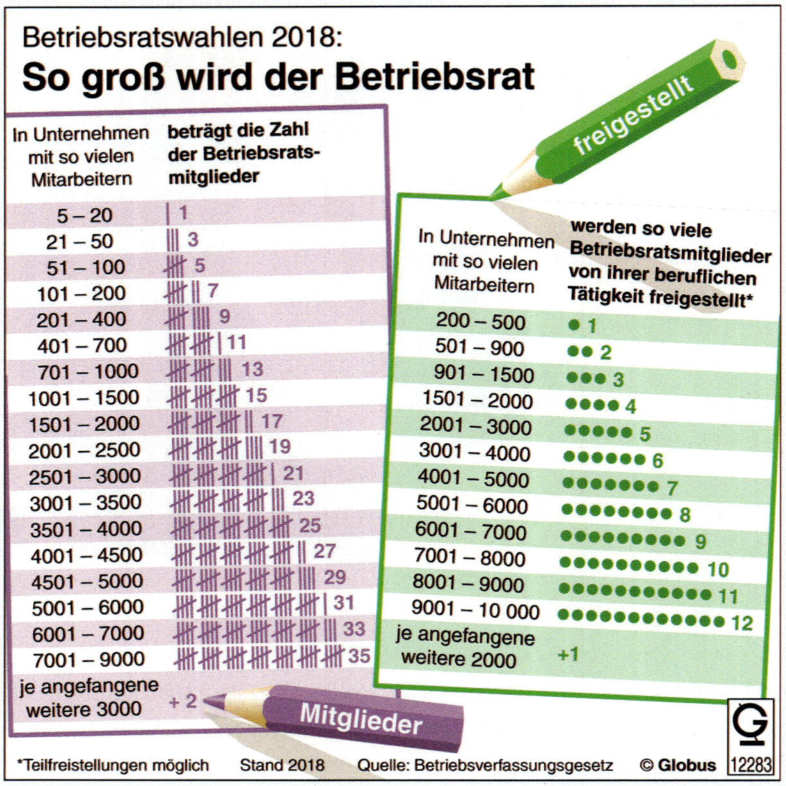

Das Betriebsverfassungsgesetz

Das Betriebsverfassungsgesetz ist sozusagen das Grundgesetz für Betriebe. Es regelt die Rechte und Pflichten der Arbeitgeber und Arbeitnehmerinnen und Arbeitnehmer, wobei diese durch die von ihnen gewählten Mitglieder im Betriebsrat an betrieblichen Entscheidungen beteiligt sind.

Mit dem Gesetz soll die Idee der Partnerschaft von Belegschaft und Betriebsleitung verwirklicht werden. Die Zusammenarbeit soll partnerschaftlich und vertrauensvoll zum Wohle der Arbeitnehmerinnen und Arbeitnehmer und des Betriebes (§2 BetrVG) sein. Streitfragen innerhalb des Betriebes sind grundsätzlich friedlich zu lösen

Bei der betrieblichen Mitbestimmung, die durch das Betriebsverfassungsgesetz geregelt ist, werden vier Bereiche/Ebenen unterschieden:

1. Informationsrechte und Beschwerderechte der Arbeitnehmerinnen und Arbeitnehmer (Mitbestimmung am Arbeitsplatz),
2. Mitbestimmung als gleichberechtigte Mitentscheidung,
3. Mitbestimmung als Zustimmungsverweigerungs- oder Widerspruchsrecht,
4. Mitbestimmung als Informations-, Unterrichtungs- und Beratungsrecht.

Die Rechte von Betriebsrat/Personalrat sind von größerem Gewicht als die einer einzelnen Person. Das Betriebsverfassungsgesetz gilt für private Unternehmen. Für öffentliche Unternehmen ist die betriebliche Mitbestimmung durch das Personalvertretungsgesetz geregelt. Dort wird kein Betriebsrat, sondern ein Personalrat gewählt.

Der Betriebsrat

‣ Sitzung eines Betriebsrates

Der Betriebsrat wird von den wahlberechtigten Betriebsangehörigen gewählt. Die Mitglieder des Betriebsrates sind Vertreterinnen und Vertreter der Belegschaft. Dabei gelten folgende Bestimmungen:
- Im Betrieb müssen mindestens fünf wahlberechtigte Arbeitnehmerinnen und Arbeitnehmer beschäftigt sein. Die Größe des Betriebsrates richtet sich nach der Anzahl der Wahlberechtigten, die in einem Betrieb beschäftigt sind.
- Wahlberechtigt sind alle Arbeitnehmerinnen und Arbeitnehmer über 18 Jahre. Wählbar sind alle Wahlberechtigten, die mindestens sechs Monate im Betrieb beschäftigt sind.
- Damit die Betriebsangehörigen über die Arbeit des Betriebsrates informiert werden können, muss der Betriebsrat in regelmäßigen Abständen Betriebsversammlungen durchführen.

Zu den wichtigsten allgemeinen Aufgaben des Betriebsrates zählen:
- die zugunsten der Arbeitnehmerinnen und Arbeitnehmer geltenden Gesetze und Verträge überwachen,
- Anregungen von Arbeitnehmerinnen und Arbeitnehmern und Jugendvertreterinnen und Jugendvertretern entgegennehmen und über sie mit der Unternehmensleitung verhandeln,
- Unfall- und Gesundheitsgefahren bekämpfen,
- Maßnahmen des Arbeits- und Gesundheitsschutzes durchführen.

Eine Hauptaufgabe des Betriebsrates ist es, die im Betriebsverfassungsgesetz festgelegten Rechte gegenüber der Unternehmensleitung wahrzunehmen. Dabei unterscheidet man zwischen Mitwirkungs- und Mitbestimmungsrechten. Bei den Mitwirkungsrechten bleibt die Entscheidungsgewalt bei der Unternehmensleitung, bei den Mitbestimmungsrechten hat der Betriebsrat ein echtes Mitentscheidungsrecht. Die Mitwirkungsrechte des Betriebsrates sind abgestuft:
- Informationsrecht: Auf der untersten Stufe der Mitwirkung hat das Unternehmen seine Pflicht erfüllt, wenn es dem Betriebsrat anhand von Unterlagen seine Pläne mitteilt.
- Anhörungsrecht: Das Unternehmen teilt dem Betriebsrat seine Absichten mit und fordert ihn zu einer Stellungnahme innerhalb einer bestimmten Frist auf.
- Beratungsrecht: Hierbei erörtern und beraten Unternehmen und Betriebsrat eine Angelegenheit in einem gemeinsamen Gespräch.

Die Mitbestimmung des Betriebsrates ist die stärkste Form der betrieblichen Mitgestaltung. Nach den Bestimmungen des Mitbestimmungsrechts können Unternehmen und Betriebsrat Entscheidungen nur gemeinsam treffen. Kommt es zu keiner Einigung, kann die geplante Angelegenheit nicht durchgeführt werden. Nun besteht noch die Möglichkeit, die Einigungsstelle einzuschalten. Der Spruch der Einigungsstelle ist dann verbindlich.

1. Erklärt mithilfe der Grafik auf S. 106, welche Regelungen es zur Anzahl von Betriebsratsmitgliedern und zur Freistellung von ihrer beruflichen Tätigkeit gibt.

Lernbilanz

Am Ende dieses Kapitels hast du gelernt,
- *was unter den Ordnungsformen und -elementen von Wirtschaftsordnungen verstanden wird,*
- *wie Wirtschaftsordnung und Rechtsordnung in einer demokratischen Gesellschaft zusammenhängen,*
- *den Unterschied von öffentlichem und privatem Recht anhand von Beispielen zu erklären,*
- *die wichtigsten rechtlichen Regelungen von Arbeitsbeziehungen in Unternehmen wiedergeben zu können und dabei*
- *Funktion und Ausgestaltung von Mitbestimmung, Betriebsverfassungsgesetz und Betriebsräten in Grundzügen charakterisieren zu können.*

Mit den folgenden Aufgaben kannst du deine Kompetenzen überprüfen.

1. Zeige auf, welche der nachfolgenden Aussagen korrekt sind:

a) Man unterscheidet grundsätzlich zwischen sogenannten marktwirtschaftlichen und planwirtschaftlichen Ordnungen.

b) Betriebe in planwirtschaftlichen Ordnungen folgen dem Gewinnprinzip.

c) Die Ausgestaltung der Eigentumsverfassung bestimmt darüber, ob die Preise auf Märkten gebildet oder staatlich festgelegt werden.

d) Zentrale Planung meint, dass Märkte die zentralen Orte der wirtschaftlichen Planung und Lenkung darstellen.

e) In einer marktwirtschaftlichen Ordnung gilt das Prinzip des Privateigentums.

2. Nimm Stellung zu folgender Aussage: „Die Ordnungselemente ‚betriebliche Ergebnisrechnung nach dem Gewinnprinzip' und ‚staatliche Preisfestlegung' lassen sich problemlos miteinander kombinieren". Stimmst du dieser These zu oder nicht? Begründe deine Meinung.

3. Ermittle jeweils ein Beispiel aus den Bereichen des öffentlichen und des privaten Rechts.

4. Begründe, warum eine Marktwirtschaft nur funktionieren kann, wenn die Teilnehmerinnen und Teilnehmer am Wirtschaftsgeschehen Verträge frei aushandeln können. Erkläre anschließend, inwieweit dieser Freiheit Grenzen gesetzt sind. Beschreibe begründet eine Vertragsklausel, die diese Grenzen überschreiten würde.

5. Setze dich mit der folgenden Einschätzung auseinander: „Der Staat legt ja die Regeln fest, also können seine Vertreterinnen und Vertreter machen, was sie wollen." Begründe deine Antwort.

6. Erläutere mithilfe nachfolgender Grafik den Unterschied zwischen öffentlichem und Privatrecht in eigenen Worten.

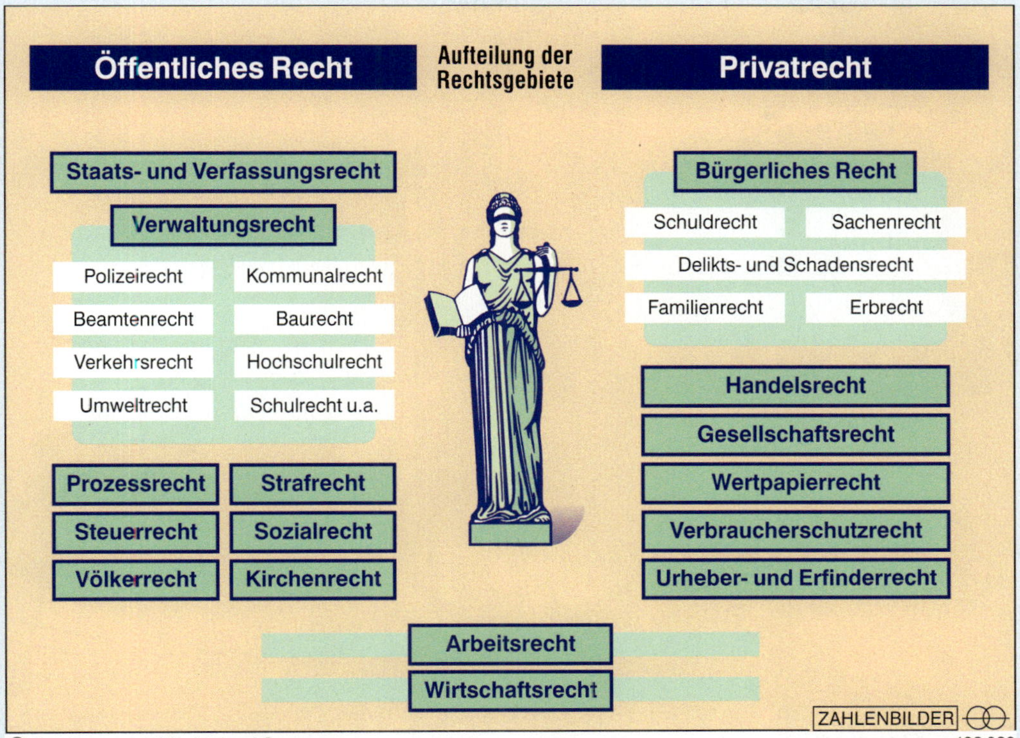

© Bergmoser + Höller Verlag AG 128 020

7. Interpretiere die Kernaussage der nachfolgenden Karikatur.

www.autostadt.de

In diesem Kapitel lernt ihr,

- welche Wirtschaftsbereiche und Schlüsselbranchen es in Niedersachsen gibt und wie man diese untersuchen kann,
- wie die logistische Infrastruktur aussieht, die eure Region mit dem Weltmarkt verbindet und
- wie euer regionaler Wirtschaftsraum mit anderen Teilen Deutschlands und dem Ausland verknüpft ist.

VI REGIONALER WIRTSCHAFTSRAUM

Eure Region

... hat bestimmte wirtschaftliche Merkmale
- Infrastruktur/Logistik
- Arbeitsmarkt
- Einkommensmöglichkeiten
- Struktur der Wirtschaftssektoren
- Branchen

... bietet Ausbildungs- und Beschäftigungsmöglichkeiten
- Wirtschaftssektoren
- Branchen
- schulische und betriebliche Ausbildungen

... ist mit anderen Regionen in Deutschland verbunden
- Warenhandel
- Logistik
- Vergleich von Regionen

... entwickelt sich und unterliegt dem wirtschaftlichen Wandel
- Standortwettbewerb
- Strukturwandel
- Wirtschaftsraum

... ist mit dem Ausland verflochten
- profitiert vom internationalen Handel (Im- und Export)
- ist in die Europäische Union eingebunden
- ist Teil der Globalisierung

▸ Primärer Sektor: Forstwirtschaft

▸ Sekundärer Sektor: Produktion

1 Die verschiedenen Wirtschaftssektoren

Vielleicht esst ihr morgens Müsli zum Frühstück oder ein Brot aus der Bäckerei. Oft sind diese Lebensmittel in Papier verpackt, z. B. in Kartons oder Tüten. Wir machen uns keine Gedanken darüber, welchen langen Weg diese Verpackungsmaterialien hinter sich haben, bevor wir sie in die Hand nehmen. Wie sieht der Weg vom Rohstoff bis zur fertigen Müsli-Verpackung aus?

- Zunächst wird Holz benötigt. Dazu werden in Wäldern Bäume geschlagen oder das Holz wird aus dem Ausland eingeführt.
- Das Holz muss in Papierfabriken transportiert werden.
- Das Holz wird in Papierfabriken zu Verpackungskarton verarbeitet.
- Der Verpackungskarton wird in Druckereien gebracht, wo er vor der Herstellung der fertigen Verpackung bedruckt wird.
- Bevor gedruckt werden kann, muss die Verpackung gestaltet werden, z. B. mit einem Aufdruck des Logos des Müslianbieters.
- Dann muss der bedruckte Verpackungskarton gefaltet werden.
- Anschließend muss die fertige Verpackung zu dem Müslihersteller gebracht werden. Dort wird die Verpackung befüllt.
- Am Ende muss das fertige Produkt an Supermärkte und andere Lebensmittelgeschäfte ausgeliefert werden. Dazu gibt es Lastkraftwagen oder andere Beförderungsmittel.

Mithilfe dieses Beispiels lassen sich drei große Wirtschaftsbereiche unterscheiden:

1. Urproduktion oder primärer Sektor (z. B. Landwirtschaft, Forstwirtschaft, Fischerei). Die Urproduktion liefert zumeist die Rohstoffe, die dann
2. durch Industrie und Handwerk zu Produkten verarbeitet werden. Dieser Sektor heißt Produktion oder sekundärer Sektor.
3. Dienstleistungen (tertiärer Sektor) sind in diesem Beispiel erforderlich, um die Vielzahl der Produkte zu den Verbraucherinnen und Verbrauchern zu bringen.

1. Ordnet Betriebe aus eurem Wohnort den drei Wirtschaftssektoren zu.

▸ Tertiärer Sektor: Logistik

Anhand der Wirtschaftssektoren lassen sich auch die Auswirkungen des technischen Fortschrittes eines Landes ablesen. Die Verteilung der Beschäftigten und der Anteil am Bruttoinlandsprodukt des Wirtschaftssektors zeigen, welche Bedeutung dem Wirtschaftssektor innerhalb der Wirtschaft zukommt. Bis Ende des 19. Jahrhunderts war Deutschland ein Agrarland, in dem mehr als 50 % der Beschäftigten im primären Sektor tätig waren. Durch die fortschreitende Industrialisierung und Technologisierung gewann der sekundäre Sektor immer mehr an Bedeutung und die Zahl der Erwerbstätigen in der Urproduktion sank auf unter 10 %. Seit den 1970er-Jahren zeichnet sich ein neuer Wandel ab: Immer mehr Menschen arbeiten seitdem im Dienstleistungssektor. Deutschland hat sich in nur 100 Jahren von einer Agrargesellschaft zu einer Dienstleistungsgesellschaft gewandelt. Dies liegt vor allem am technischen Fortschritt, man spricht vom sogenannten Strukturwandel.

1. Primärer Sektor	2. Sekundärer Sektor	3. Tertiärer Sektor
– Rohstoffgewinnungsunternehmen (z. B. Erzbergwerk, Kohlengrube)	– Produktiv-/Investitionsgüterunternehmen (z. B. Maschinenfabrik, Walzwerk) – Konsumgüterunternehmen – Gebrauchsgüterunternehmen (z. B. Möbelfabrik) – Verbrauchsgüterunternehmen (z. B. Nahrungsmittelindustrie)	– Handelsunternehmen (z. B. Groß- und Einzelhandel) – Verkehrsbetriebe (z. B. Bus, Bahn, Flugzeug) – Versicherungsunternehmen – sonstige Dienstleistungsunternehmen (z. B. Friseur-Salon, Reinigung)

▸ Branche *Luft- und Raumfahrt*

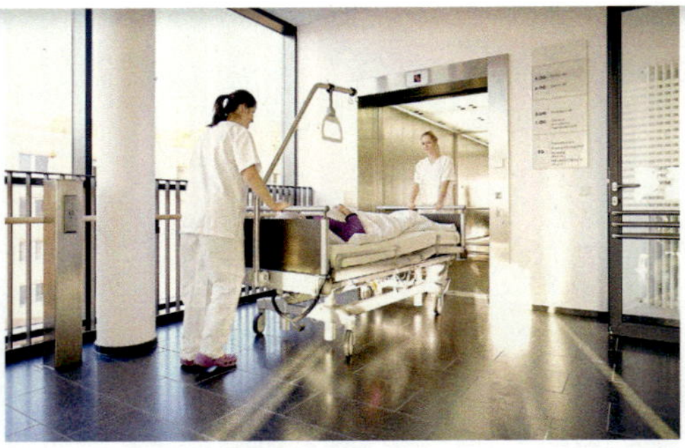

▸ Branche *Gesundheitswirtschaft*

▸ Branche *Erziehung und Unterricht*

▸ Branche *Telekommunikation und Post*

▸ Branche *Tourismus und Gastgewerbe*

▸ Branche *Handwerk*

Was ist eine „Branche"?

Unternehmen lassen sich nicht nur grob den drei Wirtschaftssektoren, sondern auch einer Branche zuordnen. Der Begriff kommt aus dem Französischen (branche) und bedeutet Zweig. In Deutschland werden seit 1950 die Unternehmen vom Statistischen Bundesamt in eine allgemeingültige Einordnung gebracht. Dabei werden Unternehmen zusammengefasst, die ähnliche Produkte herstellen oder ähnliche Dienstleistungen erbringen. Daraus ergeben sich 839 Unterklassen für die Einteilung. Da dies eine sehr umfangreiche Liste darstellt und für den alltäglichen Gebrauch nicht übersichtlich ist, ist die Auflistung der wichtigsten Branchen auf der Internetseite des Bundeswirtschaftsministeriums hilfreich. In Niedersachsen sind die Automobilindustrie, die Energieversorgung, die Ernährungsindustrie und die Maritime Wirtschaft wichtige Branchen.

▸ Branche *Automobilindustrie*

▸ Branche *Energieversorgung*

▸ Branche *Ernährung*

▸ Branche *Maritime Wirtschaft*

Schlüsselbranchen in Niedersachsen

Niedersachsen ist mit rund 47 600 km² flächenmäßig das zweitgrößte Bundesland und belegt mit seinen 8 Millionen Einwohnerinnen und Einwohnern den vierten Platz unter den Bundesländern bei den Bevölkerungszahlen. Mit seiner zentralen Lage mitten in Europa und seiner sehr guten Verkehrsinfrastruktur zeichnet es sich als Wirtschaftsstandort aus. Von Niedersachsens Straßen aus lassen sich schnell nationale und internationale Märkte von Skandinavien bis Italien und von Amsterdam nach Moskau erreichen. Durch die niedersächsischen Seehäfen u. a. in Cuxhaven und Wilhelmshaven sowie dem Flughafen in Hannover ist Niedersachsen mit dem Rest der Welt verbunden. Aber Niedersachsen ist noch mehr als ein attraktiver Wirtschaftsstandort: Durch seine regionale und kulturelle Vielfalt bietet es den Menschen eine hohe Lebensqualität. Zahlreiche Museen, Theater, musikalische Großereignisse und Erholungsgebiete von der Nordseeküste bis zum Harz bereichern das Angebot für die Bewohnerinnen und Bewohner und die Besucherinnen und Besucher Niedersachsens.

1. Stellt begründet dar, warum es sinnvoll ist, Unternehmen nach Art ihrer erstellten Leistungen zu Branchen zusammenzufassen.

Wie untersucht man eine Branche?

Folgende Leitfragen können bei der Untersuchung einer Branche hilfreich sein:

1. Wie heißt die Branche und zu welchem Wirtschaftssektor gehört sie?
2. Welche Sachgüter produziert und welche Dienstleistungen erbringt die Branche?
3. Welche wichtigen Unternehmen zählen zu der Branche?
4. Wo gibt es wichtige Standorte in Niedersachsen?
5. Wie viele Beschäftigte hat die Branche in Niedersachsen?
6. Welche Ausbildungs- und Beschäftigungsmöglichkeiten bietet sie?
7. Welche Infrastruktur benötigt die Branche?
8. Wie hat sich die Branche entwickelt?
9. Welche besonderen Merkmale weist die Branche auf?
10. Welche Bedeutung hat die Branche im Vergleich zur Bundesrepublik Deutschland insgesamt?
11. Welche Rolle spielt die Branche beim Im- und Export Niedersachsens?

Welche Bedeutung hat die Ernährungswirtschaft in Niedersachsen?

▸ Schweinehaltung in Osnabrück

Um dies herauszufinden, soll nun anhand der Fragen die Ernährungswirtschaft näher untersucht werden:

1. Wie heißt die Branche und zu welchem Sektor gehört sie? Ernährungswirtschaft, sekundärer Sektor (Produktion)

2. Welche Sachgüter und Dienstleistungen erbringt die Branche? Fleisch und Wurstwaren, Molkereiprodukte, Zucker und Süßwaren, Getränke, Brot- und Backwaren

3. Welche wichtigen Unternehmen zählen zu der Branche? Molkereiunternehmen wie Nordmilch, Frischli; Unternehmen der Fleischwirtschaft wie Rügenwalder Mühle, Wiesenhof; Unternehmen der Getränkeindustrie wie Becker's Bester, Weser-Gold, Jever; Unternehmen der Backwarenindustrie wie Bahlsen, Coppenrath und Wiese, Lieken Urkorn, Wasa und Golden Toast; Unternehmen der Zucker- und Süßwarenproduktion wie die Nordzucker AG, Confiserie Leysieffer und Heidel; ein Großteil der Branche ist mittelständisch.

4. Wo gibt es wichtige Standorte in Niedersachsen? (Siehe Karte S. 116)

5. Wie viele Beschäftigte hat die Branche in Niedersachsen? im Jahr 2020 ca. 392 000

6. Welche Ausbildungs- und Beschäftigungsmöglichkeiten bietet die Branche? Es bieten sich vielfältige Möglichkeiten in Berufen, die mit Ernährung und Lebensmitteln zu tun haben. Zum Stichwort „Ernährung" listet berufenet 80 Berufsbeschreibungen auf. Hierzu zählen u.a. Diätassistent/-in, Fachkraft – Lebensmitteltechik oder traditionelle Handwerksberufe wie Bäcker/-in und Koch/Köchin.

7. Welche Infrastruktur benötigt die Branche? Gute Verkehrsinfrastruktur, gute Vernetzung aller am Produktionsprozess beteiligten Industrien.

8. Wie hat sich die Branche entwickelt? Niedersachsen ist ein traditionelles Agrarland, in der sich die Ernährungswirtschaft gut entwickeln konnte, indem man sich auf die Weiterverarbeitung der Urprodukte zu Lebensmitteln spezialisiert hat.

9. Welche besonderen Merkmale weist die Branche auf? Bedeutender Standort des ökologischen Landbaus, hohe Vernetzung landwirtschaftlicher, ernährungswirtschaftlicher und vor- und nachgelagerter Bereiche, großer Forschungsbereich

10. Welche Bedeutung hat die Branche im Vergleich zu Gesamtdeutschland?
Von rund 500 000 Beschäftigten des produzierenden Ernährungsgewerbes in Deutschland arbeiten ca. 71 000 in Niedersachsen.

11. Welche Rolle spielt die Branche bei den Auslandsbeziehungen Niedersachsens (Im- und Export)? Der Exportanteil der Ernährungswirtschaft am Gesamtexport Niedersachsen betrug im Jahr 2018 etwa 13 %.

1. Findet mithilfe der Karte heraus, welcher Schwerpunkt der Ernährungswirtschaft in eurer Region vertreten ist.
2. Nennt Gründe, warum sich in den Regionen in Niedersachsen unterschiedliche Schwerpunkte (siehe Karte) der Ernährungswirtschaft gebildet haben.
3. Recherchiert online mindestens drei Ausbildungsberufe im Bereich „Ernährung" und ermittelt entsprechende Ausbildungsmöglichkeiten in eurer Region.

▸ Tankstelle

▸ Wasserkraftwerk

Energiewirtschaft

Wir alle brauchen Energie, um gut leben zu können, zum Beispiel um das Internet zu nutzen, Essen zu kochen, Auto zu fahren und vieles mehr. Es gibt sie aber nicht umsonst, wie an der Stromrechnung abzulesen ist. Wer liefert eigentlich Strom und Wärme?

In ganz Deutschland gibt es ungefähr 1100 Unternehmen, die im Energiemarkt aktiv sind, allein ca. 700 in der Gasversorgung. Diese Unternehmen haben unterschiedlichste Aufgaben. Es handelt sich um zum Teil höchst aufwendige Leistungen. Beispielsweise werden riesige Leitungsnetze benötigt, um Strom und Gas zu transportieren. Die Länge des Stromnetzes in Deutschland beträgt 1,85 Millionen Kilometer. Das ist etwa viereinhalb Mal die Strecke von der Erde bis zum Mond! Dieses Netz muss regelmäßig gewartet und erneuert werden. Wird dies nicht gewährleistet, kommt es z. B. zu Stromausfällen, die schlimme Folgen haben können. Im Energiebereich gibt es, wie in allen Branchen, große und kleine Unternehmen: Die einen fördern Rohstoffe, die anderen betreiben Kraftwerke, wieder andere bauen die Netze und halten sie instand oder verkaufen Strom und Gas an die Haushalte. Innerhalb der Unternehmen sind Tausende von Menschen mit ganz unterschiedlichen Aufgaben betraut und entsprechend ausgebildet.

Um die Vielfalt der Unternehmen in der Branche zu verstehen, soll zunächst ein Blick auf unterschiedliche Energieträger geworfen werden, in denen Energie gespeichert ist. Diese lassen sich in erneuerbare und nicht erneuerbare Energieträger unterteilen:

Nicht erneuerbare Energieträger	Erneuerbare Energieträger
Uran Stein-/Braunkohle Erdgas Erdöl	Windkraft Wasserkraft Sonne Biomasse Erdwärme

In der Energiebranche gibt es die unterschiedlichsten Unternehmen: Ölfördergesellschaften, Bergwerksbetreiber, Kraftwerksbetreiber, Tankstellen, Windanlagenbauer, Bioenergie-Landwirtschaftsbetriebe usw.

1. Beschreibt, was man unter der Energiebranche versteht.
2. Nennt zwei weitere Beispiele für Unternehmen rund um die Energiewirtschaft aus eurer Stadt oder Region. Überprüft, ob es sich dabei um ein Urproduktions-, Produktions- oder Dienstleistungsunternehmen handelt.

‣ Das Kernkraftwerk Grohnde im Landkreis Hameln-Pyrmont soll Ende 2021 abgeschaltet werden.

Die Energiewirtschaft spielt im Bundesland Niedersachsen eine bedeutende Rolle. Hierfür gibt es vor allem folgende Gründe:

- Es gibt viele Vorkommen an fossilen Brennstoffen, umfangreiche Windkraft- und verschiedenste Formen der Biomassenutzung.
- Die Infrastruktur für die Energie- und insbesondere die Windkraftbranche ist gut.
- Zukunftstechnologien werden intensiv genutzt und weiterentwickelt, z. B. durch Lehrstühle an Hochschulen und Forschungszentren für die Energiewirtschaft.

Es ist erklärtes Ziel der Bundesregierung, bis 2050 einen Anteil von 80 % erneuerbarer Energien bei der Stromversorgung zu erreichen. Aber nicht alle erneuerbaren Energien können überall genutzt werden. Um zum Beispiel Windkraftanlagen betreiben zu können, muss ausreichend Wind vorhanden sein. Das ist vor allem an der Nordseeküste der Fall. Hier entstehen immer mehr sogenannte Offshore-Windparks, d. h. Windkraftanlagen, die weit draußen in der Nordsee errichtet werden.

‣ Bestehende und geplante Windenergie-Anlagen in Niedersachsen (Stand: 2019)

1. Erklärt mithilfe der Grafik und des Textes, warum in Niedersachsen die Nutzung von Windkraft ein wichtiger Teil der Energiewirtschaft ist.

2. Recherchiert online, welche weiteren Kernkraftwerke es in Niedersachsen gab bzw. gibt, und wann diese abgeschaltet wurden bzw. werden sollen.

▸ Volkswagen in Wolfsburg

▸ Autostadt in Wolfsburg

Automobilindustrie

Die Wirtschaft in Niedersachsen ist stark von der Automobilwirtschaft geprägt. Im Jahr 2018 wurde von der Automobilindustrie ein Umsatz von rund 94 Mrd. Euro erzielt. Diese Zahl wird hauptsächlich durch den Volkswagen-Konzern mit Standorten in Wolfsburg, Salzgitter, Hannover, Braunschweig und Emden erreicht. Daneben haben sich im Laufe der Zeit rund 700 Zulieferbetriebe entwickelt, wie z. B. die Continental AG in Hannover.

Die Fahrzeugindustrie ist auch der größte Arbeitgeber in Niedersachsen. Sie stellt rund 142 000 Arbeitsplätze und zusammen mit Zulieferbetrieben sind dies rund 30 % der Arbeitsplätze insgesamt. Die Branche bietet neben Studienberufen, wie Ingenieurin/Ingenieur der Elektrotechnik oder des Maschinenbaus, zahlreiche Ausbildungsmöglichkeiten. Jährlich werden allein im Fahrzeugbau tausende Mechatronikerinnen und Mechatroniker und andere Berufsbilder ausgebildet.

Dabei beschränkt sich die Bedeutung der Branche aber nicht nur auf die reine Fahrzeugherstellung. Auch im Dienstleistungs- und Forschungsbereich zeigen sich Auswirkungen der Automobilindustrie. Die Verknüpfung von Wirtschaft und Wissenschaft hat hier zahlreiche Forschungseinrichtungen in Hochschulen und auch außeruniversitären Einrichtungen vor allem im Wirtschaftsraum Wolfsburg-Hannover-Braunschweig hervorgebracht. Aber auch im Tourismus zeigt sich der Einfluss der Branche: Die Autostadt in Wolfsburg ist einer der meistbesuchten „Freizeitparks“ Deutschlands.

▸ Continental in Hannover

1. Erläutert die Bedeutung des Volkswagenkonzerns für die Automobilbranche in Niedersachsen.
2. Begründet, warum es problematisch sein kann, dass das Bundesland Niedersachsen so stark von der Autoindustrie geprägt wird.

Maritime Wirtschaft

Niedersachsen verfügt über 300 Kilometer Küste, 39 Häfen, 7 bewohnte Nordseeinseln und mehr als 1000 Kilometer Deiche. Über 40000 Menschen arbeiten und forschen in knapp 900 Unternehmen und rund 70 Forschungs- und Bildungseinrichtungen im Bereich der maritimen Wirtschaft in Niedersachsen.

Die maritime Wirtschaft ist damit eine der Schlüsselbranchen in Niedersachsen. Sie umfasst ganz unterschiedliche Zweige, wie ihr den Abbildungen entnehmen könnt. Das Spektrum an Ausbildungs- und Beschäftigungsmöglichkeiten in dieser Branche ist entsprechend groß. Dabei lohnt es sich, die verschiedenen Ausbildungsberufe genauer zu recherchieren, da diese vielen gar nicht bekannt sind.

▸ Reedereiwirtschaft: Leer (Ostfriesland) ist nach Hamburg der größte Reedereistandort Deutschlands.

▸ Hafenwirtschaft/Hafenlogistik: Hafen in Emden

▸ Bildung, Wissenschaft und Forschung: An der Jade Hochschule kann man z. B. Nautik studieren.

▸ Meerestechnik: Zur Meerestechnik gehört auch die Planung und der Erhalt von Deichen.

▸ Schiffsbauzulieferer: Verladung von Schiffsschrauben

▸ Werften: Meyer-Werft in Papenburg

1. Recherchiert online weitere Informationen zu mindestens einem Zweig der maritimen Wirtschaft in Niedersachsen und fasst diese zusammen.

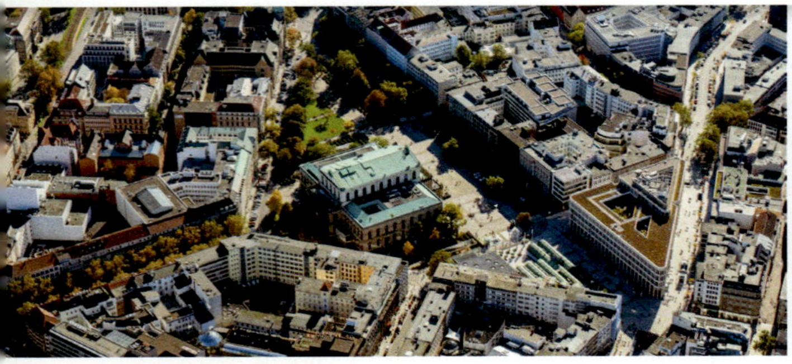

▸ Großstadt Hannover

▸ Ländliche Gemeinde Wangerland (Küste vor Schillig)

2 Untersuchung regionaler Arbeits- und Ausbildungsmärkte

Die Bundesrepublik Deutschland ist ein hochindustrialisiertes Land. Im Vergleich zu vielen anderen Nationen ist sie dicht besiedelt und mit zahlreichen Industriegebieten durchsetzt. Die Bundesrepublik Deutschland ist ein wirtschaftsstarkes und wettbewerbsfähiges Land.

Sieht man sich die Bundesrepublik aber genauer an, so sieht das je nach Bundesland und deren Regionen sehr unterschiedlich aus: Auf der einen Seite gibt es Regionen, in denen viele Menschen nahe beieinanderleben, wo es viel Industrie und Gewerbe gibt und eine gute Infrastruktur vorhanden ist. Auf der anderen Seite gibt es Regionen mit kleinen Dörfern in ländlichen Gebieten; Landstriche, die größtenteils landwirtschaftlich genutzt werden. Je nachdem wo man also wohnt, hat man auch unterschiedliche Lebens- und vor allem auch Arbeitsbedingungen. Will man den regionalen Arbeits- und Ausbildungsmarkt einer Region näher untersuchen, so muss man dazu unterschiedliche Informationen sammeln und auswerten. Es geht dabei u.a. darum, Daten und Fakten zu der Beschäftigungssituation, den Ausbildungsmöglichkeiten, der Einkommenssituation, den Fort- und Weiterbildungsmöglichkeiten und den Arbeitslosenzahlen herausfinden.

Informationen zu diesen Bereichen bekommt man online und offline von verschiedenen Stellen, wie z.B. der Bundesagentur für Arbeit, den Industrie- und Handelskammern, den Handwerkskammern, Berufs- und Studienberatungen, Jobbörsen, dem Statistischen Bundesamt usw.

Beschäftigung

1. Wie viele Beschäftigte arbeiten im Wirtschaftsraum?
2. Wie verteilen sich die Beschäftigten auf die verschiedenen Wirtschaftsbereiche?

Ausbildung

1. Wie ist die Situation auf dem Ausbildungsmarkt? (In welchen Berufen gibt es genügend Ausbildungsplätze? Wo sind sie knapp?)
2. Welches sind die beliebtesten Ausbildungsberufe?
3. Wie hoch ist die Zahl der Auszubildenden nach Ausbildungsbereichen?
4. Welche Ausbildungswege gibt es in der Region?

Einkommen

1. Wie hoch sind die durchschnittlichen Lohn- und Gehaltssummen in den verschiedenen Wirtschaftsbereichen?

1. Untersucht den Arbeits- und Ausbildungsmarkt eurer Region mithilfe der dargestellten Fragen.

Fort- und Weiterbildungsmöglichkeiten

1. Welche Fort- und Weiterbildungsmöglichkeiten bietet die Region?

Arbeitslosenzahlen

1. Wie lauten die aktuellen Arbeitslosenzahlen in der Region?
2. Wie hoch sind die Arbeitslosenzahlen der Region im Vergleich zu ganz Niedersachsen bzw. Deutschland?
3. Wie hoch ist die Jugendarbeitslosigkeit?
4. Wie verteilen sich die Arbeitslosen auf die Wirtschaftsbereiche?
5. Welche Berufsgruppen sind besonders von Arbeitslosigkeit betroffen?
6. Wie viele freie Arbeitsstellen gibt es?
7. Welche Berufe sind besonders stark nachgefragt?

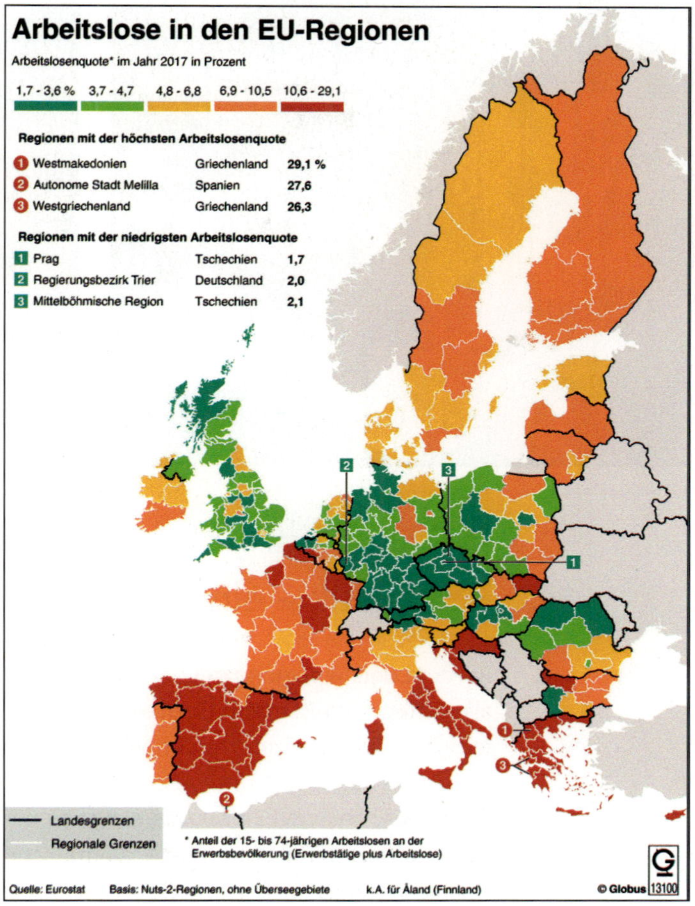

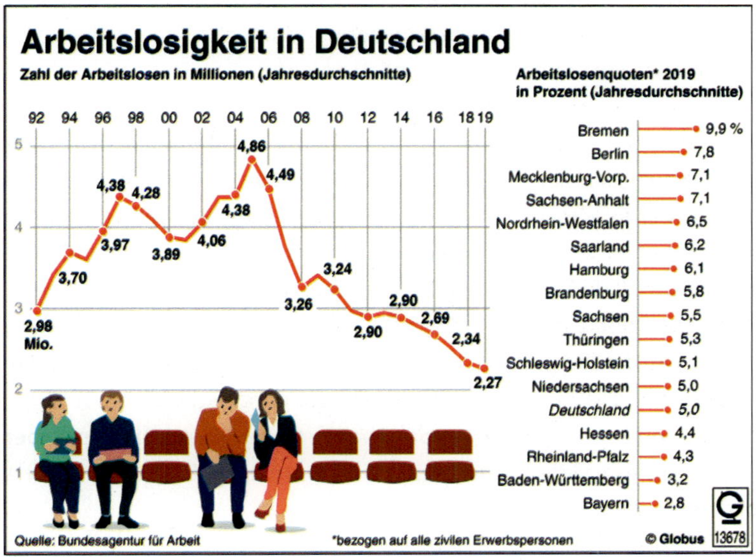

1. Vergleicht die Arbeitslosenquote der einzelnen Bundesländer miteinander und mit der Gesamtarbeitslosenquote Deutschlands.
2. Vergleicht die Arbeitslosenquote eurer Region mit jener anderer Regionen in Deutschland und in der EU.

▸ Hochregallager

▸ Anlieferung von Beton

3 Logistik – ein Wirtschaftsfaktor

Bei der Logistikplanung geht es darum, dass alle Güter, vom Rohstoff über einzelne Bauteile bis hin zum Endprodukt, zur richtigen Zeit am richtigen Ort sind. Aber das ist noch nicht alles: Auch die Einsatzplanung von Arbeitskräften ist Teil der Logistik: So müssen beispielsweise beim Bau von Offshore-Windparks aufwändige Vorplanungen erfolgen, wie die Monteurinnen und Monteure sicher und termingerecht an ihrem Arbeitsplatz auf hoher See ankommen.

Mittlerweile spielen bei der Logistikplanung vielfach digitale Systeme eine wichtige Rolle. Ihr kennt das wahrscheinlich, wenn ihr online etwas bestellt. Dann könnt ihr das Paket auf dessen Weg zu euch genau verfolgen. Wo befindet es sich gerade? Wo wurde es hingebracht, wenn bei euch zu Hause niemand anwesend war? Die zunehmende Vernetzung aller Produktionsbereiche erleichtert es auch, sogenannte „Just-in-Time"-Lieferungen durchzuführen. Dadurch werden benötigte Bauteile, z. B. bestimmte Schrauben, genau zur richtigen Zeit und auch erst, wenn diese tatsächlich bemötigt werden, an den Produktionsstandort geliefert. Das spart zum einen Kosten für die Lagerung und zum anderen wird so verhindert, dass z. B. zu viele Schrauben bestellt werden, wenn die Nachfrage nach dem Endprodukt doch nicht so hoch ist, wie ursprünglich erwartet.

Die globalen Lieferketten sind heutzutage ein ausgeklügeltes Netzwerk. Sonst wäre es nicht möglich, dass wir z. B. Früchte aus aller Welt jeden Tag frisch im Supermarkt kaufen können. Dafür ist nicht nur zielgerichtete, hochgradig komplexe Planung erforderlich, sondern auch eine gut ausgebaute Infrastruktur: Das umfasst Verkehrswege wie Straßen, Eisenbahntrassen und Wasserstraßen, aber auch Lagerhallen und ausreichend Transportmöglichkeiten.

1. Beschreibt Situationen aus eurem Alltag, in denen ihr mit Logistik in Berührung kommt.
2. Erklärt, welche logistischen Herausforderungen beispielsweise bei Tiefkühlgemüse von der Produktion bis zum Verkauf in einem Geschäft erbracht werden müssen. Ihr könnt die Lösung auch grafisch darstellen.

Die Europäische Union

	Beitrittsjahr	Einwohner 2019[1] in Mio.	BIP[1,2] 2018 pro Kopf in Tausend Euro
Belgien	1958	11,5 Mio.	35,7 Tsd. €
Deutschland	1958	83,0	36,9
Frankreich	1958	67,0	31,4
Italien	1958	60,4	29,1
Luxemburg	1958	0,6	78,7
Niederlande	1958	17,3	39,2
Dänemark	1973	5,8	38,7
Irland	1973	4,9	57,8
Griechenland	1981	10,7	20,6
Portugal	1986	10,3	23,2
Spanien	1986	46,9	27,6
Finnland	1995	5,5	33,7
Österreich	1995	8,9	38,6
Schweden	1995	10,2	37,0
Estland	2004	1,3	25,0
Lettland	2004	1,9	21,0
Litauen	2004	2,8	24,6
Malta	2004	0,5	29,6
Polen	2004	38,0	21,5
Slowakei	2004	5,5	23,5
Slowenien	2004	2,1	26,4
Tschechien	2004	10,6	27,6
Ungarn	2004	9,8	21,6
Zypern	2004	0,9	26,8
Bulgarien	2007	7,0	15,5
Rumänien	2007	19,4	19,8
Kroatien	2013	4,1	19,2

[1] zum Teil vorläufig oder geschätzt [2] kaufkraftbereinigt Quelle: Eurostat

13794 © Globus Stand März 2020

▸ Deutschland ist ein wichtiger Logistikstandort durch die zentrale Lage in Europa. Der wichtigste Handelspartner Deutschlands sind die EU-Staaten.

Der Logistikstandort Deutschland

Rund 600 000 Menschen sind in der Bundesrepublik in der Logistikwirtschaft beschäftigt. Die Bedingungen für die Logistikbranche sind in Deutschland gut. Ein bedeutender Vorteil ist die geografische Lage mitten in Europa. Deutschland grenzt unmittelbar an neun Länder, was es zum wichtigsten europäischen Transitland macht. Hinzu kommen gute Möglichkeiten für den Güterumschlag bei internationalen Transporten.

Die Weltbank untersuchte 2016 die Attraktivität von 160 Ländern als Logistikstandort. Deutschland belegte in diesem Ranking den ersten Platz. Neben der zentralen Lage in Europa gibt es dafür folgende Gründe:

- viele industrielle Wirtschaftszweige, die mehr Logistikdienste nachfragen als der Dienstleistungssektor;
- Größe der deutschen Volkswirtschaft (Bevölkerungszahl, Fläche usw.);
- hohe Pro-Kopf-Einkommen (Industrie und Handel können bei hohen Haushaltseinkommen mehr verkaufen);
- internationale Verflechtung: Unter den führenden Nationen der Welt hat kein anderes Land einen ähnlich hohen Anteil der Ex- und Importe am Bruttoinlandsprodukt;
- Qualität und Quantität der Verkehrsinfrastruktur: Deutschland hat eines der dichtesten Autobahn- und Schienennetze in Europa. Die Flug-, See- und Binnenhäfen gehören zu den größten und modernsten des Kontinents; der Rhein ist die wichtigste Binnenwasserstraße der EU.

1. Beschreibt, auf welchen Verkehrswegen Güter importiert und exportiert werden.

2. Erläutert, welche Bedeutung die zentrale Lage Deutschlands für die Logistik hat.

▸ Mittellandkanal bei Wolfsburg

▸ Autobahn 2 bei Braunschweig

▸ Flughafen Hannover

▸ Güterbahnhof Maschen

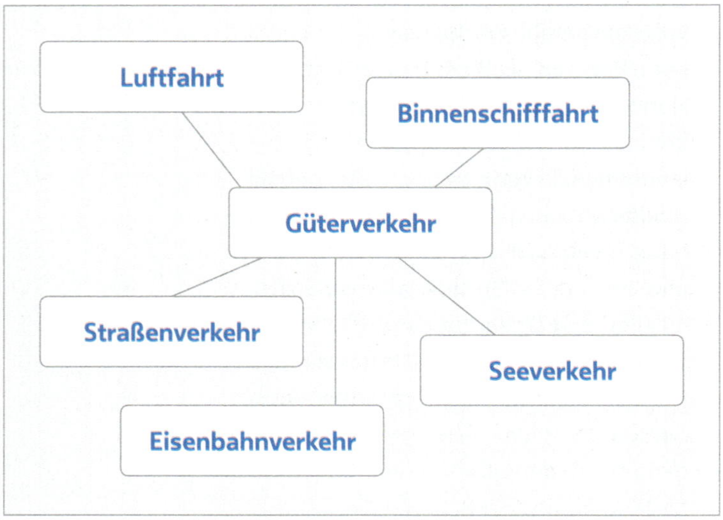

Verkehrsinfrastruktur

Ein wichtiges Merkmal eines Wirtschaftsraumes ist dessen Verkehrsinfrastruktur. Damit ist gemeint, wie gut eine Region mit Straßen, Kanälen, Bahnschienen, Häfen und Flughäfen ausgestattet ist. Auf eine gute Verkehrsinfrastruktur sind wir täglich angewiesen. Aber vor allem die Güter gelangen über verschiedene Verkehrswege in die Supermärkte und Geschäfte. Sie können zum Beispiel mit dem Schiff, der Bahn, dem Lastkraftwagen oder auch nacheinander mit verschiedenen Verkehrsmitteln transportiert werden.

1. Zeigt die Verkehrsinfrastruktur in eurer Region mithilfe einer Mindmap auf.
2. Ermittelt, welche Unternehmen in eurer Region in besonderer Weise auf eine gute Verkehrsinfrastruktur angewiesen sind.

‣ Jade-Weser-Port

‣ Proteste gegen die Y-Trasse

Große Verkehrsinfrastrukturprojekte in Niedersachsen

Der weltweite Warenhandel nimmt ständig zu. Mehr Im- und Export bedeutet mehr Güterumschlag in den Häfen, und dies wiederum bedeutet nicht nur eine stärkere Auslastung der Häfen, sondern auch einen ansteigenden Landtransport der Güter von den Seehäfen in Deutschland und Europa. Schienen und Autobahnen sind heute bereits stark durch den Güterverkehr belastet. Deshalb muss die Verkehrsinfrastruktur ständig angepasst und ausgebaut werden. Solche Projekte sind sehr zeitaufwändig, da die Genehmigungsverfahren lang sind und der Nutzen und die Auswirkungen häufig kontrovers diskutiert werden. Beispiele aus Niedersachsen aus den letzten Jahren sind folgende:

Seeverkehr: JadeWeserPort (JWP)
Der JadeWeserPort in Wilhelmshaven ist von großer Bedeutung für die wirtschaftliche Entwicklung – nicht nur – des Bundeslandes Niedersachsen. Der JWP ist ein Tiefseecontainerhafen und damit auch für die größten Containerschiffe aus aller Welt erreichbar. Der Eröffnung im Jahr 2012 gingen kontroverse Debatten voraus, die sich insbesondere um die Auswirkungen auf die Umwelt drehten.

Straßenverkehr: Bau der Küstenautobahn A20
In der Küstenregion Niedersachsens soll eine neue Autobahn, die A20, auch als Küstenautobahn bezeichnet, gebaut werden. Damit soll dem stark gestiegenen Güter- und Personenverkehr Rechnung getragen werden. Die Autobahn würde die norddeutschen Wirtschaftsstandorte verbinden. Auch hier wird kontrovers über den Nutzen und die Auswirkungen auf die Umwelt diskutiert.

Eisenbahn: Y-Trasse
Die sogenannte Y-Trasse meint einen geplanten Neubau einer Eisenbahnstrecke von Hannover über Walsrode nach Hamburg und Bremen. Die Bezeichnung rührt vom Y-förmigen Streckenverlauf her. Aktuell (2020) sieht es so aus, als würde die Y-Trasse nicht gebaut werden, sondern die Alternativ-Variante „Alpha-E-Variante", die u. a. die Verbesserung bestehender Strecken vorsieht.

1. Recherchiert Hintergründe und den aktuellen Stand der genannten Projekte. Recherchiert dabei insbesondere, mit welchen Zielen diese Projekte ursprünglich verbunden waren und welche Ansichten es zur Umsetzung dieser Projekte gab und gibt.

4 Im- und Export

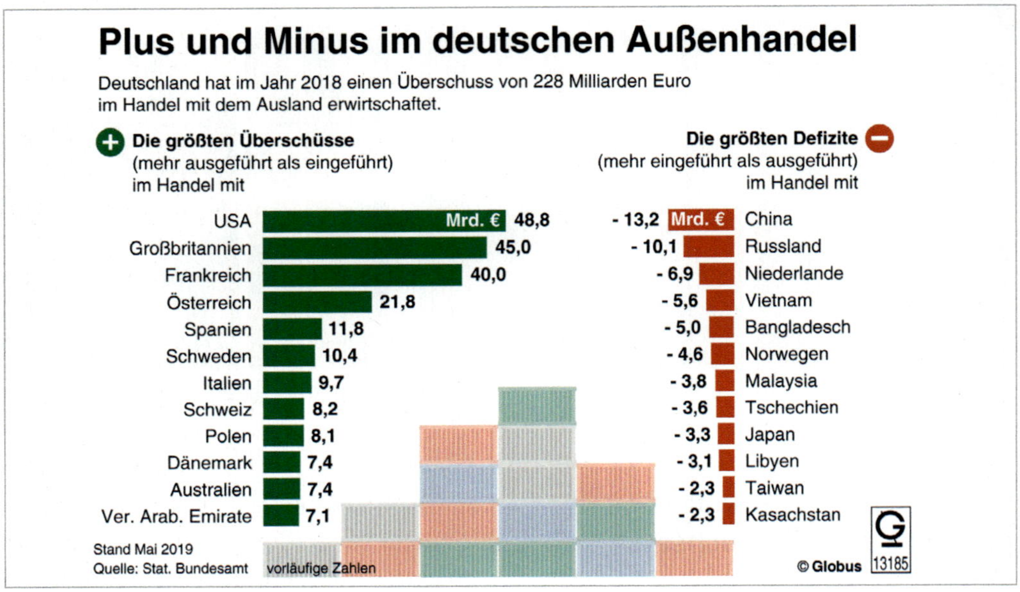

B „Schreibt doch einmal alle Dinge in eurer Umgebung auf, die nicht in Deutschland hergestellt wurden, und zwar sowohl Gebrauchsgüter als auch Verbrauchsgüter", sagt Milas Lehrerin. Mila sammelt Gebrauchsgüter ihrer Familie: Auto (Frankreich), Fernseher (Südkorea), Jeans (USA), Turnschuhe (China). Verbrauchsgüter: Bananen (Honduras), Äpfel (Israel), Tomaten (Spanien), Käse (Schweiz), Spaghetti (Italien), Tee (Indien), Kaffee (Brasilien). „Wow", denkt Mila, „da ist ja die ganze Welt bei mir zu Hause vertreten ...!" ■

Wir leben in einer globalisierten Welt. Die Güter, die wir täglich nutzen, kommen vielfach aus dem Ausland und in vielen Bereichen in unserem Alltag spüren wir internationale Verflechtungen. Wir arbeiten oder studieren im Ausland, unsere Arbeitsplätze hängen an dem Im- und Export von Gütern. Unsere Wirtschaft ist fest in internationale Beziehungen eingebunden.

Die deutsche Wirtschaft hängt stark vom Außenhandel ab: Mehr als jeder fünfte Arbeitsplatz, das sind etwa acht Millionen Menschen, hängt direkt vom Export ab. Dies betrifft auch jene Arbeitsplätze, die Zubehör, Material, Transportleistungen o. Ä. zum Exportgeschäft beitragen. Aber die deutsche Wirtschaft ist auch vom Import von Gütern abhängig. Da Deutschland ein rohstoffarmes Land ist, ist es in hohem Maße auf den Import von Rohstoffen, vor allem im Energiebereich, bei Metall- und Eisenerzen und zum Teil auch bei landwirtschaftlichen Produkten, angewiesen.

1. Seht euch die Grafik zum Außenhandel Deutschlands an.

a) Zeigt auf, ob Deutschland 2018 einen Überschuss im Außenhandel erzielt hat.

b) Beschreibt, mit welchen Handelspartnern Deutschland 2018 Überschüsse erwirtschaftet hat und mit welchen Handelspartnern Defizite.

c) Diskutiert, warum Deutschland mit bestimmten Handelspartnern Überschüsse erwirtschaftet (hat) und mit anderen nicht.

Die Bedeutung des Welthandels für Niedersachsen

In Niedersachsen gibt es in den verschiedenen Regionen zahlreiche Unternehmen, die stark am Welthandel beteiligt sind. Zunächst fallen einem dabei die niedersächsischen Großkonzerne ein, etwa aus der Automobil- und Automobilzulieferindustrie. Zunehmend werden aber auch kleine und vor allem mittelständische Unternehmen immer aktiver auf den Weltmärkten. Oftmals sind diese in einer kleinen Nische weltweit führend, ohne dass dies einer breiteren Öffentlichkeit bekannt wäre. Man spricht deshalb auch von „Hidden Champions“, also „Versteckten Champions“.

▸ Autos stehen in Emden für den Export bereit.

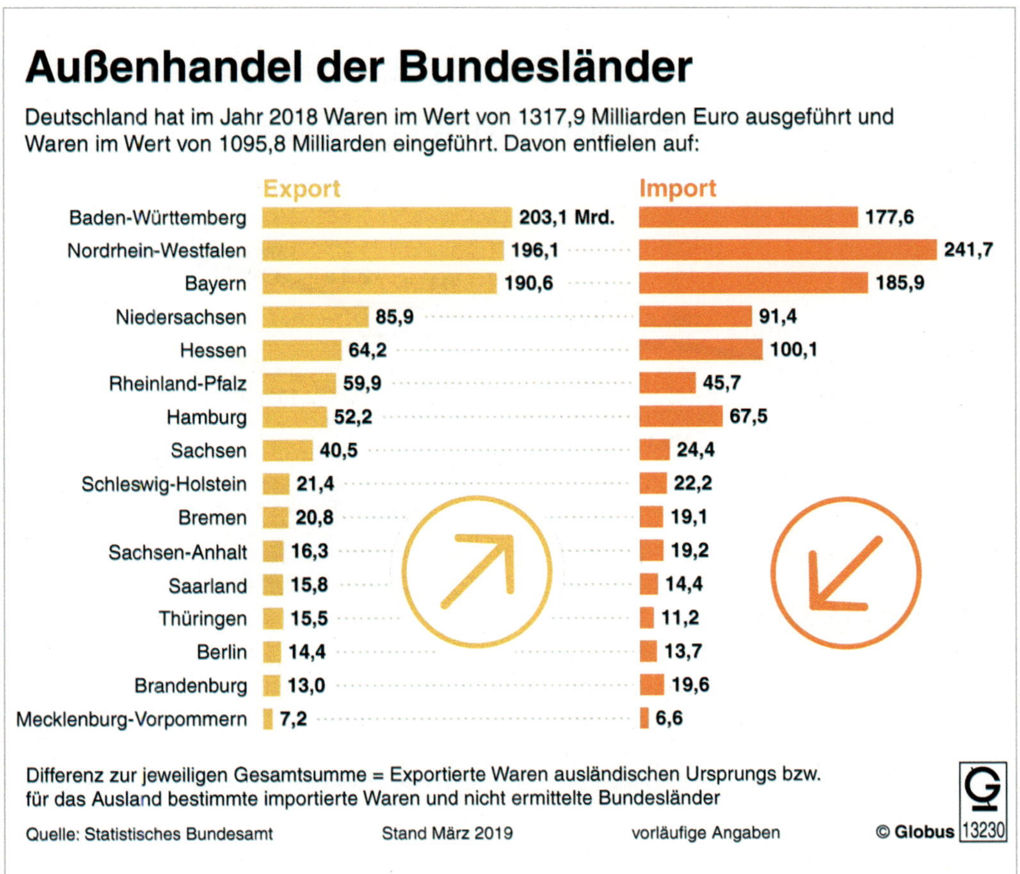

1. Ermittelt mithilfe der Grafik die Bedeutung des Außenhandels für Niedersachsen.
2. Recherchiert, ob es in eurer Region einen sogenannten „Hidden Champion“ gibt und vereinbart nach Möglichkeit eine Betriebserkundung.

Wie misst man internationalen Handel?

Wie ihr wisst, kann der einfache Wirtschaftskreislauf mit dem Sektor „Ausland“ um einen weiteren Sektor ergänzt werden. Er umfasst alle ausländischen Anbieter und Nachfrager von Sachgütern und Dienstleistungen, die mit der inländischen Wirtschaft in Im- und Exportbeziehungen treten. Im- und Export sind hier weit gefasste Begriffe, die z. B. auch die Ausgaben einer deutschen Familie im Sommerurlaub in Frankreich, Zahlungen zur Entwicklungshilfe der Bundesregierung oder den privaten Ankauf von Devisen umfassen. Der Großteil der wirtschaftlichen Verflechtungen entsteht allerdings dadurch, dass Unternehmen Güter und Dienstleistungen aus dem Ausland importieren oder ins Ausland exportieren.

„Import“ und „Export“ bezeichnen den Austausch von Gütern und Geld zwischen inländischer und ausländischer Wirtschaft. Übersteigen die Exporte eines Landes die Importe, entsteht ein sogenannter Exportüberschuss, den man auch „positiven Saldo“ nennt. Damit ergibt sich für das Inland ein Überschuss an Devisen und das Geldvermögen nimmt zu. Im Resultat steigen die Forderungen des Inlands gegenüber dem Ausland. Sind dagegen die Importe höher als die Exporte, gibt es einen Importüberschuss, auch „negativer Saldo“ genannt. Dadurch steigen die Verbindlichkeiten gegenüber der ausländischen Wirtschaft.

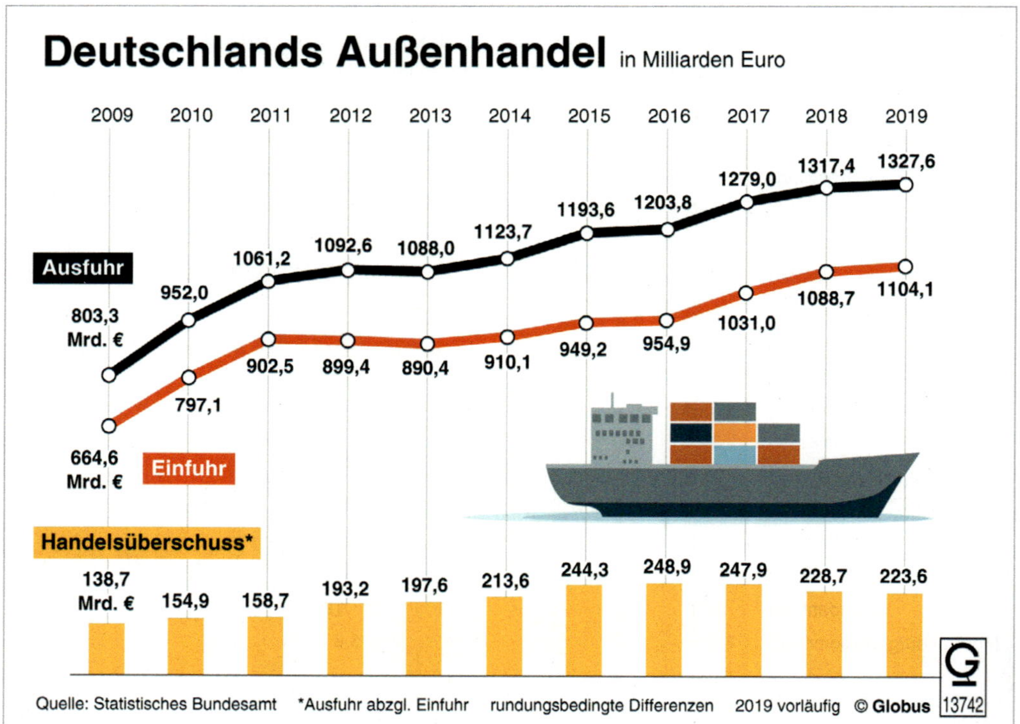

1. Beschreibt mithilfe der Grafik den Verlauf des deutschen Außenhandels in den vergangenen Jahren. Geht dabei insbesondere darauf ein, in welchen Jahren es einen Import- oder einen Exportüberschuss gab.
2. Erklärt, warum der deutsche Handelsüberschuss teilweise auch kritisch gesehen wird.

Die Zahlungsbilanz

Wie aber stellt man fest, wie sich Im- und Exportbeziehungen entwickeln? Alle wirtschaftlichen Transaktionen (Güterströme und Geldströme), die zwischen dem Inland (Personen und Unternehmen mit Sitz im Inland) und dem Ausland in einem bestimmten Zeitraum erfolgen, werden in der Zahlungsbilanz registriert.

So wie ein privater Haushalt Buch über seine Einnahmen und Ausgaben führt oder ein Unternehmen einen Jahresabschluss mit einer Gewinn- und Verlustrechnung erstellt, muss auch in einem Staat mit einer offenen Volkswirtschaft über die Einnahmen und Ausgaben Buch geführt werden. Für den internationalen Güterhandel werden alle Vorgänge in der Zahlungsbilanz erfasst. In der Zahlungsbilanz werden also alle wirtschaftlichen Transaktionen registriert, die zwischen dem Inland (Personen und Unternehmen mit Sitz im Inland) und dem Ausland in einem bestimmten Zeitraum erfolgen. Sie dokumentiert keine Bestandsgrößen, sondern ist eine Stromgrößenrechnung. In Deutschland wird die aktuelle Zahlungsbilanz regelmäßig von der Bundesbank berechnet und veröffentlicht. Dabei werden auch weitere Analysen und bestimmte Teilberechnungen (z. B. Zahlungsbilanz zu einzelnen Ländern) bereitgestellt. Die Abbildung zeigt den Aufbau einer Zahlungsbilanz.

Aufbau einer Zahlungsbilanz

		Kapitalimporte	Kapitalexporte
Leistungsbilanz	Handelsbilanz	Warenexporte	Warenimporte
	Dienstleistungsbilanz	Dienstleistungsexporte	Dienstleistungsimporte
	Bilanz der Erwerbs- und Vermögenseinkommen	erhaltene Erwerbs- und Vermögenseinkommen	geleistete Erwerbs- und Vermögenseinkommen
	Bilanz der laufenden Übertragungen	empfangene Übertragung	geleistete Übertragung
Vermögensbilanz		empfangene Schenkungen, Erbschaften	geleistete Schenkungen, Erbschaften
Kapitalbilanz		Kapitalimporte – Zunahme von Verbindlichkeiten – Verringerung von Forderungen	Kapitalexporte – Zunahme von Forderungen – Verringerung von Verbindlichkeiten
Devisenbilanz		Verringerung des Devisenbestandes der Zentralbank	Erhöhung des Devisenbestandes der Zentralbank

1. Erklärt in eigenen Worten den Aufbau der Zahlungsbilanz. Nehmt den Text und die Grafik zu Hilfe.

LERNBILANZ

Lernbilanz

Am Ende dieses Kapitels hast du gelernt,

- *wie Unternehmen den drei Wirtschaftssektoren und unterschiedlichen Branchen zugeordnet werden können,*
- *welche Schlüsselbranchen es in Niedersachsen gibt und wie sich diese untersuchen lassen,*
- *wie sich der regionale Arbeits- und Ausbildungsmarkt näher untersuchen lässt,*
- *warum eine gut ausgebaute Logistikinfrastruktur wichtig ist und*
- *welche Bedeutung der internationale Handel für Niedersachsen und die einzelnen niedersächsischen Regionen hat.*

Mit den folgenden Aufgaben kannst du deine Kompetenzen überprüfen.

1. Nenne die drei Wirtschaftssektoren.

2. Stelle den Weg eines Brotes vom Anbau des Getreides bis zu deinem Frühstückstisch dar und zähle auf, welche Wirtschaftssektoren daran beteiligt sind.

3. Erkläre mit eigenen Worten, was eine Branche ist.

4. Beschreibe die beiden abgebildeten Schlüsselbranchen aus Niedersachsen näher.

5. Erläutere die Aufgabe der Zahlungsbilanz.

6. Analysiere mithilfe nachfolgender Grafik, welche Branchen für den deutschen Export eine hohe Bedeutung haben. Recherchiere Unternehmen aus deiner Region, die in einer diesen Branchen tätig sind.

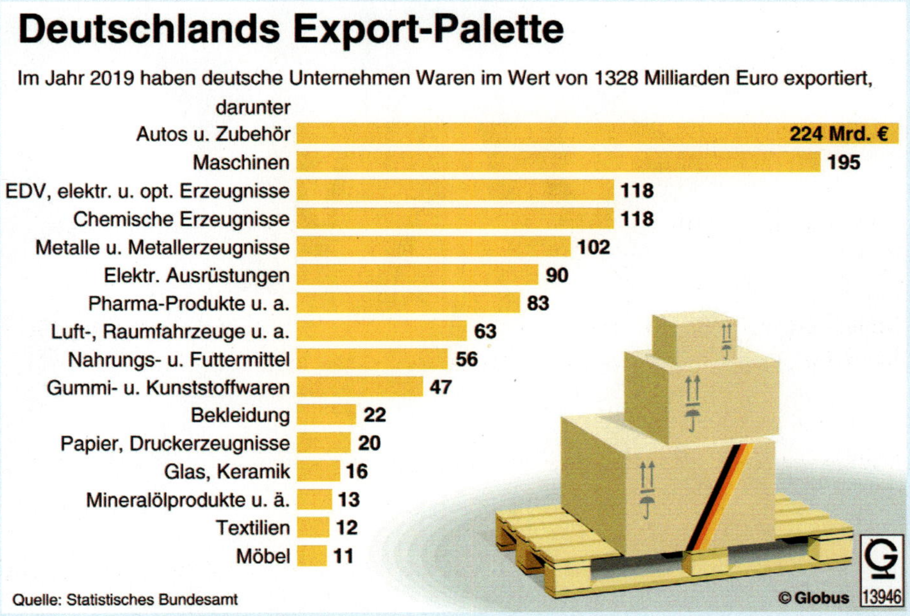

7. Analysiere die nachfolgende Grafik. Setze dich damit auseinander, wie es zu solch großen Unterschieden in der Leistungsbilanz kommen kann.

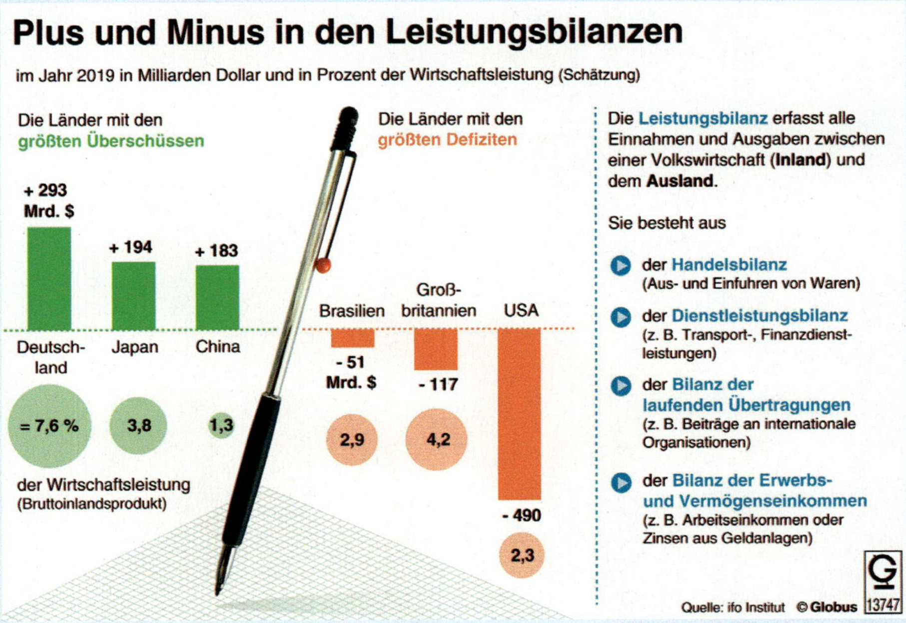

praxis

In diesem Kapitel lernt ihr,

- welche Zahlungsmöglichkeiten es beim Online-Shopping gibt,
- was bei Online-Zahlungen zu beachten ist,
- was zu beachten ist, wenn ihr einen Kredit benötigt,
- welche Risiken dabei zu beachten sind und
- wie man bei der Kreditaufnahme am besten vorgeht.

VII E-COMMERCE UND KREDITE

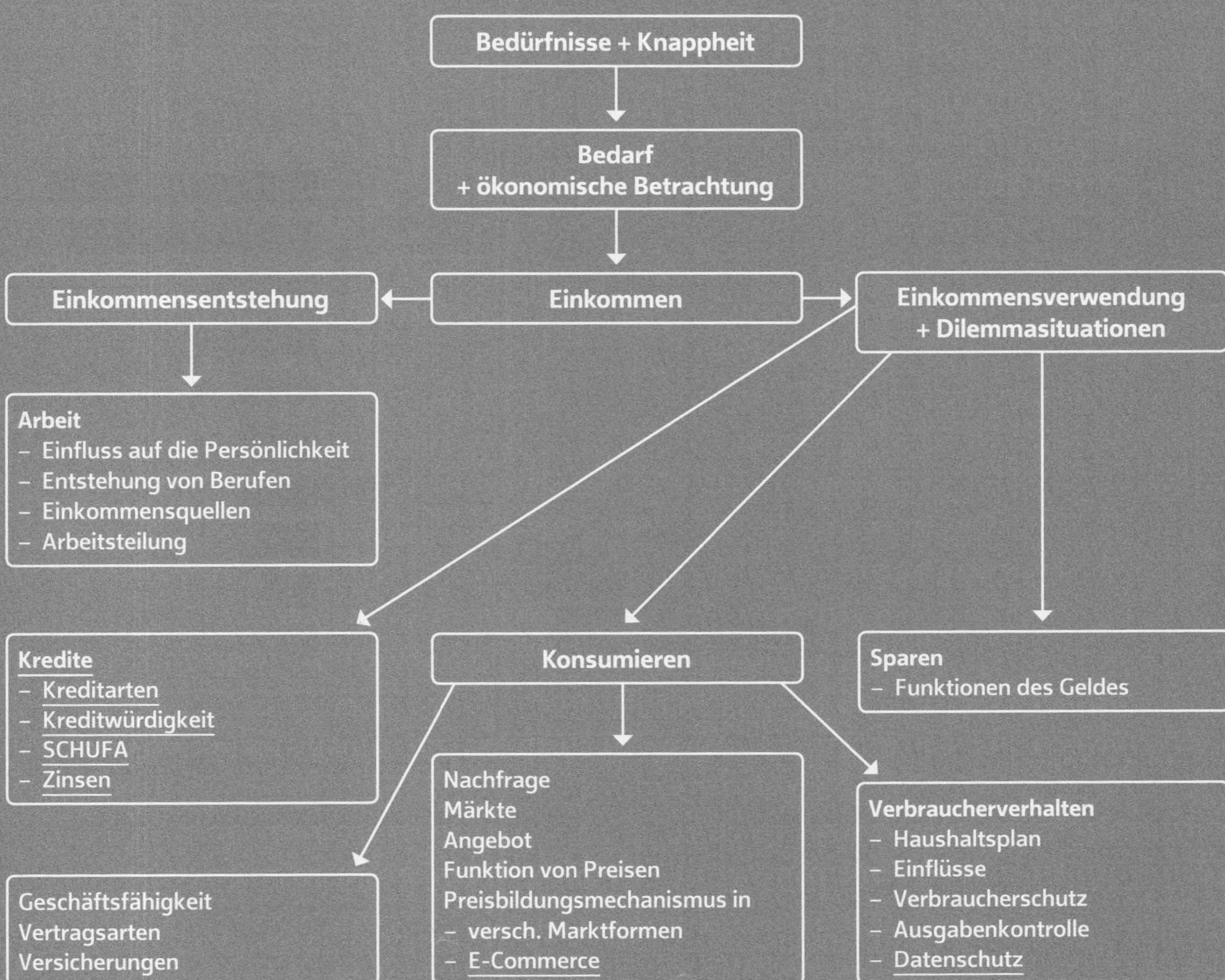

1 Einkaufen im Internet

Marktplatz Internet: E-Commerce

B Xinwei sitzt am Samstagnachmittag vor dem Fernseher und guckt Fußball. In einer Werbepause wird für neue Bluetooth-Ohrhörer geworben. Gern würde sich Xinwei diese gleich am Montag kaufen, weil seine alten Ohrhörer gerade kaputt gegangen sind. Oder wäre es auch eine Möglichkeit, die Ohrhörer schon heute im Internet zu bestellen? Wie teuer werden die Ohrhörer sein? Und gibt es Preisunterschiede beim Kauf im Internet? Wie kann er die Ohrhörer bei einer Bestellung im Internet denn eigentlich bezahlen? Xinwei überlegt sich, wie er nun am besten an die Ohrhörer kommt. ■

E-Commerce
Alle Arten von Geschäften, die auf elektronischem Wege abgewickelt werden, werden unter dem Begriff E-Commerce zusammengefasst. Eine Anfrage per E-Mail oder der Kauf eines Artikels im Onlineshop fallen ebenso unter den Begriff E-Commerce wie Onlinebanking oder der Kundenservice per Chat. Hinzu kommen Auktions- und Verkaufsplattformen, die in den letzten Jahren zunehmend an Bedeutung gewonnen haben. Auch digitale Videostreaming-Angebote und der Kauf von Apps für PC, Smartphone oder Tablet zählen zum E-Commerce. Der Bereich E-Commerce gehört zu den am schnellsten wachsenden Wirtschaftsbereichen in Deutschland.

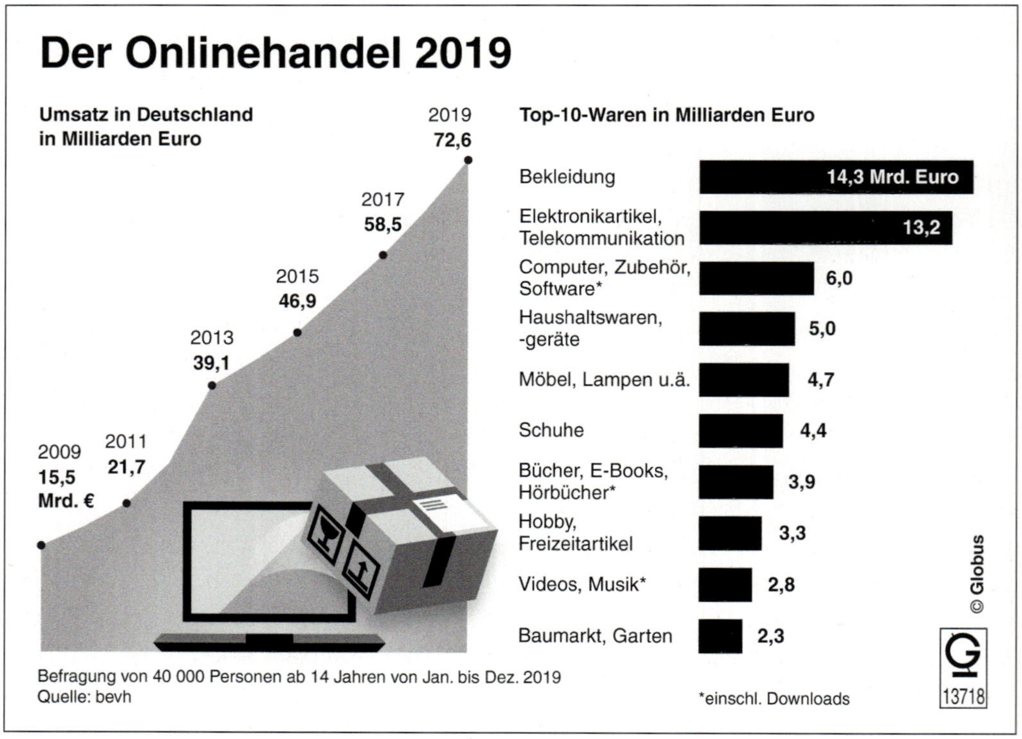

1. Beschreibt mithilfe der Grafik, wie sich der Umsatz des Online-Handels in den letzten Jahren in Deutschland entwickelt hat.
2. Vergleicht die Top-10-Liste mit euren eigenen Einkaufsgewohnheiten.
3. Diskutiert, warum die genannten Top-10-Waren so häufig online bestellt werden.

▸ Online-Shopping

▸ Lieferung bis an die Haustür

Vorteile und Nachteile des E-Commerce

Der Boom des E-Commerce in den letzten Jahren ist u. a. darauf zurückzuführen, dass der E-Commerce sowohl den anbietenden Unternehmen als auch den Konsumentinnen und Konsumenten eine Vielzahl von Vorteilen bietet. Vorteilhaft für die anbietenden Unternehmen ist, dass diese für die Kundschaft jederzeit über das Internet erreichbar sind und das weltweit, 24 Stunden am Tag und sieben Tage die Woche. Direkt per Mausklick oder Berührung auf dem Touchscreen des Smartphones oder Tablets kann ein An- oder Verkauf ohne zeitliche Verzögerung erfolgen. Weitere Absatzmärkte können erschlossen, eine größere Zielgruppe erreicht und der Umsatz gesteigert werden.

Die Konsumentinnen und Konsumenten hingegen können unabhängig von den normalen Ladenöffnungszeiten im Internet einkaufen und dadurch Zeit und Kosten sparen. Durch Preisvergleiche kann schnell und unkompliziert das kostengünstigste Angebot gefunden werden. Auch bieten mittlerweile viele Firmen Bewertungen von Kundinnen und Kunden und andere Mittel und Wege an, um zu einer optimalen Kaufentscheidung zu kommen. Hier gilt es aber, darauf aufzupassen, nicht auf geschönte oder gefälschte Bewertungen hereinzufallen.

Aber es kann auch zu Schwierigkeiten kommen: Für die anbietenden Unternehmen können Marktanteile leichter verloren gehen. Da die gesamte Kommunikation online abgewickelt wird, haben sie es mit anonymen, für sie unbekannten Kundinnen und Kunden zu tun. Deshalb versuchen sie, die Kundschaft an sich zu binden, etwa indem sie einen Rabatt für das Abonnieren eines Newsletters einräumen. Bei bestimmten Zahlungsarten müssen die Online-Händler außerdem ein gewisses Zahlungsrisiko in Kauf nehmen.

Die Konsumentinnen und Konsumenten hingegen verzichten z. B. beim Online-Shopping auf einen persönlichen Kontakt mit Verkäuferinnen und Verkäufern. Das Produkt wird in der Regel nicht am gleichen Tag geliefert (auch wenn es bei bestimmten Produktgruppen/Unternehmen Ausnahmen gibt, die aber häufig höhere Liefergebühren nach sich ziehen). Die Produkte kann man nicht aus- oder anprobieren (z. B. bei Kleidung), sodass man eventuell Aufwand mit einer Rücksendung hat. Auch kann es Probleme bei der Zustellung der bestellten Produkte geben, etwa wenn diese in einer weit entfernten Post- oder Paketshop-Filiale abgegeben werden. Zudem besteht das Risiko auf unseriöse Online-Händler zu stoßen, die am Ende die versprochene Ware gar nicht liefern.

1. Erläutert, warum auf dem Online-Marktplatz Marktanteile leicht verloren gehen können.

▸ Große Internetkonzerne können unzählige Daten miteinander verknüpfen.

E-Commerce und Datenschutz

Beim E-Commerce spielt Datenschutz eine große Rolle. Die meisten Menschen legen Wert darauf, dass ihre Daten von den Online-Händlern und anderen Online-Unternehmen geschützt werden. Das umfasst zum einen die Einhaltung rechtlicher Vorgaben, etwa der Datenschutz-Grundverordnung. Diese regelt u. a., zu welchen Zwecken und in welchem Umfang Unternehmen Daten von Kundinnen und Kunden erheben, speichern und verarbeiten dürfen. Auch Auskunftsrechte und Widerspruchsmöglichkeiten sind geregelt. So hat man etwa das Recht, eine Übersicht der über einen selbst gespeicherten Daten zu verlangen und kann diese ggf. berichtigen lassen, etwa wenn der eigene Name falsch geschrieben ist. Unter Umständen hat man auch einen Lösch- bzw. Sperranspruch. Im Falle einer Sperrung dürfen die Daten beispielsweise nicht mehr für Zwecke der Markt- und Meinungsforschung verwendet werden.

Aber auch die technische Sicherung von Daten ist ein Teil des Datenschutzes im E-Commerce. So ist es beispielsweise unerlässlich, dass sensible Zahlungsdaten verschlüsselt übertragen werden. Aber auch die unternehmensinternen Datenbanken müssen technisch abgesichert werden, sodass Kriminelle diese nicht widerrechtlich kopieren und weiterverkaufen können.

Kundinnen und Kunden können ebenfalls dazu beitragen, ihre Daten zu schützen. So sollte beim Anlegen von Online-Accounts z. B. stets ein starkes Passwort gewählt werden. Auch sollte vor dem Eingeben persönlicher Daten geprüft werden, ob es sich um einen seriösen Online-Anbieter handelt (etwa durch Prüfung des Impressums).

1. Recherchiert online, welche Rechte euch die Datenschutz-Grundverordnung einräumt und wie ihr diese wahrnehmen könnt.
2. Interpretiert die abgebildete Karikatur.
3. Recherchiert online, wie man seriöse und unseriöse Online-Shops unterscheiden kann.

‣ Online-Zahlung per Kreditkarte

Zahlverfahren beim E-Commerce

Je nach Unternehmen können die Zahlungsmöglichkeiten, die man für die im Internet erworbenen Waren und Dienstleistungen wählen kann, unterschiedlich sein. Häufig werden dabei die klassischen Zahlungsarten Rechnung, Bankeinzug, Vorkasse oder Nachnahme angeboten. Aber auch elektronische Bezahlverfahren, wie die Zahlung per Kreditkarte oder Internetbezahlsysteme, beispielsweise PayPal, Klarna oder Paydirekt, werden häufig angeboten.

Die verschiedenen Zahlverfahren haben verschiedene Vor- und Nachteile, sowohl für die Unternehmen als auch deren Kundinnen und Kunden. So ist beispielsweise die Zahlung per Vorkasse vorteilhaft für Online-Händler, weil sie auf jeden Fall ihr Geld bekommen und weil keine zusätzlichen Gebühren anfallen. Für Kundinnen und Kunden ist die Zahlung per Vorkasse jedoch mit mehreren Nachteilen verknüpft: So müssen sie meist warten, bis ihre Überweisung angekommen ist, sodass das Produkt versandt wird. Außerdem müssen sie dem Unternehmen vertrauen, dass es das bestellte Produkt auch wirklich verschickt.

Bei anderen Zahlverfahren sieht dies wiederum anders aus. Die Zahlung per PayPal oder Paydirekt beispielsweise geht schnell. Das Geld ist sofort beim Online-Händler, sodass dieser die Ware auch so schnell wie möglich versenden kann. Auch versprechen beide Zahlungsanbieter, den Kundinnen und Kunden unter gewissen Umständen einen „Käuferschutz" anzubieten, etwa wenn versprochene Ware nicht versandt wird. Dann soll gezahltes Geld schnell und unkompliziert zurückerstattet werden. Die Nachteile dieser Zahlverfahren sind jedoch die anfallenden Kosten, die der Online-Händler begleichen muss – und dann wahrscheinlich auf alle Kundinnen und Kunden umlegt.

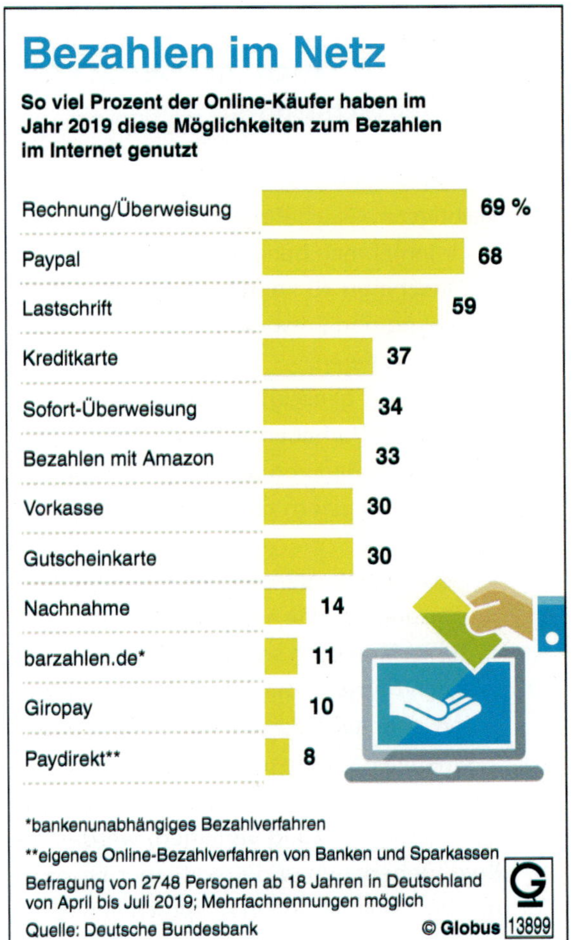

1. Erstellt eine Übersicht über die Vor- und Nachteile der gängigen Zahlverfahren.
2. Nehmt Stellung dazu, welche Zahlverfahren ihr beim Einkaufen im Internet bevorzugen würdet und begründet eure Meinung.

‣ Kredite werden z. B. für den Konsum, für Produktionsgüter oder für Staatsausgaben aufgenommen.

2 Der Kauf eines Kredites

Kredite: Ein wichtiger Bestandteil des Wirtschaftens

Banken vergeben Kredite. Dies ist eines ihrer wichtigsten Geschäftsfelder.

- Unternehmen benötigen Kredite, um z. B. Maschinen zu kaufen oder in die Erforschung und Entwicklung neuer Produkte zu investieren.
- Der Staat benötigt Kredite, um damit öffentliche Vorhaben zu finanzieren. Hierzu zählt der Bau von Schulen, Straßen oder Krankenhäusern oder auch deren Sanierung.
- Die Mitglieder der privaten Haushalte nehmen auch Kredite auf. Die Gründe sind vielseitig. Man kann sehr große Vorhaben wie einen Hausbau mit einem Kredit finanzieren, aber auch kleinere Anschaffungen wie einen neuen Fernseher.

Diejenigen, die Geld verleihen, werden als Kreditgeberinnen und Kreditgeber bezeichnet. Wer einen Kredit in Anspruch nimmt, ist eine Kreditnehmerin oder ein Kreditnehmer.

Grundbegriffe „rund um den Kredit“

Wer einen Kredit aufnimmt, muss an die Bank nicht nur den geliehenen Betrag zurückzahlen, sondern darüber hinaus auch Zinsen. Die Rückzahlung des Kredites ohne Zinsen, also des eigentlich geliehenen Betrages, bezeichnet man als Tilgung.

Wie viele Zinsen die Kreditnehmerinnen und Kreditnehmer zahlen müssen, hängt vom sogenannten Zinssatz ab. Der Zinssatz ist der Preis für die Überlassung von Geld, den die Kreditnehmerinnen und Kreditnehmer zahlen müssen. Er wird in Prozent ausgedrückt und in der Regel pro Jahr (man schreibt p. a.) angegeben. Bei Zinsen wird zwischen Nominal- und Effektivzinssatz unterschieden.

Der Nominalzins ist der auf einen Kredit bezogene Prozentsatz, mit dem der Kredit verzinst wird. Der Effektivzins berücksichtigt die tatsächlich anfallenden Kosten für einen Kredit. Er beinhaltet neben dem Nominalzins auch die Bearbeitungsgebühren (meistens zwischen 1 und 3 % der Kreditsumme) oder die Provision. Bei Kreditangeboten in der Werbung muss der Zinssatz als effektiver Jahreszins angegeben werden. Verlangt die Bank, dass eine Restschuldversicherung zwingend abgeschlossen werden muss, damit der Kredit vergeben werden kann, müssen die Kosten für diese Versicherung in den effektiven Jahreszins eingerechnet werden.

Eine Restschuldversicherung wird mit einer Versicherungsgesellschaft abgeschlossen. Falls die Kreditnehmerin oder der Kreditnehmer z. B. wegen Krankheit, Arbeitslosigkeit oder Tod den Kredit nicht zurückzahlen kann, springt diese Versicherung ein. Es gibt aber je nach Versicherungsvertrag Ausnahmen, bei denen die Versicherung nicht zahlen muss. Restschuldversicherungen stehen wegen ihrer hohen Kosten und hoher Provisonen, die Kreditinstitute für ihre Vermittlung bekommen, in der Kritik.

Die Höhe der Zinsen ist von vielen Faktoren abhängig. Dazu gehören u. a. die Art des Kredites und die Laufzeit. Die Höhe der Zinsen hängt auch von weiteren Faktoren ab. So unterscheiden sich die Konditionen bei Zinsen und Gebühren nach der persönlichen Lebenssituation der Kreditnehmerin oder des Kreditnehmers. Die genauen Konditionen eines Kredites lassen sich daher nicht direkt aus den Angaben in der Werbung ablesen. Es ist notwendig, Kreditangebote von verschiedenen Banken einzuholen und zu vergleichen.

Zwar sind die Kreditkosten meistens niedriger, wenn die Laufzeit kürzer ist, allerdings steigt damit auch die monatlich zu zahlende Rate. Bei der Kreditaufnahme sollte daher genau darauf geachtet werden, dass die Ratenhöhe den finanziellen Spielraum nicht zu stark einschränkt. Die Ratenzahlungen fallen nämlich nicht nur über wenige Wochen an. Kreditverträge haben meistens eine Laufzeit über viele Monate bis hin zu mehreren Jahren. Während dieser Zeit müssen die Raten jeden Monat bezahlt werden. Das gilt auch, wenn sich die Einnahmesituation geändert hat. Wenn z. B. die Kreditnehmerin oder der Kreditnehmer den Arbeitsplatz verliert oder eine unerwartet teure Autoreparatur bezahlen muss, sind die Raten trotzdem weiterhin zu zahlen.

Der Kreditvertrag

Kreditverträge können schriftlich, aber auch online abgeschlossen werden. Im Vertrag werden die Kredithöhe, die Laufzeit, die Kosten und die Sicherheiten für den Kredit geregelt. Die Kreditnehmerin oder der Kreditnehmer muss die vereinbarten Ratenzahlungen leisten. Sie oder er hat aber bei Verbraucherkrediten die Möglichkeit, den Kredit vorzeitig zu kündigen und die Summe auf einmal zurückzuzahlen. In einem solchen Fall darf das Kreditinstiut allerdings eine Vorfälligkeitsentschädigung fordern, da ja eigentlich eine längere Laufzeit vereinbart war.

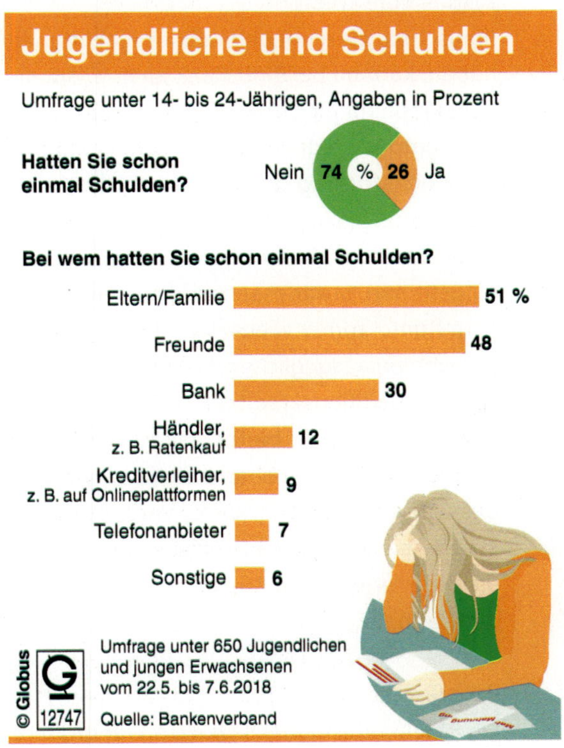

1. Nennt und erklärt die wichtigsten Grundbegriffe „rund um den Kredit".
2. Nehmt Stellung dazu, welche Vorteile Kredite für Konsumentinnen und Konsumenten, Unternehmen und den Staat haben können, aber auch, welche Nachteile eine Kreditaufnahme bergen kann. Bezieht die abgebildete Grafik ein.

- Dispositionskredite für kurzfristige Engpässe, z. B. überraschende Gesundheitskosten

- Ratenkredite für größere Ausgaben, z. B. ein neues Auto

- Immobilienkredite z. B. für eine Eigentumswohnung

Kreditarten

Kreditnehmerinnen und Kreditnehmer haben die Wahl zwischen verschiedenen Kreditarten. Die Art des Kredits ist abhängig davon, was finanziert werden soll und ob kurzfristige, mittelfristige oder langfristige Vorhaben finanziert werden sollen. Folgende Kreditarten werden unterschieden:

Dispositionskredit
Menschen, die ein regelmäßiges Einkommen haben, können bei ihrer Bank einen Dispositionskredit für ihr Girokonto beantragen. Das Girokonto kann dann bis zu einem bestimmten Höchstbetrag überzogen werden, also ins „Minus“ (Soll) gehen. Für einen Dispositionskredit gibt es keinen festen Rückzahlungstermin. Stattdessen wird das Minus auf dem Konto immer wieder mit den laufenden Einnahmen ausgeglichen. Nachteilig ist, dass beim Dispositionskredit mit hohen Zinsen zu rechnen ist. Daher bietet sich dieser Kredit eher für kurzfristige finanzielle Engpässe an. Besser ist es, ganz darauf zu verzichten und stattdessen eine kleine Rücklage aufzubauen, die bei unerwarteten Ausgaben genutzt werden kann.

Ratenkredit
Ein Ratenkredit eignet sich, wenn für größere Anschaffungen Geld benötigt wird. Für diese Kreditart wird eine bestimmte Kreditsumme, ein fester Zinssatz und eine monatliche Rückzahlungsrate vereinbart. Der Ratenkredit hat in der Regel eine Laufzeit von maximal 72 Monaten.

Immobilienkredit
Für den Kauf eines Grundstückes, einer Wohnung oder eines Hauses eignet sich ein Immobilienkredit. Meistens muss schon eine bestimmte Summe angespart worden sein, um diesen Kredit zu erhalten. Das angesparte Geld wird als Eigenkapital bezeichnet. Den übrigen Teil der benötigen Summe verleiht dann die Bank an die Kundinnen und Kunden, damit die Immobilie gekauft werden kann. Als Sicherheit dient häufig die gekaufte Immobilie.

Da für Immobilien hohe Summen als Kredit aufgenommen werden, haben Immobilienkredite in der Regel eine lange Laufzeit von 20 oder 30 Jahren. Eine wichtige Frage bei Immobilienkrediten ist, ob der vereinbarte Zinssatz über die gesamte Laufzeit gilt. Ansonsten besteht die Gefahr, dass sich der Zinssatz z. B. nach zehn Jahren erhöht und man sich die monatliche Rate nicht mehr leisten kann. Wegen der langen Laufzeit, sollte bei der Aufnahme eines Immobilienkredites die eigene finanzielle Situation gründlich analysiert und nicht beschönigt werden. Im schlimmsten Fall droht sonst die Zwangsversteigerung der Immobilie und die Privatinsolvenz.

1. Begründet, warum viele Verbraucherschützerinnen und Verbraucherschützer empfehlen, den Dispositionskredit am besten nie in Anspruch zu nehmen.

‣ Kreditverkaufsgespräch in einer Bank

‣ Vor der Unterschrift unter einen Kreditvertrag gilt es, die eigenen finanziellen Voraussetzungen genau zu prüfen.

Der Weg zum Ratenkredit

1. Schritt: Was wird benötigt?
Vor der Aufnahme eines Ratenkredites sollte genau überlegt werden, wie viel Geld benötigt wird. Auch kann noch einmal überlegt werden, ob ein Ratenkredit sinnvoll ist oder ob es auch möglich ist, die Summe zusammenzusparen.

2. Schritt: Informieren
Vor dem ersten Kontakt mit dem Kreditinstitut sollten schon Informationen zum angestrebten Kredit eingeholt werden. Unabhängige Informationen bieten u. a. die Stiftung Warentest und die Verbraucherzentralen an. Auch ein Vergleich im Internet kann helfen, um eine ungefähre Vorstellung der möglichen Kosten, Zinssätze usw. zu erlangen.

3. Schritt: Erstellung eines Haushaltsplans
Es ist notwendig, sich einen genauen Überblick über die eigenen monatlichen Einnahmen und Ausgaben zu machen. Entsprechende Fragen des Kreditinsituts müssen ehrlich beantwortet werden.

4. Schritt: Ermittlung der Ratenhöhe
Bei der Ermittlung der Ratenhöhe sollte genau überlegt werden, wie hoch sie monatlich sein darf. Höhere Raten bedeuten zwar weniger Zinsen, schränken allerdings auch die finanziellen Spielräume stärker ein.

5. Schritt: Sicherheit
Welche Sicherheiten kann man der Bank anbieten?

6. Schritt: Termin vereinbaren/Online-Antragsprozess vorbereiten
Beim Vereinbaren eines Termins bei der Bank sollte gefragt werden, welche Unterlagen mitgebracht werden sollen. Bei Online-Banken sollte genau recherchiert werden, welche Unterlagen benötigt werden, ehe der Online-Antragsprozess durchlaufen wird (z. B. beim Kundenservice erfragen).

1. Nennt mindestens vier verschiedene Anbieter von Finanzinformationen und beschreibt deren Interessen.
2. Beurteilt die Aussagekraft der Finanzinformationsquellen in Bezug auf euer Ziel, ein gutes Kreditangebot zu finden.
3. Beschreibt, was bei einer Kreditaufnahme auf jeden Fall zu bedenken ist.
4. Diskutiert, für welche Güter eine Kreditaufnahme nicht empfehlenswert ist.

Die SCHUFA

1927 wurde die erste „Schutzgemeinschaft für allgemeine Kreditsicherung", kurz SCHUFA, gegründet. Seit 2000 sind die vorherigen acht SCHUFA-Gesellschaften in der SCHUFA HOLDING AG vereint. Die meisten Menschen in Deutschland, die ein Girokonto besitzen, sind bei der SCHUFA registriert. Die SCHUFA ist eine Gemeinschaftseinrichtung von Wirtschaftsunternehmen, die ihren Kundinnen und Kunden Geld- oder Warenkredite gewähren, wie Banken und Sparkassen, Telekommunikationsunternehmen, Versandhäuser, Internethandelsunternehmen, Vermieterinnen und Vermieter und Kreditkartengesellschaften. Ziel der SCHUFA ist es, ihre Vertragspartner vor Kreditausfällen zu schützen.

Alle Kundendaten, die bei der Kreditvergabe eine Rolle spielen, wie persönliche Daten, Angaben über bereits getätigte Kreditgeschäfte und Angaben über das Zahlungsverhalten der jeweiligen Person, werden deshalb an die SCHUFA gemeldet, wo sie bei Bedarf von anderen Unternehmen angefordert werden können. Ausgenommen sind Auskünfte über Einkommens- und Vermögensverhältnisse. Die SCHUFA entnimmt auch Angaben aus öffentlichen Verzeichnissen und amtlichen Bekanntmachungen. Hierzu zählen Eintragungen wie ein Haftbefehl zur Erzwingung der eidesstattlichen Versicherung oder die Eröffnung eines privaten Insolvenzverfahrens. So können z. B. Banken, bevor sie einen Ratenkredit einräumen, feststellen, ob die Kundin oder der Kunde schon bei anderen Geldinstituten Kredite oder Kreditlimits hat und ob sie oder er diese problemlos zurückzahlt.

Für die Kreditnehmerinnen und Kreditnehmer kann das einerseits ein Vorteil sein, da durch die SCHUFA-Auskunft die eigene Kreditwürdigkeit schnell und unbürokratisch zu beweisen ist. Andererseits kommt es nicht selten vor, dass die eingetragenen Daten falsch bzw. veraltet sind. Das kann etwa dann passieren, wenn ein der SCHUFA gemeldetes Darlehen nicht tatsächlich in Anspruch genommen wurde oder wenn ein Kredit mittlerweile abbezahlt ist, ohne dass die SCHUFA davon unterrichtet wurde. Wenn ein beantragter Kredit also ohne Angabe von Gründen nicht gewährt wurde, ist es sinnvoll, bei der SCHUFA Einsicht in die gespeicherten Daten zu nehmen.

Am 25. Mai 2018 trat in der gesamten EU die Datenschutz-Grundverordnung in Kraft. Sie regelt u. a., dass die SCHUFA die gespeicherten persönlichen Daten offenlegen muss. Sie muss auch erklären, nach welchen Maßstäben die Kreditwürdigkeit von Konsumentinnen und Konsumenten beurteilt wird. Man kann eine Selbstauskunft kostenlos bei der SCHUFA anfordern. Die Daten sollten genau angesehen werden. Verbraucherinnen und Verbraucher haben nämlich die Möglichkeit, fehlerhafte Eintragungen und Einstufungen korrigieren zu lassen. Neben der SCHUFA gibt es auch noch andere Auskunfteien. Man kann sich z. B. bei den Verbraucherzentralen informieren, wo es sich abgesehen von der SCHUFA noch lohnt, Selbstauskünfte gemäß der Datenschutz-Grundverordnung anzufordern. Am besten tut man dies regelmäßig, etwa jährlich.

▸ Beim Beantragen einer Kreditkarte wird von dem kartenausgebenden Unternehmen meist der SCHUFA-Score abgefragt.

Was ist zu tun, wenn Angaben in der SCHUFA stehen, die nicht korrekt sind?
Ein falscher Eintrag bei der SCHUFA kann die Kreditwürdigkeit verschlechtern. Dazu kann es z. B. kommen, wenn eine Kundin oder ein Kunde bei der Bank die Konditionen für einen Kredit erfragen möchte und die oder der Bankangestellte bei der SCHUFA-Anfrage das falsche Merkmal angibt. In solchen Fällen sollte man sich an die SCHUFA wenden, damit diese sich um die Korrektur der Daten kümmert. Falls dieser Weg erfolglos ist, sollte man sich direkt an das Unternehmen (z. B. die Bank) wenden, welches für den falschen Eintrag verantwortlich ist.

Welche Angaben werden wann gelöscht?
Die SCHUFA speichert Daten positiver und negativer Art, die durch Vertragspartner gemeldet bzw. aus öffentlichen Schuldnerverzeichnissen der Amtsgerichte entnommen werden. Diese Daten unterliegen je nach Zugehörigkeit unterschiedlichen Lösch-Fristen. Werden Angaben über Giro- und Kreditkartenkonten ab Mitteilung über die Auflösung des Kontos gelöscht, unterliegen Angaben über Kredite und Informationen aus Schuldnerverzeichnissen einer Frist von drei Jahren. Nach dieser Frist werden die Angaben gelöscht.

Was ist eigentlich Scoring?
Das Score-Verfahren wurde von der SCHUFA 1996 eingeführt. Score ist das englische Wort für Punktzahl. Bei diesem Verfahren wird mathematisch berechnet, wie hoch das Risiko z. B. für ein Kreditunternehmen ist, einen Kredit an eine Privatperson zu vergeben. Durch dieses Verfahren versucht die SCHUFA, die Möglichkeit nachteiliger Vertragsverläufe vorauszusagen. Dazu werden Angaben aus Millionen anonymisierter Kreditverträge berücksichtigt und daraus eine Einteilung in Personengruppen ermittelt. Die Klassifizierungen werden ständig auf ihre Gültigkeit überprüft. Ein Score ist also nichts anderes als die streng systematisierte und kontrollierte Erfahrung aus sehr großen Fallzahlen. Man geht davon aus, dass bei gleichartigen Merkmalskombinationen auch in Zukunft mit einer ähnlichen Risikoverteilung zu rechnen ist wie in der Vergangenheit.

Die SCHUFA weist ihre Scores immer in einer Ziffer zwischen 0 und 1000 aus. Je niedriger die Ziffer ist, desto höher ist das Risiko von Vertragsstörungen wie z. B., dass Kreditraten nicht zurückgezahlt werden. Der errechnete und den kreditgebenden Parteien zur Verfügung gestellte Score stellt nur eine Momentaufnahme dar und wird daher nicht im SCHUFA-Datenbestand gespeichert. Eine Score-Auskunft wird den Vertragspartnern auch immer nur im Zusammenhang mit einer vollständigen Auskunft übermittelt, damit der Vertragspartner alle Angaben bei seiner Kreditentscheidung nutzen kann.

1. Beschreibt, welche Zwecke die SCHUFA für ihre Vertragspartner, aber auch für die Verbraucherinnen und Verbraucher erfüllt.

▸ Anna an ihrem Arbeitsplatz

B Das erste eigene Auto

Anna hat vor vier Monaten ihre Ausbildung zur Tischlerin abgeschlossen und arbeitet nun in ihrem alten Ausbildungsbetrieb. Vor einem Monat hat sie endlich ihre Führerscheinprüfung bestanden und möchte sich nun ein Auto kaufen. Sie hat 2500 € gespart. Leider reicht das nicht für ihr Traumauto. Daher hat sie sich entschieden, zusätzlich einen Kredit über 2500 € aufzunehmen.

Sie verdient netto 1384 €. Sie wohnt mit ihrem Freund zusammen. Ihr Anteil für die Wohnung beläuft sich auf 350 €. Für Lebensmittel gibt sie weitere 170 € aus. Internet und Handy machen rund 35 € im Monat aus. Hinzu kommen Kosten für das Auto, die sie sich allerdings mit ihrem Freund teilen wird. Dafür veranschlagt sie zunächst 250 €. Hobbys und Freizeit kosten sie ca. 80 € im Monat. Für Kleidung/Friseur/Drogerie veranschlagt sie 85 € im Monat.

Anna hat noch nie einen Kredit aufgenommen und möchte sich daher zunächst darüber informieren, was alles bei einer Kreditaufnahme zu bedenken ist. Hierfür hat sie zahlreiche Möglichkeiten. Die verschiedenen Banken und zahlreiche Vergleichsportale im Internet bieten vielfältige Informationen an. Allerdings ist es empfehlenswert, zunächst anbieterunabhängige Informationsquellen zu nutzen, etwa die Angebote der Stiftung Warentest oder der Verbraucherzentralen. ■

1. Erstellt einen Haushaltsplan und berechnet, wie viel Geld Anna am Ende des Monats noch übrig bleibt.
2. Nennt die maximale monatliche Rate, die ihr Anna empfehlen würdet. Begründet eure Antwort.
3. Recherchiert verschiedene Angebote für den Kredit, den Anna benötigt.

▸ Beantragung eines Ratenkredites

Von der Beantragung bis zur Auszahlung des Ratenkredites

Der Kreditantrag

Die antragstellende Person versichert im Kreditantrag, dass ihre Angaben richtig und vollständig sind. Sie erklärt sich in der Regel auch damit einverstanden, dass die Bank Auskünfte bei der SCHUFA über sie einholt.

Die Kreditfähigkeit wird geprüft

Kreditfähig sind diejenigen Personen, die wirksam Kredite abschließen können. Darunter fallen z. B. diejenigen, die nach dem Bürgerlichen Gesetzbuch (BGB) uneingeschränkt geschäftsfähig sind. Wer einen Kredit abschließen möchte, muss also mindestens volljährig sein.

Die Kreditwürdigkeit wird geprüft

Es wird zwischen wirtschaftlicher und persönlicher Kreditwürdigkeit unterschieden. Bei der wirtschaftlichen Kreditwürdigkeit geht es darum, ob die antragstellende Person die finanziellen Möglichkeiten hat, den Kredit zurückzuzahlen. Hierzu werden z. B. Einkommensnachweise herangezogen. Bei der persönlichen Kreditwürdigkeit geht es um die persönliche Zuverlässigkeit. Hierbei wird z. B. untersucht, wie sich der Antragsteller in der Vergangenheit verhalten hat, ob z. B. alle Kreditkartenabrechnungen fristgerecht bezahlt wurden.

Kreditzusage

Die kreditnehmende Person erhält die Zusage über den Betrag. Sie ist damit verpflichtet, den Betrag und die Zinsen zum vereinbarten Zeitpunkt zurückzuzahlen bzw. zu zahlen.

Der Kredit wird bereitgestellt

Der Betrag kann z. B. auf dem Girokonto gutgeschrieben werden.

INFO

Bei einer Bürgschaft verpflichtet sich die Bürgin oder der Bürge, einen Kredit zurückzuzahlen, den eine andere Person abgeschlossen hat, für den Fall, dass diese ihn nicht selbst tilgen kann. So kann es beispielsweise vorkommen, dass die Eltern für Studierende bürgen, wenn diese kein eigenes Einkommen haben und so keinen Mietvertrag oder Autokredit bekommen.

Rollenspiel

Im Mittelpunkt dieses Kapitels steht u. a. die Beantragung eines Kredites. Dafür sind eine Vielzahl von Schritten erforderlich, die sich sehr gut im Rahmen eines Rollenspiels einüben lassen.

1 Informationsphase

Anna möchte einen Kredit aufzunehmen. Sie hat sich im Internet über Ratenkredite informiert und einen Termin bei einer Bank vereinbart.

2 Vorbereitungsphase

Anna wird alleine zum Gespräch fahren und hat die notwendigen Unterlagen dabei. Diejenigen, die nicht beim Rollenspiel mitspielen, sollten dieses aufmerksam verfolgen und beobachten, ob die folgenden Punkte im Beratungsgespräch beachtet wurden:
- Der Ratenkredit wird in Monatsraten zurückgezahlt. Wie ist die Zusammensetzung der monatlichen Raten (Tilgung, Zinsen, Gebühren)?
- Angabe des effektiven Jahreszinses
- Restschuldversicherung: Welche Kosten entstehen und welche Risiken werden durch die Restschuldversicherung abgesichert?
- Inhalt des Kreditantrags
- Einverständniserklärung zum SCHUFA-Verfahren
- Prüfung der wirtschaftlichen und persönlichen Kreditwürdigkeit
- Kreditzusage
- Bereitstellung des Kredits
- Entscheidung: Wurde Anna von der Beraterin oder vom Berater zur Entscheidung gedrängt? Wurden „Androhungen“ wie schlechtere Konditionen bei einer späteren Entscheidung gemacht?

3 Rollenspielphase

Eine Schülerin oder ein Schüler und eine Bankberaterin oder ein Bankberater führen das Rollenspiel durch. Die anderen Schülerinnen und Schüler füllen den Beobachtungsbogen aus.

4 Diskussionsphase

Die Klasse diskutiert die Beobachtungen, die während des Rollenspiels gemacht wurden. Hierbei sollte vor allem überlegt werden, welche Punkte die Bankberaterin oder der Bankberater angesprochen hat und wie sie oder er sich bei Fragen von Anna verhalten hat. Welche Punkte hätte Anna noch ansprechen sollen?

5 Ergebnisphase

Die Ergebnisse der Diskussion werden z. B. an der Tafel gesammelt.

6 Generalisierungsphase

Welche Schlussfolgerungen können aus dem Rollenspiel getroffen werden? Wie sollte man sich in einem Beratungsgespräch verhalten?

7 Transferphase

Die Schülerinnen und Schüler können die gewonnenen Kenntnisse anwenden.

INFO

Der Begriff „Bankberater/-in“ kann kritisch gesehen werden, da es meist um ein Verkaufsgespräch geht.

1. Ladet eine Bankberaterin oder einen Bankberater in die Schule ein und führt mit ihr oder ihm das Rollenspiel durch.
2. Nennt die Unterlagen, die Anna mit zum Gespräch nehmen sollte.
3. Notiert, was ihr außerdem bei einem Beratungsgespräch bedenken solltet.

Risiko Überschuldung

Menschen, die einen Kredit aufnehmen, verschulden sich. Das ist im Grunde nicht schlimm, sondern kann in manchen Situationen ein notwendiges Instrument sein. Zum Beispiel ist es für die meisten Menschen nicht möglich, ein Haus zu kaufen, ohne dafür einen Kredit aufzunehmen. Eine Verschuldung birgt allerdings auch Risiken. Wer den eigenen Zahlungsverpflichtungen, wie beispielsweise den Kreditraten, Versicherungsbeiträgen etc. aus dem laufenden Einkommen trotz persönlicher Einschränkungen nicht mehr nachkommen kann, gilt als überschuldet.

Mögliche Anzeichen einer Überschuldung können Mietrückstände oder auch die Stundung (die vorübergehende Aussetzung) von Kreditraten sein. Die Gründe, weshalb eine Person in eine Überschuldung gerät, sind unterschiedlich. Neben unvorhergesehenen Ereignissen wie Krankheit oder Arbeitslosigkeit kann auch eine mangelnde Fähigkeit im Umgang mit Geld die Ursache einer Überschuldung sein. Ist eine Person in eine Überschuldung geraten oder wünscht generell Hilfe in finanziellen Angelegenheiten, so kann sie sich bei den ortsansässigen Schuldnerberatungsstellen Rat holen. Dort kann sich die betreffende Person auch über das Privatinsolvenzverfahren informieren. Bei diesem Verfahren ist die Schuldnerin oder der Schuldner nach einer Frist von 6 Jahren (unter Umständen auch kürzer) schuldenfrei. Allerdings muss sie oder er in dieser Frist strenge Auflagen erfüllen. In dieser Zeit darf vom eigenen Geld nur so viel behalten werden, wie für das Nötigste gebraucht wird.

▸ Wenn einem die Rechnungen über den Kopf wachsen, sollte man frühzeitig Hilfe holen.

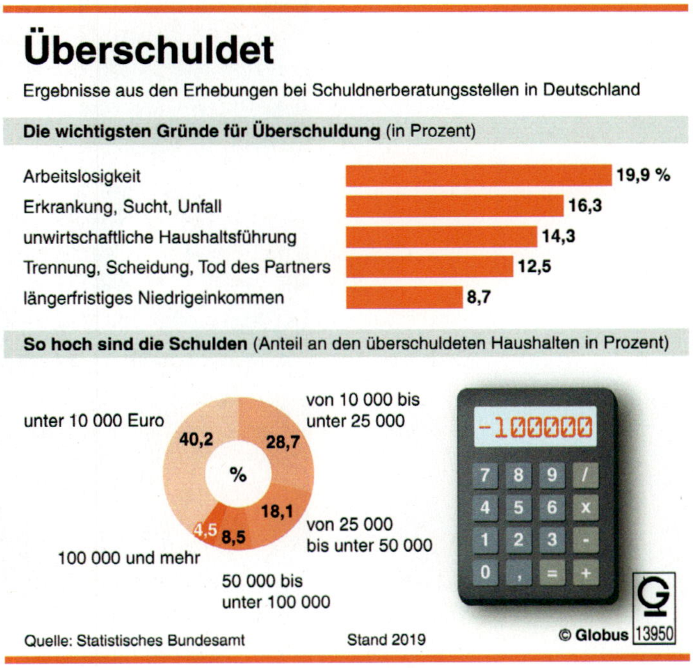

1. Ladet eine Schuldnerberaterin oder einen Schuldnerberater in eure Schule ein oder besucht eine Schuldnerberatungsstelle. Erkundigt euch, wie man eine Überschuldung vermeiden kann und Warnzeichen frühzeitig erkennt.
2. Recherchiert online die genauen Voraussetzungen und den genauen Ablauf des Privatinsolvenz-Verfahrens.
3. Erklärt mithilfe der abgebildeten Grafik die häufigsten Gründe für Überschuldung.

LERNBILANZ

Lernbilanz

Am Ende dieses Kapitels hast du gelernt,
- *welche Zahlungsmöglichkeiten es beim Online-Shopping gibt,*
- *wie du deine Daten beim Online-Shopping schützen kannst,*
- *was bei Online-Zahlungen zu beachten ist,*
- *was zu beachten ist, wenn du einen Kredit benötigst,*
- *welche Risiken dabei zu beachten sind,*
- *wie man bei der Kreditaufnahme am besten vorgeht und*
- *wie man eine Überschuldung vermeiden kann.*

Mit den folgenden Aufgaben kannst du deine Kompetenzen überprüfen.

1. Erkläre in eigenen Worten, was der Begriff „E-Commerce" bedeutet.
2. Begründe, warum E-Commerce in den letzten Jahren zunehmend an Bedeutung gewonnen hat.
3. Interpretiere die Kernaussage nachfolgender Karikatur.

4. Vergleiche mindestens drei verschiedene Zahlungsmittel miteinander, die man beim Online-Shopping verwenden kann. Gehe dabei auf die Vor- und Nachteile hinsichtlich der Punkte Sicherheit, Geschwindigkeit und Kosten ein.
5. Erläutere, wie du deine Daten beim Online-Shopping schützen kannst. Gehe insbesondere auf die Rechte ein, die dir die Datenschutz-Grundverordnung bietet.
6. Nenne drei wesentliche Faktoren, die Auswirkungen auf die Höhe der Zinsen für einen Kredit haben können.

7. Wer eine Finanzdienstleistung in Anspruch nehmen möchte, sollte vor dem Vertragsabschluss einige Überlegungen und Vorbereitungen treffen.

a) Erläutere, welche Schritte vor dem Abschluss eines Finanzdienstleistungsvertrages zu berücksichtigen sind.
b) Beschreibe die wesentlichen Punkte, die eine Kundin oder ein Kunde in einem Beratungsgespräch für eine Kreditaufnahme beachten sollte.
c) Erkläre, warum es sinnvoll ist, mehrere Banken für ein Beratungsgespräch aufzusuchen.
d) Beurteile, ob es ratsam ist, einen Urlaub mit einem Kredit zu finanzieren.
e) Erörtere die Möglichkeiten und die Risiken einer Kreditaufnahme.

8. Unterscheide die Begriffe Verschuldung und Überschuldung.

9. Erläutere, was die „SCHUFA" ist.

10. Jonas: „Die SCHUFA nutzt doch nur den Banken. Für die Kundschaft bringt die SCHUFA nur Nachteile mit sich." Nimm Stellung zur Aussage von Jonas.

11. Benenne die wesentlichen Merkmale der drei Kreditarten Dispositionskredit, Ratenkredit und Immobilienkredit.

12. Erläutere den Unterschied zwischen Kreditwürdigkeit und Kreditfähigkeit.

13. Stelle den Unterschied zwischen Nominalzins und Effektivzins heraus.

14. Analysiere mithilfe nachfolgender Grafik die Verschuldungssituation von Privatpersonen in Deutschland.

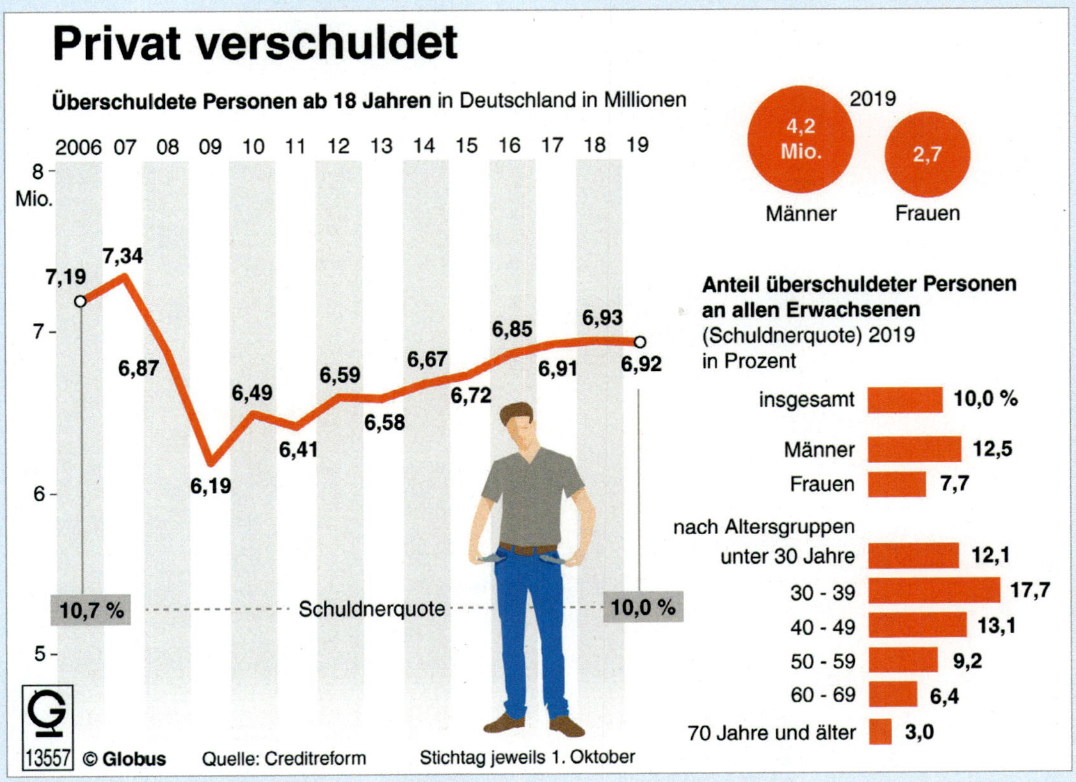

In diesem Kapitel lernt ihr,

- was man unter Strukturwandel versteht,
- welche Rechtsformen Unternehmen haben können,
- was man unter Rechnungswesen und Arbeitsbewertung versteht,
- welche Einstellungsvoraussetzungen es gibt,
- was bei einem Berufsausbildungsvertrag wichtig ist,
- welche Rechte und Pflichten es in der Ausbildung gibt und
- was Unternehmensleitbilder sind.

VIII UNTERNEHMEN: ORTE DER EXISTENZSICHERUNG

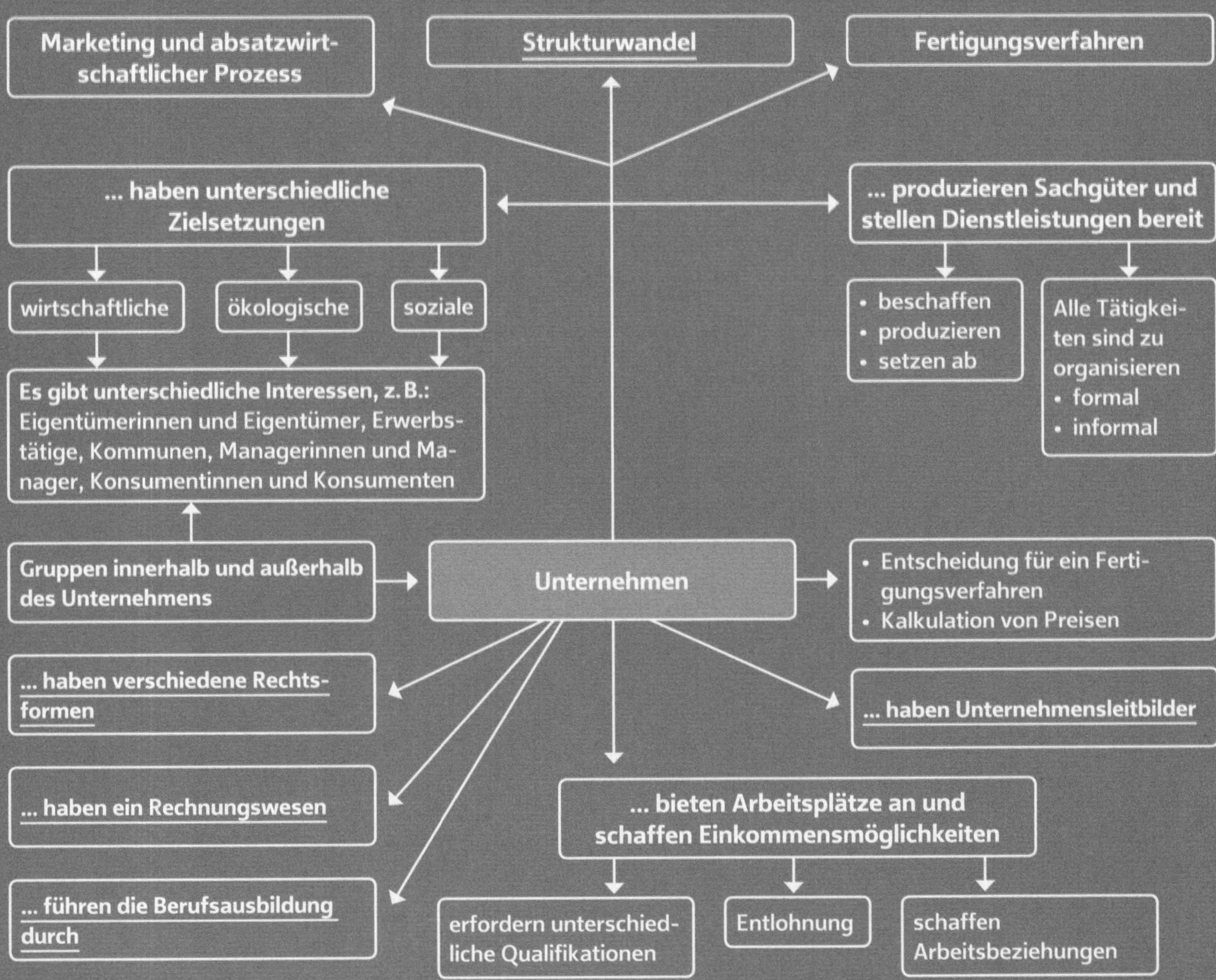

1 Strukturwandel

Was ist Strukturwandel?

Veränderungsprozesse, die im Hinblick auf Arbeit und Beruf und für die Unternehmen von Bedeutung sind, werden als Strukturwandel bezeichnet. In der Marktwirtschaft ist die Wirtschaftsstruktur eines Landes oder einer Region keine gleichbleibende Größe. Die wirtschaftliche Entwicklung und der technische Fortschritt bewirken, dass bestimmte Branchen im Laufe der Zeit schrumpfen, andere neu hinzukommen. Typische Beispiele hierfür sind der Schrumpfungsprozess der Stahlindustrie oder des Schiffsbaus sowie die rasante Entwicklung der digitalen Informations- und Kommunikationstechnik. Dieser ständige Wandel ist für das wirtschaftliche Wachstum und somit für die Erhaltung und Steigerung des Lebensstandards wichtig.

Der technische Fortschritt ist eine der wichtigsten Ursachen für den Strukturwandel. So können durch neue Produkte, neue Technologien oder neue Werkstoffe bestehende Branchen verdrängt werden. Auch Veränderungen bei den Rohstoffpreisen (z. B. Öl), billigere Produktion im Ausland (z. B. Textilindustrie), politische Entscheidungen (Wiedervereinigung, Öffnung Osteuropas) führen zu einem wirtschaftlichen Strukturwandel. Solche Entwicklungen haben große Auswirkungen auf die Beschäftigung. Durch das Schrumpfen ganzer Industriezweige fallen viele Arbeitsplätze weg. In Deutschland ist der Strukturwandel im Zusammenhang mit der Wiedervereinigung besonders einschneidend. In den neuen Bundesländern musste „über Nacht" eine Anpassung an die Bedingungen der Marktwirtschaft vollzogen werden. Das betraf nicht nur einzelne Industriezweige, sondern die gesamte Wirtschaft. Immer wenn es zu dauerhaften Verschiebungen im inneren Aufbau eines Wirtschaftsbereichs kommt, spricht man von Strukturwandel.

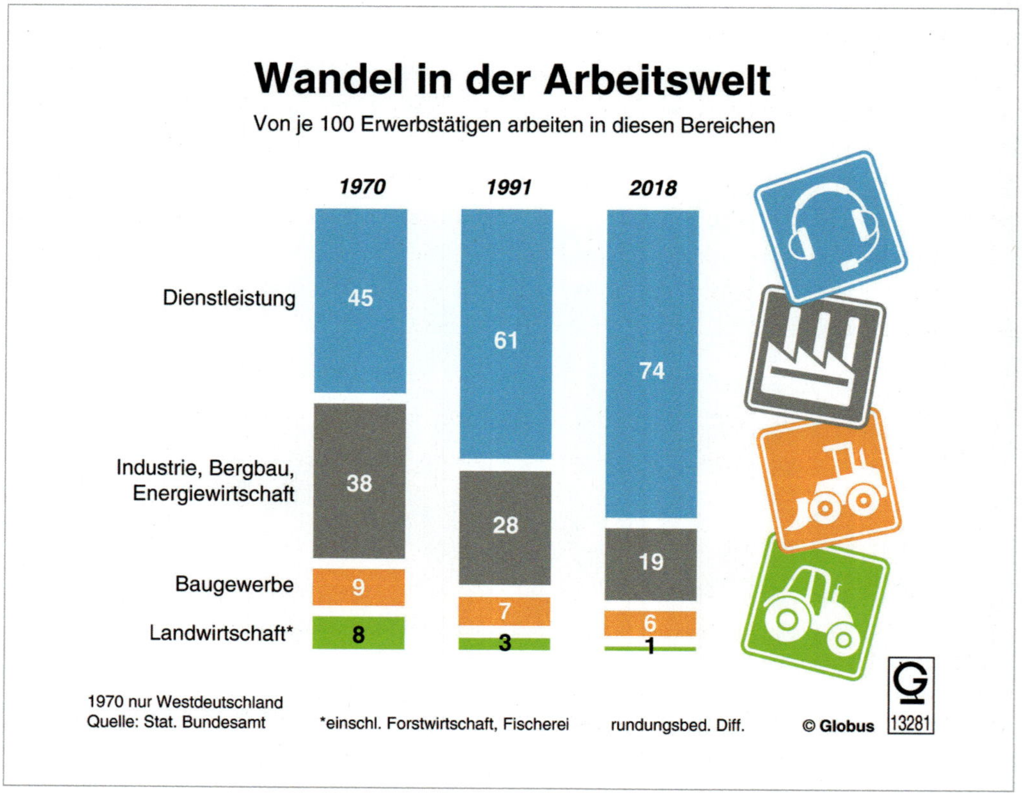

▸ Strukturwandel: Vom Kohlebergbau zum High-Tech-Standort?

Einflussfaktoren und Folgen des wirtschaftlichen Strukturwandels

Strukturwandel ist eine dauerhafte Verschiebung in bestimmten Bereichen von Wirtschaft und Gesellschaft im Laufe der Zeit. Geht z. B. die Arbeitszeit der Erwerbstätigen zurück, wächst damit die frei verfügbare Zeit. Dies fördert die Entwicklung der Freizeitindustrie (Sportartikel, Auslandsreisen usw.), aber auch eine mögliche Veränderung des Verhaltens der Menschen. Was macht der Mensch mit seiner Freizeit? Verbringt er sie am Handy oder entwickelt er neue Hobbys? Schaut er sich Sport im Fernsehen an oder treibt er selbst Sport?

Ein weiteres Beispiel: Wird der Anteil der älteren Menschen an der Gesamtbevölkerung immer größer, dann zeugt dies vom guten Gesundheitszustand der Bevölkerung und von einer besseren medizinischen Versorgung, also vom medizinischen Fortschritt. Andererseits steigen die Ausgaben für die soziale Sicherung der Menschen in der Gesellschaft. Die Ausgaben für die Altersversorgung steigen, immer weniger Menschen müssen mit ihrer Arbeit und ihren Abgaben die soziale Sicherheit garantieren. Man sieht: Der Strukturwandel hat mehrere Gesichter. Was sich für einige Menschen als Vorteil herausstellen kann, bedeutet für andere eine schwere Belastung.

1. Erklärt, warum die Wirtschaftsstruktur einer Region einem Wandel unterworfen ist. Nehmt dabei die Abbildungen auf dieser Seite und die Grafik auf der linken Seite zu Hilfe.
2. Erläutert, warum für eine kontinuierliche wirtschaftliche Entwicklung ein Strukturwandel notwendig ist.
3. Diskutiert, warum ein Strukturwandel von vielen Menschen nicht nur positiv gesehen wird.
4. Entwickelt Ideen, wie ein Strukturwandel so gestaltet werden kann, dass möglichst viele Menschen davon profitieren.

‣ Hauptversammlung einer Aktiengesellschaft

2 Die Rechtsformen von Unternehmen

Einzelunternehmungen und Personengesellschaften

Herr Mertes, ein Malermeister aus Cloppenburg, ist bisher als Einzelunternehmer tätig. So hat er eine große unternehmerische Freiheit und einen geringen Kapitalaufwand. Er haftet allerdings auch vollständig mit seinem gesamten Privatvermögen. Jetzt will er seinen Betrieb erweitern, weil er einen großen Auftrag erhält. Dafür sind eine Aufstockung des Personals, eine Erweiterung der Geschäftsräume, die Vergrößerung des Fuhrparks und die Ausweitung des Material-, Geräte- und Werkzeugbestandes notwendig. Keine Bank ist bereit, ihm den dafür notwendigen Kredit zur Verfügung zu stellen.

Herr Mertes beschließt, sich mit einer Partnerin, Frau Özcan, einer weiteren Malermeisterin aus Cloppenburg, zusammenzuschließen. Damit wird eine andere Rechtsform für das Unternehmen notwendig. Der neue Betrieb wird nun als OHG (Offene Handelsgesellschaft) geführt. Herr Mertes und Frau Özcan sind Gesellschafter der OHG. Die Gesellschafter haben im Gesellschaftsvertrag festgelegt, dass sich Frau Özcan um den technischen Betriebsablauf kümmern will und Herr Mertes die kaufmännische Verantwortung für den Betrieb trägt.

▸ Herr Mertes und Frau Özcan tun sich zusammen und gründen eine OHG.

Bei der OHG haften Herr Mertes und Frau Özcan mit ihrem gesamten Privatvermögen. Beide haben die eigene Selbstständigkeit nicht aufgegeben, aber die Entscheidungsspielräume sind geringer geworden.

Die Gründung der neuen Gesellschaft mit diesen Regelungen wird im Handelsregister veröffentlicht, damit Kundinnen und Kunden und andere Firmen über die Geschäftsverteilung informiert sind. Der Vorteil der Personengesellschaft kann in der großen unternehmerischen Freiheit gesehen werden. Hinzukommen die Möglichkeiten, die sich aus dem Zusammenschluss von Personen mit sich ergänzenden Kenntnissen und Fertigkeiten ergeben und die Möglichkeit, Fremdkapital problemloser als Einzelunternehmen beschaffen zu können, da mehrere Personen eine erhöhte Sicherheit darstellen bzw. mehr Sicherheiten anbieten können. Nachteile der Personengesellschaft können die unbeschränkte Haftung sowie Abstimmungsprobleme zwischen den Gesellschaftern sein.

1. Nennt die zentralen Merkmale von Einzelunternehmungen und Personengesellschaften.
2. Entwickelt ein Beispiel, in dem die unbeschränkte Haftung einer Personengesellschaft zum Problem werden könnte.
3. Diskutiert die Vor- und Nachteile der Vorgehensweise von Herrn Mertens und Frau Özcan in vorgehend genanntem Beispiel.
4. Betrachtet die Grafik auf der linken Seite. Erläutert, warum die Anzahl der einzelnen Rechtsformen sich so stark unterscheidet. Geht dabei insbesondere auf die Rechtsformen OHG, Einzelunternehmen, Genossenschaft und Aktiengesellschaft ein. Recherchiert ggf. weiterführende Informationen, etwa in Lexika, Sach- und Fachbüchern oder im Internet.

‣ Frau Siegel gründet eine Gesellschaft mit beschränkter Haftung (GmbH).

Gründung einer Kapitalgesellschaft

Frau Siegel will sich in der Möbel- und Fensterherstellung betätigen. Sie erwartet größere Aufträge von Baufirmen und Möbelhäusern. Es liegt auf der Hand, dass sie für solch ein Unternehmen viel Personal, viele Geräte, Maschinen und entsprechende Geschäfts- und Produktionsräume braucht. Mit anderen Worten: Der Kapitalbedarf dieses Unternehmens ist, verglichen mit dem der Einzelunternehmung, sehr viel höher.

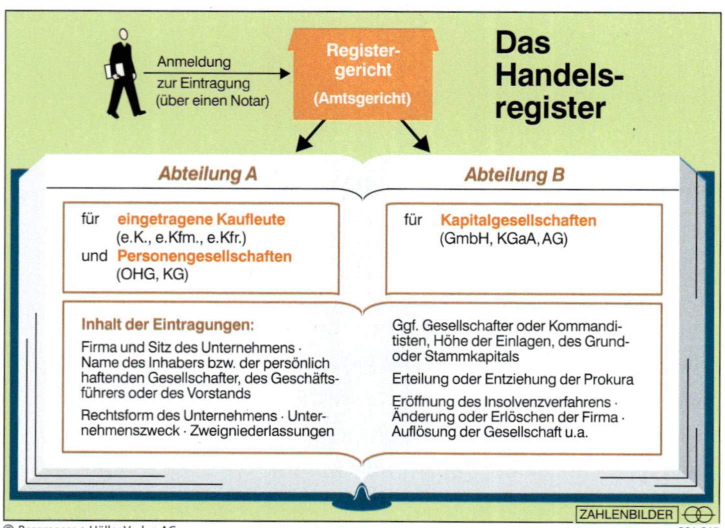

Bei der Höhe der Aufträge möchte Frau Siegel für sich auch das Risiko der Haftung beschränken. Sie entschließt sich, eine GmbH (Gesellschaft mit beschränkter Haftung) zu gründen. Eine Erbschaft von 25.000 € will sie als Stammkapital in die Unternehmung einbringen. Zudem hat sie einige Bekannte als Gesellschafter für die neue Firma gewonnen. Da sie die Fachfrau ist, wird sie im Gesellschaftervertrag zur Geschäftsführerin bestimmt. Der Vorteil der GmbH ist, dass die Haftung auf die Gesellschafteranteile beschränkt ist.

Für private und öffentliche Unternehmen gibt es eine ganze Reihe von Vorschriften, die durch Gesetze vorgegeben werden. Um zu wissen, welche Vorschriften für ein Unternehmen gelten, muss bei der Gründung auch eine Entscheidung über die Rechtsform des Unternehmens getroffen werden. Die Rechtsform regelt wichtige Fragen eines Unternehmens, z. B. wer in welcher Höhe für Verluste haftet, wie der Gewinn aufgeteilt wird, wer das Unternehmen führt oder wie das Unternehmen besteuert wird.

INFO

Aktiengesellschaft

Nicht vorgestellt ist die Aktiengesellschaft. Sie ist eine Kapitalgesellschaft mit einem Grundkapital von mindestens 50.000 €. Kapitalgeber und Geschäftsführung sind streng getrennt.

Die Kapitalanteile werden meist frei an der Börse gehandelt und können börsentäglich ge- und verkauft werden.

Die Aktionärinnen und Aktionäre haften nicht persönlich. Die meisten großen Konzerne in Deuschland und in anderen Ländern sind in Form von Aktiengesellschaften organisiert.

▸ Getreidesilos einer landwirtschaftlichen Genossenschaft

▸ Filiale einer Genossenschaftsbank

Genossenschaften

Genossenschaften entstanden im vorigen Jahrhundert. Ihr Zweck war der günstige Einkauf von Rohstoffen und Werkzeugen sowie der Verkauf der Produkte, z. B. aus der Landwirtschaft. Seit der Gründung der Genossenschaften haben sich ganz unterschiedliche Arten herausgebildet:

- Kreditgenossenschaften wie die Volks- und Raiffeisenbanken
- Einkaufsgenossenschaften für den Großeinkauf von Rohstoffen, Maschinen und Waren z. B. für Friseursalons
- Produktionsgenossenschaften zur Verarbeitung der von den Mitgliedern erzeugten Produkte z. B. Molkereien, Winzergenossenschaften
- Wohnungsgenossenschaften zum Bau und zur Bewirtschaftung günstiger Wohnungen für ihre Mitglieder
- Agrargenossenschaften zur gemeinsamen Bewirtschaftung von landwirtschaftlichen Nutzflächen. Diese Form gibt es vor allem in den neuen Bundesländern. Sie sind aus den Landwirtschaftlichen Produktionsgenossenschaften (LPG) aus der Zeit der DDR entstanden.

Genossenschaften sind – wie Kapitalgesellschaften auch – juristische Personen. Grundlage für die Arbeit einer Genossenschaft ist das Statut. Eine Genossenschaft firmiert mit dem Zusatz e. G. (eingetragene Genossenschaft), z. B. Wohnungsgenossenschaft Johannstadt e. G. Eine Genossenschaft wird von einem aus mindestens zwei Mitgliedern bestehenden Vorstand geleitet, der von der Generalversammlung gewählt wird. Der aus mindestens drei Mitgliedern bestehende Aufsichtsrat kontrolliert die Tätigkeit des Vorstandes. Er wird ebenfalls von der Generalversammlung gewählt. Die Generalversammlung besteht aus den Mitgliedern der Genossenschaft und ist beschließendes Organ.

1. Ermittelt je drei Beispiele für Genossenschaften und Gesellschaften mit beschränkter Haftung in eurer Region.

▸ Unternehmenszentrale der Adidas AG in Herzogenaurach

3 Unternehmenserkundung

In einem Unternehmen gibt es unterschiedliche Formen der Organisation. Wir kennen die Aufbauorganisation und die Ablauforganisation. Die Aufbau- und Ablauforganisation sind zwei Seiten der Medaille „Organisation". Diese lässt sich als die formelle Organisation bezeichnen, weil sie durch Zielsetzungen und Regelungen gekennzeichnet ist.

Des Weiteren gibt es noch die informelle Organisation, die sich aus den sozialen Beziehungen zwischen den Unternehmensmitgliedern ergibt.

Aufbauorganisation

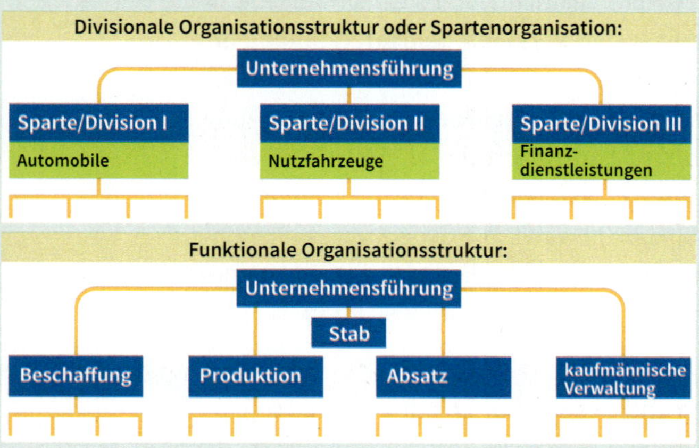

Ein Organigramm (auch Organisationsplan, Organisationsschaubild oder Stellenplan genannt) ist die grafische Darstellung der Aufbauorganisation. Aus dem Organigramm sind die organisatorischen Einheiten sowie deren Aufgabenteilung und die Kommunikationsbeziehungen zu erkennen. Es wird dabei zwischen dispositiven (leitenden, lenkenden, planenden, organisierenden) und operativen (technischen, organisatorischen, ausführenden) Aufgaben und Tätigkeiten unterschieden.

In der Grafik sind zwei verschiedene Organisationsstrukturen dargestellt: die divisionale Organisationsstruktur und die funktionale Organisationsstruktur. Erstere gliedert die Organisation nach Sparten (hier: den Geschäftsbereichen Automobile, Nutzfahrzeuge und Finanzdienstleistungen. Letztere gliedert die Organisation nach Funktionen (hier: Beschaffung, Produktion, Absatz, kaufmännische Verwaltung und Stab).

In der Aufbauorganisation sind die für den betrieblichen Leistungsprozess notwendigen Aufgaben auf verschiedene Stellen verteilt. Dabei sind die Verantwortungs- und Kompetenzbereiche klar festgelegt. Je nach Branche und den besonderen Gegebenheiten entsteht durch die unterschiedlichen Aufgaben im Unternehmen ein hierarchisches Organigramm, welches das „organisatorische Ganze" bildet. Es unterscheidet sich aber nach der speziellen Situation eines Unternehmens, beispielsweise ob es zur Dienstleistungsbranche oder Industrie gehört, oder nach der Rechtsform. Dadurch entstehen unterschiedliche Organigramme.

Wenn ein Unternehmen beispielsweise eine Rechtsabteilung und eine EDV-Abteilung hat, dann beraten diese Abteilungen die Unternehmensleitung (siehe Stabsstellen im Organigramm). Zwischen der Unternehmensleitung und der operativen und dispositiven Ebene kann eine weitere Ebene eingebaut werden, die noch einmal nach Sparten gegliedert ist. Sparten können sein: Produkte/Produktgruppen oder Kunden-/Zielgruppen oder auch Regionen.

Unternehmensleitung, Stabsstellen und die einzelnen Aufgabenbereiche nennt man Instanzen. In jeder Instanz befinden sich Stellen; und Stellen wiederum sind Arbeitsplätze und Berufe: Geschäftsführerin und Geschäftsführer, Juristin und Jurist, Informatikerin und Informatiker, Industriekauffrau und Industriekaufmann, Buchhalterin und Buchhalter, Ingenieurin und Ingenieur usw.

▸ Dienstleistungsbetrieb: Werbeagentur

▸ Industriebetrieb: Gabelstaplerfertigung

Der Organisationsbegriff kann verschiedenartig gebraucht werden:
- funktionell: Schaffung von Regeln und Strukturen,
- instrumentell: eine Organisation ist ein Instrument, mit dem Ziele erreicht werden,
- institutionell: eine Organisation hat Regeln, ist eine Institution.

1. a) Informiert euch am Beispiel von Unternehmen z. B. aus dem Handwerk, der Industrie und dem Dienstleistungsbereich: Welches sind die in der Organisation vorhandenen Ebenen (Entscheidungs-, Ausführungs-, Beratungsebenen) und wie sind ihre Schnittstellen (Organigramm)?

b) Wählt ein Unternehmen aus und bereitet eine Erkundung vor. Bereitet euch auf rechtliche und organisatorische Fragen vor.

c) Die Auswertung sollte durch Vergleich des Organigramms, das ihr aus der Erkundung mitbringt, und den in a) recherchierten Organigrammen erfolgen.

d) Entwickelt einen Kriterienkatalog für die Erkundung eines Arbeitsplatzes.

▸ Aufgabe des Rechnungswesens: Kontrolle

4 Rechnungswesen und Arbeitsbewertung

Rechnungswesen

Das betriebliche Rechnungswesen hat eine Kontroll- und eine Dispositionsaufgabe. Die Kontrollaufgabe besteht darin, z. B. über Erfolg oder Misserfolg des ganzen Unternehmens oder einzelner Unternehmensteile Aufschluss zu gewinnen. Die Dispositionsaufgabe besteht darin, die Bereitstellung der Produktionsfaktoren zu lenken und die Erreichung kurzfristiger, mittelfristiger und langfristiger Ziele zu planen. Insgesamt besteht das betriebliche Rechnungswesen aus vier Teilaufgaben:

Buchführung
Zu den Aufgaben gehört: Erfassung von Vermögen, Schulden, Aufwendungen und Erträgen, Kapital und dessen Veränderung. Im Ergebnis steht der Jahresabschluss (Bilanz, Gewinn- und Verlustrechnung).

Kosten- und Leistungsrechnung
Zu den Aufgaben gehört: Ermittlung der Selbstkosten als Basis für die Preiskalkulation, Kontrolle der Wirtschaftlichkeit, Bewertung von Lagerbeständen, Erfassung aller Kosten und Leistungen einer Abrechnungsperiode.

Betriebsstatistik
Zu den Aufgaben gehört: Auswertung der Zahlen der Buchführung und Kosten- und Leistungsrechnung und Vergleich mit Daten früherer Perioden, Bereitstellung von Daten für Kontrolle, Planung und Disposition.

Planung
Zu den Aufgaben gehört insbesondere die Abschätzung von zukünftigen betrieblichen Entwicklungen. So ergbit sich die Grundlage für Entscheidungen, um Ziele des Betriebes zu erreichen.

1. Recherchiert im Internet zum Begriff Lohnformen. Klärt folgende Begriffe und stellt sie in einer tabellarischen Übersicht zusammen: Zeitlohn, Leistungslohn, Monatslohn und Stundenlohn, Beteiligungslohn, Prämienlohn und Akkordlohn.

Arbeitsbewertung

Entlohnung soll leistungsgerecht sein. Sie soll sich beispielsweise
- nach dem Können der/des Einzelnen richten,
- nach der Verantwortung, die sie bzw. er zu tragen hat,
- nach den körperlichen und geistigen Arbeitsbelastungen,
- nach den Arbeitsanforderungen, die an jemanden gestellt werden,
- nach den Umgebungseinflüssen, denen jemand ausgesetzt ist.

‣ Tischlerei

Um Arbeitsaufgaben, die in einem Betrieb anfallen, vergleichen zu können, ist es notwendig, sie zu bewerten, denn sonst fühlen sich die Einzelnen ungerecht behandelt. Es gibt zwei Methoden der Arbeitsbewertung:

- die summarische Arbeitsbewertung,
- die analytische Arbeitsbewertung.

Die summarische Arbeitsbewertung
Es werden Lohn- und Gehaltsgruppen gebildet, die inhaltlich so beschrieben werden, dass der Schwierigkeitsgrad der Arbeiten jeder Gruppe deutlich wird. Häufig werden auch besondere Aufgaben, Arbeits- und Verantwortungsbelastungen aufgenommen. Ergänzt werden die Beschreibungen durch Richtbeispiele.

Jede Lohngruppe besitzt einen bestimmten Lohnschlüssel, das ist ein bestimmter Prozentsatz bezogen auf den Ecklohn. Der Ecklohn dient dann als Ausgangspunkt der Berechnung der Löhne der anderen Gehaltsgruppen. Bei Lohntarifverhandlungen wird aus diesem Grund auch nur über den Ecklohn verhandelt.

Die Lohn- und Gehaltsgruppenmethode ist relativ leicht anzuwenden, wenn die Merkmale der einzelnen Stufen exakt beschrieben und die Richtbeispiele umfassend sind. Andernfalls kann es bei der Einordnung der Arbeiten in die Gruppen zu Fehlurteilen und Lohnstreitigkeiten kommen. Die Lohngruppenkataloge, die Bestandteil der Rahmentarifverträge sind, werden dann in den Betrieben wie folgt angewendet: Die Anforderungen eines Arbeitsplatzes werden unter Beteiligung des Betriebsrates bestimmt und dann einer Gruppe zugeordnet. Dieses Lohn- bzw. Gehaltsgruppenverfahren wird in vielen Tarifverträgen, insbesondere im öffentlichen Dienst angewendet.

INFO

Beispiel: Welche Lohngruppen gibt es in einer mittelständischen Tischlerei?

Lohngruppe 1:	80.5 % des Ecklohns
Lohngruppe 2:	91,5 % des Ecklohns
Lohngruppe 3:	100 % des Ecklohns
Lohngruppe 4:	112,5 % des Ecklohns
Lohngruppe 5:	123,5 % des Ecklohns

1. Entwickelt beispielhaft Beschreibungen für die in dem Beispiel genannten Lohngruppen einer mittelständischen Tischlerei.

Die analytische Arbeitsbewertung

Bei dieser Methode wird nicht der Arbeitsplatz, sondern die Arbeitsaufgabe nach der Höhe der Beanspruchung einzeln bewertet. Man ermittelt für die Arbeitsaufgabe einen Arbeitswert, dem nach einer Arbeitswerttabelle ein Arbeitswertlohn zugeordnet wird.

Wie errechnet sich der Arbeitswert? Zunächst werden der Arbeitsplatz und das Arbeitssystem genau beschrieben. Mithilfe dieser Arbeitsbeschreibung wird nun die Arbeitsaufgabe in Teilanforderungen – z. B. nach dem Genfer Schema – zerlegt. Jede Teilanforderung wird dann nach einem Punktesystem bewertet, das zwischen Betriebsrat und Unternehmen ausgehandelt wird. Diese Punkte werden mit dem sog. „Wichtefaktor“ multipliziert. Die Wichtefaktoren werden in der Regel von Fachleuten durch Schätzung festgelegt und spiegeln das Verhältnis (die Wichtigkeit) der Anforderungen zueinander wider. Das Ergebnis der Multiplikation ergibt die Teilarbeitswerte, aus denen der Arbeitswert errechnet wird. Es gilt der Grundsatz: Je höher der Arbeitswert, desto höher der Lohn.

Beide Verfahren unterscheiden sich hinsichtlich der Genauigkeit und hinsichtlich des Aufwands, den sie verursachen. Die summarische Arbeitsbewertung ist in der Regel einfacher durchzuführen. Die analytische Arbeitsbewertung hingegen wird häufig auch bei der Bestimmung von Lohngruppen herangezogen, weil das Verfahren genauer und gerechter zu sein scheint.

Vereinfachte Zusammenstellung der Ergebnisse der Arbeitsbewertung für die Tätigkeit „Wickelstrecken“ einer Spinnerei

Anforderungsart	Arbeitswertzahl (gewichtet)	
Können:	Arbeitskenntnisse Arbeitsgeschicklichkeit	5,0 10,0 15,0
Verantwortlich für:	Betriebsmittel/Erzeugnis Sicherheit anderer Arbeitsablauf	5,0 7,0 5,0 17,0
Belastung durch:	Muskelarbeit Arbeitsvermögen Aufmerksamkeit Nachdenken	22,0 10,0 4,0 – 36,0
Umgebungseinflüsse:	Schmutz/Staub Lärm/Erschütterung eigene Unfallgefahr	4,0 3,0 2,5 9,5
Summe Punkte (Arbeitswert):		**77,5**

Lohngruppe lt. Anforderungsmittel: 75,5 bis 80 = 4

Einstellungsvoraussetzungen

Unternehmen bieten für junge Menschen Ausbildungsplätze und –möglichkeiten an. In den letzten Jahren hat sich in diesem Zusammenhang die Arbeitsmarktsituation für junge Menschen, die einen Ausbildungsplatz suchen, außerordentlich positiv dargestellt. Der Übergang von der Schule in die Ausbildung stellt jedoch auch Anforderungen. Häufig klagen Unternehmen über einen Mangel an „Ausbildungsreife" der Bewerberinnen und Bewerber. Mit dem Begriff „Ausbildungsreife" werden die Anforderungen an Jugendliche und die erwarteten Eigenschaften und Qualifikationen der Jugendlichen, die aus dem Bildungssystem in das Ausbildungssystem wechseln, beschrieben.

▸ Im Pflegebereich wird häufig von einem Fachkräftemangel gesprochen.

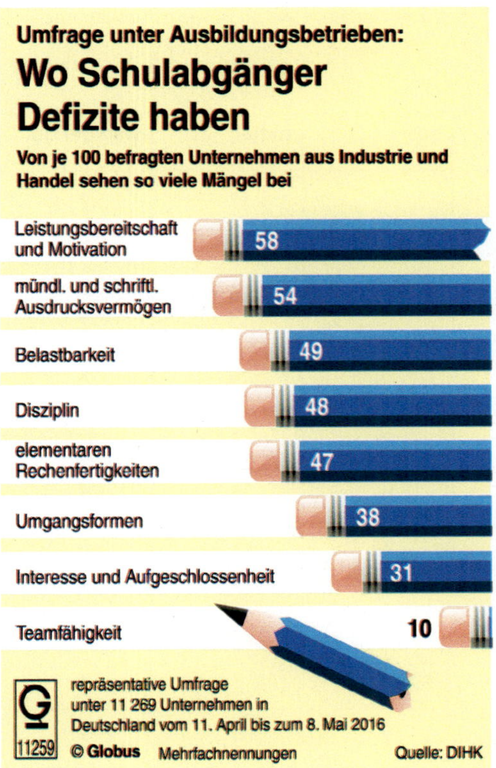

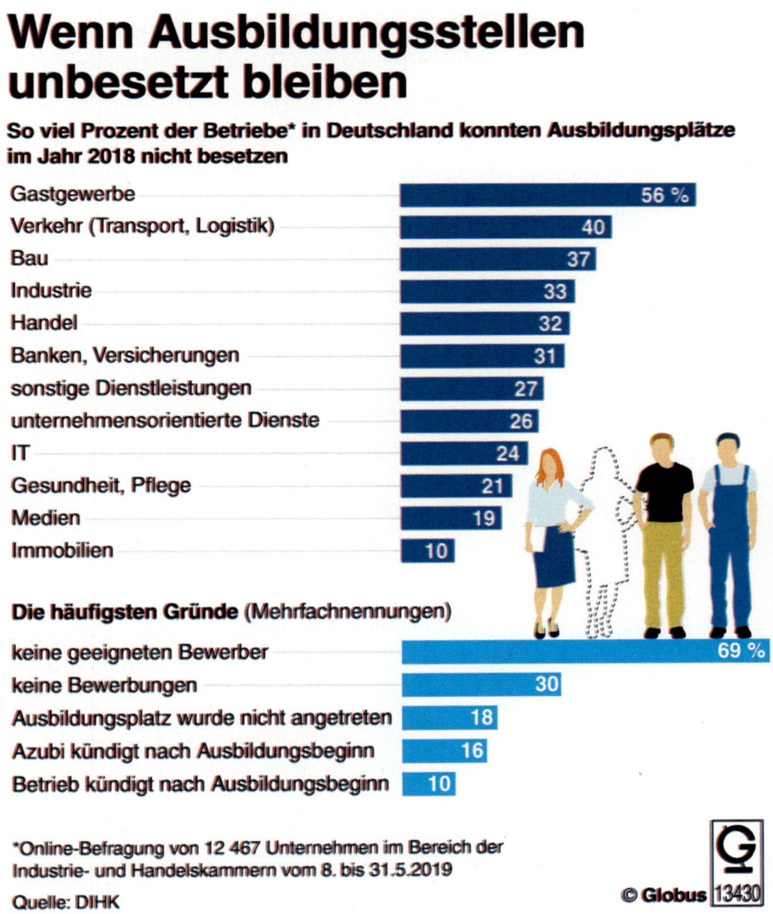

1. Vergleicht die zentralen Merkmale der summarischen und der analytischen Arbeitsbewertung.
2. Erläutert mithilfe der Grafiken, warum Unternehmen häufig von „mangelnder Ausbildungsreife" der Bewerberinnen und Bewerber sprechen.

Erstellung eines Kompetenzprofils

Deine Interessen, Erwartungen und Fähigkeiten beeinflussen deine Berufswahl in entscheidendem Maße. Deshalb solltest du ganz ehrlich zu dir selbst sein und dich aber auch von anderen genauso ehrlich einschätzen lassen. Die Ergebnisse einer solchen Einschätzung kannst du dann unterschiedlich darstellen, um dir einen Überblick zu verschaffen. Zur Einschätzung dieser Bereiche kannst du einen Selbsterkundungsbogen ausfüllen bzw. von Freundinnen und Freunden, Eltern, Bekannten usw. ausfüllen lassen. Du kannst aber auch andere Darstellungsformen wählen. Nachfolgend ein Beispiel, das du als Ausgangspunkt verwenden kannst. Du kannst aber auch im Internet recherchieren, welche weiteren Beispiele es gibt (z. B. von der Bundesagentur für Arbeit, Industrie- und Handelskammern usw.)

‣ Wer die eigenen Stärken kennt, kann auch andere gut überzeugen, etwa im Bewerbungsgespräch.

	gut	mittel	weniger gut
1 Fähigkeit, zu planen und zu organisieren	?	?	?
2 Flexibilität, sich auf wechselnde Aufgaben einzustellen	?	?	?
3 Schriftliches Ausdrucksvermögen	?	?	?
4 Sprachliches Ausdrucksvermögen	?	?	?
5 Rechnerische Fähigkeiten	?	?	?
6 Verhandlungsgeschick	?	?	?
7 Verschwiegenheit, Taktgefühl	?	?	?
8 Denken in Zusammenhängen/strategisches Denken	?	?	?
9 Befähigung zum Umgang mit Menschen	?	?	?
10 Einfühlungsvermögen in andere Menschen	?	?	?
11 Bereitschaft und Fähigkeit zu Teamarbeit	?	?	?
12 Akzeptieren von/Bereitschaft zu Alleinarbeit	?	?	?
13 Umgang mit Stress (bei Arbeitsspitzen)	?	?	?
…	?	?	?

5 Rechte und Pflichten in der Ausbildung

Der Berufsausbildungsvertrag

‣ Auszubildende in einer Kfz-Werkstatt

Wenn ihr einen Ausbildungsplatz gefunden habt, müsst ihr euch auf eure neue Rolle als Auszubildende vorbereiten. Dazu gehört, dass ihr euch mit den rechtlichen Grundlagen als Auszubildende auseinandersetzt. Das Wichtigste zu Beginn der Ausbildung ist der Abschluss eines Ausbildungsvertrages. Er unterliegt den Bestimmungen des Berufsbildungsgesetzes (BBiG). Er enthält die Rechte und Pflichten der Auszubildenden.

Ausbildungsordnungen
Die Ausbildung wird inhaltlich und zeitlich durch eine Ausbildungsordnung geregelt und enthält:
- Name des Ausbildungsberufes,
- Dauer der Ausbildung,
- praktische Fertigkeiten und theoretische Kenntnisse, die erlernt werden müssen,
- Ausbildungsplan, nach dem das Lernen sachlich und zeitlich gegliedert ist,
- Inhalte der Zwischen- und Abschlussprüfungen.

Der Ausbildungsvertrag wird zwischen der/dem Auszubildenden und dem ausbildenden Betrieb geschlossen. Darin wird z.B. festgehalten, in welchem Beruf ausgebildet wird, die sachliche und zeitliche Gliederung der Ausbildung, Beginn der Ausbildung, ergänzende Ausbildungsmaßnahmen, Dauer der Ausbildungszeit, Dauer der Probezeit, Höhe der Ausbildungsvergütung, Dauer des Urlaubs und die Möglichkeit der Kündigung.

Arbeitnehmerinnen und Arbeitnehmer und Auszubildende haben verschiedene Pflichten und Rechte. Dazu gehören als Pflichten der/des Auszubildenden, dass die Arbeit erledigt wird, dass Anweisungen des Arbeitgebers Folge geleistet wird, Verschwiegenheit und Unbestechlichkeit sowie die Einhaltung des gesetzlichen und vertraglichen Wettbewerbsverbots. Im Gegenzug besteht das Recht des Auszubildenden auf Beschäftigung, Vergütung, Fürsorge, Urlaub und Zeugnis.

Überwachung der Ausbildung
Die Überwachung der Ausbildung hat der Staat der jeweilig zuständigen Kammer übertragen. Alle Betriebe sind Pflichtmitglieder einer Kammer. Die Kammern sind berufsständische Körperschaften, die im Auftrag der angeschlossenen Betriebe gemeinsame Anliegen vertreten und im Auftrag des Staates für die Einhaltung von gesetzlichen Vorschriften in den Betrieben sorgen. Bekannte Kamern sind etwa die Industrie- und Handelskammern (IHK), die Handwerkskammern oder die Ärztekammern. Die Kammern haben u.a. folgende Aufgaben:
- Festsetzung, welche Betriebe für eine Ausbildung geeignet sind,
- Entscheidung über die Zulassung zur Abschlussprüfung,
- Überwachung und Förderung der Berufsausbildung
- Schlichtung von Streitigkeiten zwischen Auszubildenden und Ausbildenden.

‣ Kinderarbeit am Gelände einer illegalen Goldmine in Burkina Faso

Jugendarbeitsschutz

Die Sozialgesetzgebung in Deutschland begann 1839 mit dem Verbot der Arbeit für Kinder unter 9 Jahren, allerdings beschränkt auf Arbeit in Fabriken. Für Kinder bis 16 Jahre galt ein Maximalarbeitstag von 10 Stunden, einschließlich 1,5 Stunden Pause je Tag. Heute gilt der Jugendarbeitsschutz für Jugendliche unter 18 Jahre. Kernpunkt sind auch heute Arbeitszeitregelungen. Um die Heranwachsenden noch besser zu schützen, dürfen sie keine gefährlichen und zu schweren Arbeiten zugeteilt bekommen. Pflicht ist der Besuch des Berufsschulunterrichts, für den Jugendliche von der Arbeit freigestellt werden müssen. In vielen anderen Ländern auf der Welt ist Kinderarbeit nach wie vor ein großes Problem (siehe Grafik).

Meinungsverschiedenheiten in der Berufsausbildung

Berufsausbildungsvertrag und Jugendarbeitsschutzgesetz schützen einerseits die Auszubildenden, andererseits nennen sie aber auch Pflichten, die die Jugendlichen zu erfüllen haben. Treten zwischen Ausbildenden und Auszubildenden Streitigkeiten auf, so gibt es für die Jugendlichen grundsätzlich zwei Möglichkeiten, zu ihrem Recht zu kommen: innerhalb des Betriebes und außerhalb des Betriebes. Möglichkeiten der Behandlung von Problemen innerhalb des Betriebes sind Gespräche mit der Ausbilderin oder dem Ausbilder, der Betriebsleitung, der Jugendvertretung im Betrieb oder dem Betriebsrat. Außerhalb des Betriebes kann man sich an die Kammern, aber z. B. auch an Gewerkschaften wenden.

‣ Kinderarbeit weltweit

1. Erläutert, welche negativen Folgen Kinderarbeit für die betroffenen Kinder hat. Geht dabei insbesondere auf die Aspekte Gesundheit, Bildung und Armut ein.
2. Diskutiert, warum Kinderarbeit weltweit betrachtet immer noch ein großes Problem ist.
3. Erklärt, wie in Deutschland Konflikte während der Berufsausbildung gelöst werden können.

6 Leitbilder für das Zusammenleben in Unternehmen

Viele Unternehmen stellen sich selbst und ihre Zielsetzungen in Form eines Leitbildes vor, z. B. auf der Homepage der Firma. Ein Leitbild enthält z. B. Aussagen des Unternehmens zu den Grundregeln des Umgangs miteinander. Es dokumentiert aber auch das im Laufe der Jahre gewachsene Selbstverständnis eines Unternehmens ebenso wie die Unternehmensziele.

Alle Mitarbeiterinnen und Mitarbeiter sollen darauf verpflichtet werden, sich an dem Leitbild zu orientieren. Sie können sich auch Vorgesetzten gegenüber darauf berufen, wenn sie sich z. B. ungerecht behandelt fühlen.

▸ In vielen Unternehmensleitbildern ist Teamgeist ein wichtiger Punkt.

B Zur partnerschaftlichen Zusammenarbeit in unserem Unternehmen

1. Eine Unternehmenskultur, die sich durch ein partnerschaftliches Verhalten am Arbeitsplatz auszeichnet, bildet die Basis für ein positives Arbeitsklima und ist zugleich eine wichtige Voraussetzung für den wirtschaftlichen Erfolg unseres Unternehmens. Toleranz und Chancengleichheit sind prägender Bestandteil eines guten Arbeitsklimas. Respekt im Umgang miteinander ist Teil jeder partnerschaftlichen Zusammenarbeit. Alle Beschäftigten sind verpflichtet, den Grundsatz der partnerschaftlichen Zusammenarbeit zu wahren, insbesondere die Persönlichkeit und Würde jedes Beschäftigten zu respektieren. Die Beschäftigten haben ihr Verhalten an diesem Grundprinzip auszurichten. Benachteiligungen und Belästigungen wegen der ethnischen Herkunft, des Geschlechts, der Religion oder Weltanschauung, einer Behinderung, des Alters oder der sexuellen Identität sind Verstöße gegen unseren Grundsatz der partnerschaftlichen Zusammenarbeit.

2. Alle Betriebsangehörigen, die sich in Bezug auf Punkt 1 benachteiligt fühlen, haben das Recht zur Beschwerde. Das Führen einer Beschwerde führt nicht zu Nachteilen.

3. Ein Verstoß gegen unseren Grundsatz der partnerschaftlichen Zusammenarbeit kann zu arbeitsrechtlichen Konsequenzen bis hin zur Kündigung führen. ■

1. Arbeitet die Kernaussagen des aufgeführten Auszuges aus einem beispielhaften Unternehmensleitbild heraus.
2. Diskutiert, welche Zielsetzungen mit einem Unternehmensleitbild innerbetrieblich angestrebt werden und welche Wirkungen ein Unternehmensleitbild für die außerbetriebliche Öffentlichkeit haben kann.
3. Sucht im Internet nach zwei weiteren Unternehmensleitbildern und vergleicht diese.

▸ Vorstandssitzung

Und das Management?

Unternehmen können ihre Ziele nur erreichen, wenn ihre vielfältigen Tätigkeiten im Wirtschaftsprozess zielgerichtet umgesetzt werden und koordiniert ablaufen können. Dies ist im Kern die Aufgabe der Unternehmensführung oder des Managements. Die Hauptfunktion des Managements ist die Steuerung aller für ein Unternehmen notwendigen Aufgaben. Dazu gehört, die Kombination der menschlichen Arbeitskraft mit den Betriebsmitteln und den Werkstoffen zu planen, zu organisieren und zu kontrollieren.

Verschiedene Unternehmensformen
Wird ein Unternehmen direkt von der Eigentümerin oder dem Eigentümer geführt oder geleitet, spricht man von einem Eigentümerunternehmen. Stehen dem Unternehmen hingegen Managerinnen und Manager vor, die im Auftrag der Eigentümerin oder des Eigentümers Unternehmensentscheidungen treffen, handelt es sich um ein Managerunternehmen.

Eigentümerinnen und Eigentümer haben in der Regel einen persönlichen Bezug zum Unternehmen und haften mit ihrem persönlichen Vermögen für Verbindlichkeiten des Unternehmens. Sie sind also – aus eigenem Interesse – bestrebt, dass das Unternehmen langfristig besteht und Gewinne für sie und die Mitarbeiterinnen und Mitarbeiter abwirft. Auch Managerinnen und Manager sind bei ihren Führungsaufgaben an der Erzielung von Gewinnen interessiert, u. a. weil die Höhe ihres Gehaltes in vielen Fällen vom Ergebnis des Unternehmens abhängig ist. Doch kann sich der persönliche Bezug zum Unternehmen aufgrund der fehlenden eigenen Haftung anders gestalten. Wenn das Unternehmen in einer Krise steckt, reagiert eine Gesellschafterin oder ein Gesellschafter eventuell anders als eine Managerin oder ein Manager, die oder der mit einem Arbeitsvertrag an das Unternehmen gebunden ist. Ein solcher Vertrag kann schließlich jederzeit aufgekündigt werden.

Man spricht deshalb den Eigentümerunternehmern zumeist einen gewissenhafteren und risikoloseren Führungsstil zu als den Managerunternehmern. Managerinnen und Manager können z. B. ein Unternehmen wechseln, weil sie in einem neuen Unternehmen bessere Arbeitsmöglichkeiten, größere Entscheidungsspielräume oder auch ein höheres Einkommen in Aussicht haben. Die persönlichen Ziele von Managerinnen und Managern müssen nicht immer mit den Zielen der Eigentümerinnen und Eigentümer eines Unternehmens übereinstimmen. Selbstverständlich gibt es aber viele Managerinnen und Manager, die sich so mit dem Unternehmen identifizieren, als ob sie selbst Miteigentümerin oder Miteigentümer wären.

Die Stellung einer Managerin oder eines Managers in einem Unternehmen ist nicht nur von den Zielen des Unternehmens selbst abhängig, sondern auch von ihren oder seinen persönlichen Zielen. Man spricht bei dem Verhältnis zwischen einer Eigentümerin oder einem Eigentümer und einer Managerin oder einem Manager von einem sogenannten „Prinzipal-Agent-Verhältnis".

INFO

Prinzipale = Auftraggeberinnen und Auftraggeber. Bei ihnen liegt die Entscheidungsmacht.

Agenten = Auftragnehmerinnen und Auftragnehmer. In diesem Fall sind dies die Managerinnen und Manager

Unterschiedliche Ziele von Unternehmen und Beschäftigten

▸ Unternehmenseigentümerin

Vier verschiedene Personen erzählen von ihren Zielen:

1. Die Eigentümerin des Unternehmens
„Es gibt zwei wichtige Ziele: Arbeitsplätze sichern bzw. neue Arbeitsplätze schaffen und das weitere, sehr legitime und notwendige Ziel: Wir müssen Gewinne machen. Das erste Ziel kann nur erfüllt werden, wenn ein Unternehmen Gewinn macht, d.h. wenn es erfolgreich ist. Entscheidungen müssen heute schnell getroffen werden, denn die Kundinnen und Kunden erzählen uns genau, was sie haben möchten und warum sie ein Produkt kaufen oder auch nicht. Und darauf müssen wir zügig reagieren."

2. Ein Abteilungsleiter
„Ich habe hier zwar viel Verantwortung, dafür werde ich aber auch nicht schlecht bezahlt. Vor allem gefällt es mir, dass ich doch viel Freiheit habe, meine Arbeit zu gestalten. Im letzten Quartal konnte ich 6% mehr in meiner Abteilung verkaufen als im vergleichbaren Monat des Vorjahres. Der Wettbewerb zwischen den Abteilungen ist schon ziemlich stark, aber wir müssen uns natürlich auch an vergleichbaren Häusern ausrichten. Und alle Mitarbeiterinnen und Mitarbeiter darauf einzuschwören ist nicht immer ganz leicht."

3. Eine Verkäuferin
„Es gibt hier doch ein ganz gutes Arbeitsklima und ich bin gerne mit meinen anderen Kolleginnen und Kollegen zusammen. Mein Abteilungsleiter ist ganz nett, aber er verlangt auch viel. Und wenn es nicht so richtig läuft, dann kann er ganz schön nervig werden. Ich verstehe das ja, aber er verdient schließlich gut und dafür kann er auch mehr tun. Manchmal ist die Arbeit schon ziemlich anstrengend, den ganzen Tag auf den Beinen, die Kundschaft ist alles andere als immer freundlich. Ich darf jedoch keine Launen haben, es sind ja unsere Kundinnen und Kunden oder solche, die es werden sollen. Wenn ich mich falsch verhalte, dann kommt er oder sie nie wieder in unseren Laden."

4. Die Leiterin eines Museums
„Als Heimatmuseum dürfen wir, wie alle Betriebe der öffentlichen Hand, keinen Gewinn erzielen. Die Eintrittsgebühren decken nur einen kleinen Teil der Kosten. Unser Ziel ist, durch eine anschauliche Präsentation der Ausstellungsstücke viele Einwohnerinnen und Einwohner mit der Vergangenheit unserer Stadt bekannt zu machen. In der Zeitung wird viel über unsere Veranstaltungen berichtet. Das ist wie kostenlose Werbung."

1. Entwickelt ein Rollenspiel, in dem die unterschiedlichen Ziele der verschiedenen Menschen in einem Unternehmen deutlich werden. Nutzt die aufgeführten Beispiele als Anregung.

Lernbilanz

Am Ende dieses Kapitels hast du gelernt,
- *was man unter Strukturwandel versteht,*
- *welche Rechtsformen Unternehmen haben können und was deren spezifische Vor- und Nachteile sind,*
- *was ein Organigramm ist und welche Formen der Unternehmensorganisation es gibt,*
- *was man unter betrieblichem Rechnungswesen versteht,*
- *welche Formen der Arbeitsbewertung es gibt,*
- *welche Anforderungen Unternehmen stellen, wenn sie Bewerberinnen und Bewerber für Ausbildungsplätze suchen,*
- *was ein Kompetenzprofil ist und wie man es erstellen kann,*
- *was die wichtigsten Elemente einen Ausbildungsvertrages sind,*
- *warum es Jugendarbeitsschutz gibt und was dessen zentrale Regelungen sind,*
- *welchen Zweck Unternehmensleitbilder erfüllen und*
- *wie sich die Ziele von Management und Beschäftigten unterscheiden.*

Mit den folgenden Aufgaben kannst du deine Kompetenzen überprüfen.

1. Mit Organigrammen bilden Organisationen im Allgemeinen und Unternehmen im Besonderen ihre Struktur ab. Mit Kästchen, Kreisen, Pfeilen und Linien werden Zusammenhänge zwischen einzelnen Einheiten wie Abteilungen oder Mitarbeiterinnen und Mitarbeitern aufgezeigt. Die Verbindungen stehen dabei meistens für:
- Wer ist für wen und für was verantwortlich?
- Wer ist wessen Vorgesetzte oder Vorgesetzter oder Untergegebene oder Untergebener?
- Wie verlaufen die Kommunikationswege?

a) Beschreibe mithilfe der obigen Fragen eines der beiden Beispielorganigramme auf S. 160.
b) Entwickle ein Organigramm deiner Schule und stelle dieses grafisch dar.
c) Recherchiere im Internet Beispiele für Organigramme von Unternehmen, öffentlichen Verwaltungen oder Vereinen und vergleiche zwei davon miteinander.

2. Eine Erkundungsaufgabe: Recherchiere bei unterschiedlichen Unternehmen der Region, welche Einstellungsvoraussetzungen sie für die Vergabe von Ausbildungsplätzen haben.

Hinweis: Expertinnen und Experten sind auch Vertreterinnen und Vertreter der Kammern: IHK (Industrie- und Handelskammer), HWK (Handwerkskammer), LWK (Landwirtschaftskammer).

3. Erkunde ebenfalls, wie Unternehmensvertreterinnen und Unternehmensvertreter oder auch Vertreterinnen und Vertreter der Kammern zu dem Problem stehen, dass es immer noch eine zu hohe Zahl erfolgloser Lehrstellenbewerberinnen und Lehrstellenbewerber gibt, obwohl bereits heute ein Fachkräftemangel in einigen Berufen herrscht. Prüfe, ob das für die Berufsausbildung, die du anstrebst, ein Problem ist.

4. a) Beschreibe nachfolgende Grafik.
b) Erläutere die dargestellte Entwicklung im Zusammenhang mit dem Begriff „Strukturwandel".
c) Nimm Stellung dazu, wie sich die dargestellte Entwicklung in den nächsten Jahren fortsetzen wird.

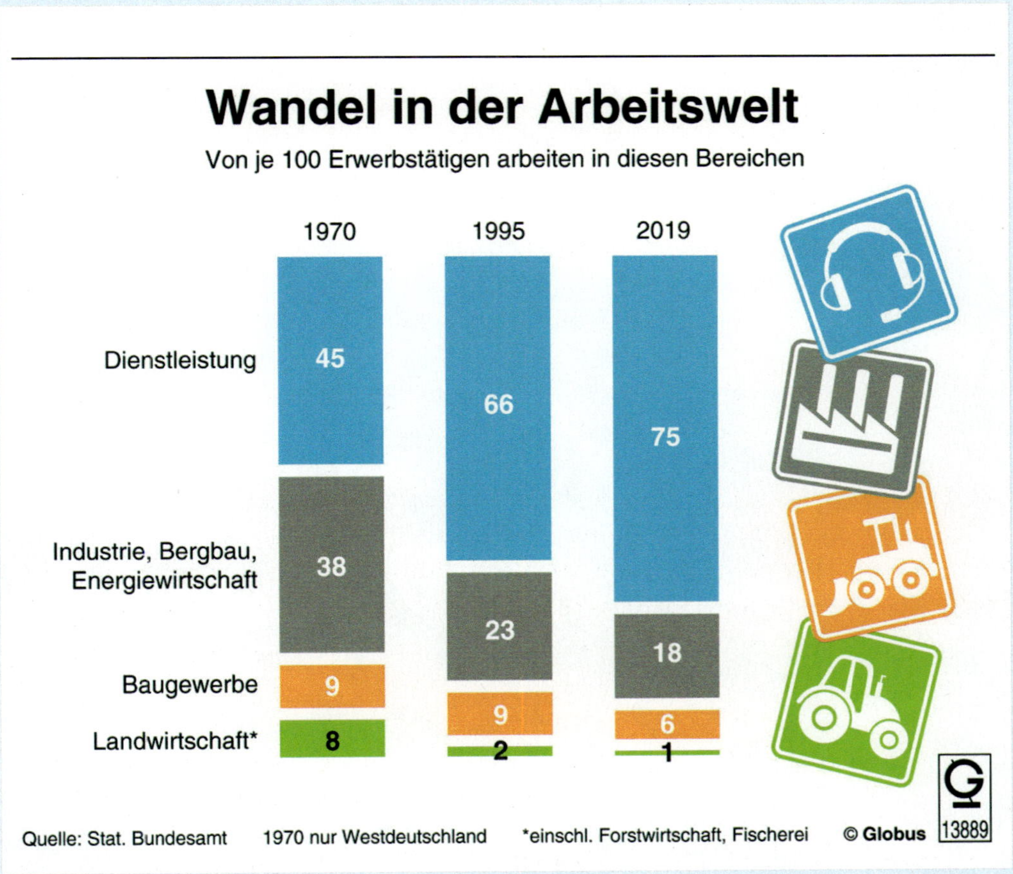

5. Erläutere, wodurch sich summarische und analytische Arbeitsbewertung unterscheiden.

6. Vergleiche Kapitalgesellschaften mit Personengesellschaften und charakterisiere ihre spezifischen Vor- und Nachteile.

7. a) Erkläre den Begriff „Jugendarbeitsschutz".
b) Analysiere, warum Kinderarbeit weltweit betrachtet nach wie vor ein großes Problem ist.

8. Stelle die grundsätzlichen Ziele von Beschäftigten und Management in einem Unternehmen gegenüber. Prüfe, wo es Übereinstimmungen gibt und wo sich Unterschiede ergeben können.

9. a) Beschreibe, was ein Unternehmensleitbild ist.
b) Begründe, warum Unternehmen sich Leitbilder geben.

RICHTIG GUT!
RICHTIG WAS WERT?
ERZIEHERINNEN
VERDIENEN

praxis

In diesem Kapitel lernt ihr,

- wie der Staat im Wirtschaftsgeschehen in Erscheinung tritt,
- welche Aufgaben der Staat übernimmt,
- welche wirtschaftspolitischen Handlungsfelder es gibt und
- in welchen Phasen wirtschaftspolitische Prozesse ablaufen.

IX DIE AUFGABEN DES STAATES

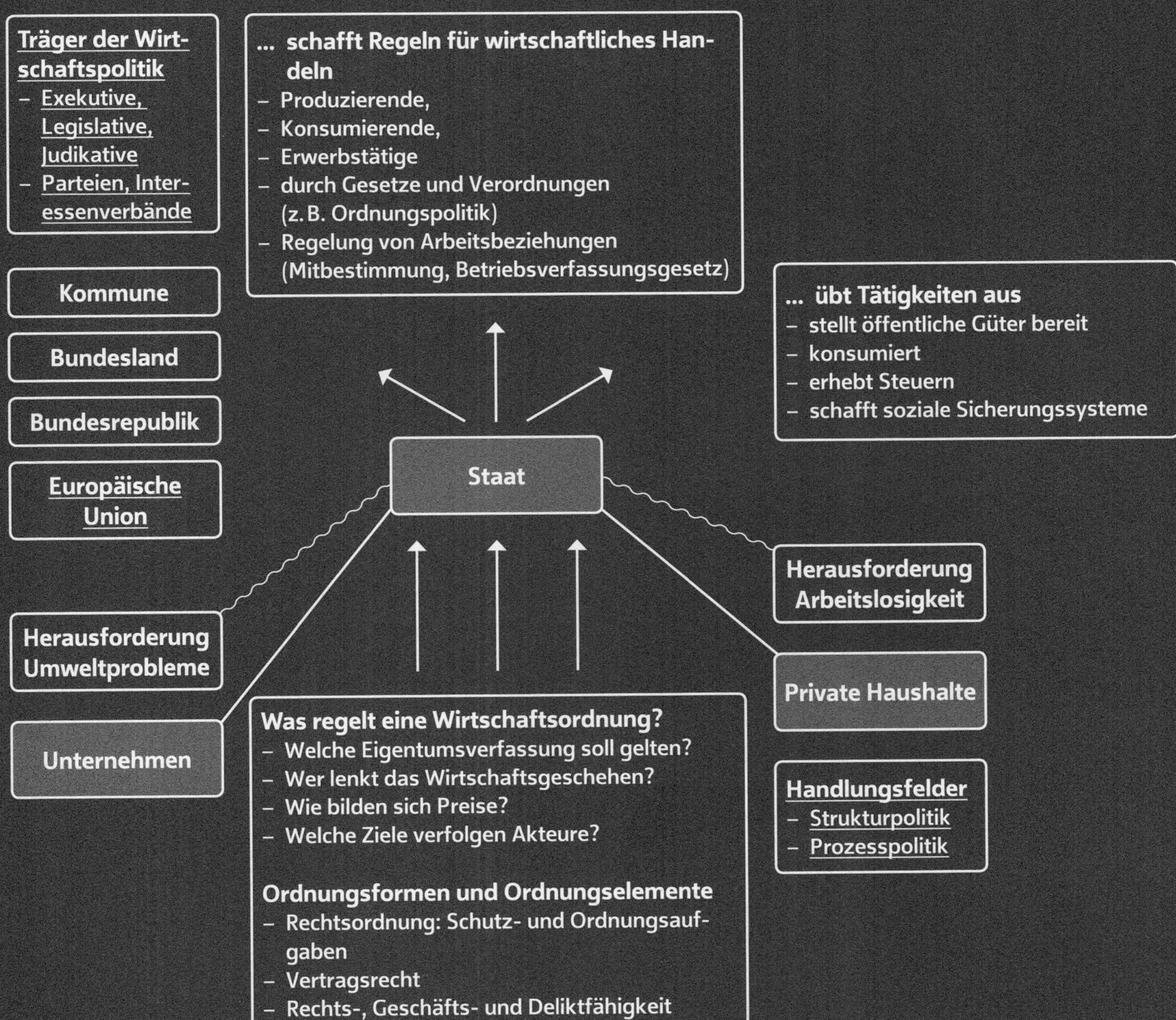

1 Die Aufgaben des Staates

‣ Schlagzeile zur Grundsatzeinigung auf ein gemeinsames Hilfspaket der EU-Staaten zur Corona-Krise

Jeden Tag wird in Nachrichtensendungen, im Internet, in Zeitungen und Zeitschriften über staatliche Institutionen (= Einrichtungen) und ihre Handlungen berichtet. In vielen Fällen spielen dabei wirtschaftliche Fragestellungen eine Rolle. Der Staat tritt dabei in unterschiedlichen „Rollen" auf, die sich gut anhand eines Fußballspiels veranschaulichen lassen.

‣ In den offiziellen Fußballregeln ist die Größe eines Tores genau geregelt: 7,32 m hoch, 2,44 m breit.

Regelsetzer: Der Staat erlässt Rahmenvorgaben, Gesetze, Verordnungen u. Ä., die die Handlungsmöglichkeiten der Akteure im Wirtschaftsgeschehen festlegen.

‣ Ein Schiedsrichter verweist einen Spieler des Feldes.

Schiedsrichter: Staatliche Einrichtungen (z. B. Behörden, Gerichte) kontrollieren die Einhaltung dieser Regeln und bestrafen Verstöße.

‣ Fußballspielerinnen kämpfen um den Ball.

Spieler: Der Staat agiert auch selbst im Wirtschaftsgeschehen, wenn er etwa Unternehmen beauftragt, Straßen zu bauen oder wenn er eigene (öffentliche) Betriebe zur Erfüllung bestimmter Aufgaben unterhält. Darüber, wie stark der Staat die einzelnen Rollen wahrnehmen soll, gibt es immer wieder Streit, beispielsweise zwischen den politischen Parteien. Während die einen es für sinnvoll halten, dass sich der Staat weitgehend auf die Festlegung von Regeln konzentriert und ansonsten wenig in das Marktgeschehen eingreifen soll, befürworten andere – gerade in Krisenzeiten – die gezielte Einflussnahme.

Um einen ersten Überblick über die Vielfalt der staatlichen Aufgaben und Akteure zu bekommen, ist es hilfreich, sich die Berichterstattung einer Zeitung etwas genauer anzusehen. Wertet dazu – gegebenenfalls in Gruppenarbeit – eine Woche lang eine regionale und/oder überregionale Tageszeitung unter folgenden Fragenstellungen aus:

a) Über welche wirtschaftspolitischen Themen wird berichtet?
b) Welche politischen Entscheidungsträger (u.a. Parlamente, Regierungen, Behörden) sind mit diesen Themen befasst?
c) Auf welcher Ebene wird diskutiert bzw. entschieden (Kommune/Stadt; Bundesland; Bund; Europäische Union; weltweit)?

▸ Ihr könnt in der Klasse auch verschiedene Zeitungen auswählen und eure Tabellen nach der Auswertung miteinander vergleichen.

Wählt für jeden Tag nur die eurer Meinung nach wichtigsten bzw. für euch interessantesten Meldungen aus. Berücksichtigt bei der Auswertung neben dem politischen Teil und dem Wirtschaftsteil auch den Regional- und Lokalteil der Tageszeitung. Legt eine Tabelle nach folgendem Muster an und tragt eure Beobachtungen ein.

Wochentag/Datum	Thema/Artikelüberschrift/ Platzierung	beteiligte Entscheidungsträger	betroffene politische Ebene
Montag, ...	?	?	?
Dienstag, ...	?	?	?
Mittwoch, ...	?	?	?
Donnerstag, ...	?	?	?
Freitag, ...	?	?	?
Samstag, ...	?	?	?

1. Erklärt in eigenen Worten, wie sich die Rollen des Staates im Wirtschaftsgeschehen anhand eines Fußballspiels veranschaulichen lassen.

2. Führt eine Auswertung von Tageszeitungen wie beschrieben durch.

2 Wirtschaftspolitische Entscheidungsträger

Bei der Analyse der Zeitungen werden euch unterschiedliche Entscheidungsträger begegnen. Je nach politischer Ebene gibt es unterschiedliche Entscheidungsträger. Grundsätzlich unterschiedet man die Legislative und die Exekutive. Die Legislative beschließt Gesetze, die Exekutive setzt die beschlossenen Gesetze um.

‣ Plenarsaal des Europäischen Parlamentes in Straßburg

Europäische Union

Auf Ebene der europäischen Union sind der Europäische Rat und das Europäische Parlament für Beschlüsse im Gesetzgebungsverfahren zuständig. Die Umsetzung dieser Beschlüsse erfolgt durch die EU-Kommision, die nationalen Regierungen oder durch nachgeordnete Instanzen.

‣ Bundeskanzleramt in Berlin

Bundesrepublik Deutschland

Auf Bundesebene werden Gesetze vom Bundestag und ggf. Bundesrat beschlossen. Umgesetzt werden die Beschlüsse anschließend von der Bundesregierung, also z. B. dem Verkehrsministerium, und nachgeordneten Behörden, z. B. dem Bundeskartellamt.

‣ Plenarsaal des Niedersächsischen Landtages in Hannover

Bundesländer (Deutschland)

Auf Landesebene werden Gesetze von den jeweiligen Landesparlamenten beschlossen. Umgesetzt werden die Beschlüsse anschließend von der jeweiligen Landesregierung, also z. B. dem Kultusministerium, und nachgeordneten Behörden, z. B. Landesschulbehörden.

‣ Rathaus der Stadt Osnabrück

Kommunen (Deutschland)

Auf kommunaler Ebene werden Beschlüsse von den jeweils zuständigen Körperschaften, z. B. Kreistagen, Stadträten, Gemeinderäten, Ortsräten usw. gefasst. Umgesetzt werden die Beschlüsse anschließend von der jeweils zuständigen Verwaltung, also Kreisverwaltung, Stadtverwaltung, Gemeindeverwaltung usw. Nachgeordnet sind diesen Verwaltungen häufig kommunale Betriebe, etwa Wasser- und Abwasserverband.

▸ Greenpeace

▸ Reporter ohne Grenzen

▸ Deutscher Hotel- und Gaststättenverband

▸ IG Metall

Der Einfluss von Interessengruppen

Immer dann, wenn (wirtschafts-)politische Entscheidungen getroffen werden, sind unterschiedliche Bevölkerungsgruppen betroffen. Diese haben häufig verschiedene Interessen und bewerten deshalb die Wirkung einzelner gesetzlicher Regelungen ganz unterschiedlich. Wenn eine neue gesetzliche Regelung – z. B. zur Einführung einer Geschwindigkeitsbegrenzung auf Autobahnen – diskutiert wird, werden die verschiedenen gesellschaftlichen Gruppen versuchen, ihre Interessen schon im politischen Entscheidungsprozess deutlich zu machen und die Politikerinnen und Politiker so zu beeinflussen, dass sie ihren Interessen entsprechend abstimmen bzw. entscheiden. Und da dies Einzelne nicht leisten können, schließen sich Gleichgesinnte zu Gruppen bzw. zu Interessenverbänden zusammen.

Der Zusammenschluss von Menschen, die gleiche Ziele verfolgen, ist in einer Demokratie vollkommen in Ordnung. Wäre dies nicht so, gäbe es z. B. auch keine Parteien. Es gibt auch viele Vereinigungen, die nicht in erster Linie die Durchsetzung von Interessen anstreben, so z. B. Sport- oder Brieftaubenzüchtervereine. Allerdings können auch diese Vereine in Ausnahmefällen als Interessenorganisationen auftreten, etwa wenn Sportvereine sich um den Bau von neuen Sportanlagen (etwa Fußballplätzen) bemühen.

Dagegen sind Interessenverbände Organisationen, die gegenüber staatlichen Stellen und der Öffentlichkeit die Interessen ihrer Mitglieder vertreten. Zu den Interessenvertretungen zählen öffentliche Institutionen wie Industrie- und Handelskammern sowie Bürgerinitiativen, Gewerkschaften, Naturschutzverbände usw.

1. Bearbeitet in Gruppen jeweils eine der vier politischen Ebenen, die auf S. 178 dargestellt werden: Recherchiert den jeweiligen Rechtsetzungsprozess und wie die beschlossenen Rechtsvorschriften umgesetzt werden. Präsentiert eure Ergebnisse.
2. Nennt weitere Interessengruppen, die ihr kennt.

‣ Ordnungspolitik: Das sind etwa staatliche Regelungen zum Online-Shopping und zu anderen Fernabsatzgeschäften, beispielsweise zum Widerrufsrecht oder zur Mängelhaftung.

3 Handlungsfelder der Wirtschaftspolitik

Die Analyse der Tageszeitung gibt einen Überblick über die Vielfalt der staatlichen Entscheidungen und Maßnahmen, die das Wirtschaftsgeschehen beeinflussen. Um etwas mehr Übersicht zu erreichen, ist es sinnvoll, die einzelnen wirtschaftspolitischen Handlungen größeren Handlungsfeldern zuzuordnen. Diese Handlungsfelder unterscheiden sich z. B. hinsichtlich der Ziele der Maßnahmen, ihrer zeitlicher Ausrichtung (kurz-, mittel- und langfristig) und den Bereichen, bei denen sie ansetzen.

Generell werden drei wirtschaftspolitische Handlungsfelder unterschieden: Ordnungspolitik, Prozesspolitik und Strukturpolitik.

Ordnungspolitik

Was eine Wirtschaftsordnung ist, welche Funktionen sie erfüllt und wie sie sich in der Marktwirtschaft darstellt, habt ihr auf den Seiten 89–109 bereits erfahren. Unter dem Begriff der Ordnungspolitik fasst man alle wirtschaftspolitischen Maßnahmen zusammen, die der längerfristigen Gestaltung und Weiterentwicklung der Wirtschaftsordnung dienen. Es geht also darum, die Rahmenbedingungen für das Wirtschaftsgeschehen zu bestimmen. Es werden die Regeln festgelegt, an die sich alle Akteure (private Haushalte, Unternehmen, der Staat selbst) halten müssen. Da liegt es auf der Hand, dass ordnungspolitische Entscheidungen langfristig wirken sollen. Andererseits müssen Regeln immer wieder überprüft und neu gestaltet werden.

Ein gutes Beispiel für ordnungspolitische Maßnahmen sind staatliche Regelungen zum Online-Shopping und zu anderen Fernabsatzgeschäften. Hier gibt es zahlreiche Vorgaben, etwa zum Widerrufsrecht oder zur Mängelhaftung. So können Verbraucherinnen und Verbraucher Fernabsatzverträge in der Regel 14 Tage widerrufen. Das heißt, sie können die bestellte Ware zurücksenden und erhalten im Gegenzug ihr Geld zurück. So soll der Nachteil ausgeglichen werden, dass die Kundinnen und Kunden die Ware nicht direkt im Geschäft prüfen können.

1. Erklärt, warum es sich bei den genannten Regelungen zu Fernabsatzgeschäften um Maßnahmen der Ordnungspolitik handelt.

▸ EZB-Zentrale in Frankfurt am Main

▸ Bau der ICE-Unstruttalbrücke im Rahmen des Verkehrsprojektes *Deutsche Einheit Nr. 8*

Prozesspolitik

Unter Prozesspolitik verstehen wir alle wirtschaftspolitischen Maßnahmen, die das Wirtschaftsgeschehen steuern sollen. Im Unterschied zur Ordnungspolitik verändert die Prozesspolitik also nicht den Rahmen wirtschaftlichen Handelns, sondern beeinflusst direkt das Wirtschaftsgeschehen. Das geschieht oft sehr kurzfristig. Dabei muss sie allerdings die festgelegten Rahmenbedingungen beachten.

Ein Beispiel für Prozesspolitik ist die Geldpolitik der Europäischen Zentralbank. Der EZB-Rat tagt in der Regel alle 14 Tage und bewertet aktuelle volkswirtschaftliche Entwicklungen in der Eurozone und weltweit. Basierend auf dieser Bewertung werden dann Entscheidungen getroffen, etwa zum Leitzins oder zu anderen geldpolitischen Maßnahmen (z. B. zu Anleihekäufen). Dabei hat die EZB die europarechtlichen Vorgaben zu beachten.

Strukturpolitik

Unter den Begriff Strukturpolitik werden alle wirtschaftspolitischen Maßnahmen gefasst, bei denen die Gestaltung der Struktur einer Volkswirtschaft im Zentrum steht. Grundsätzlich unterscheidet man die mittelfristigen Maßnahmen, die zur Erhaltung oder Entwicklung einer Wirtschaftsregion (regionale Strukturpolitik) eingeleitet werden, von solchen, die einzelne Wirtschaftszweige (sektorale Strukturpolitik) betreffen.

Ein Beispiel für Strukturpolitik ist die Verkehrspolitik. Dazu gehören etwa die Planung und der Bau neuer Straßen, Eisenbahnstrecken, Wasserstraßen usw. Besonders intensiv wurde Strukturpolitik im Zusammenhang mit der Deutschen Wiedervereinigung betrieben. Die damit einhergehenden Infrastrukturprojekte werden häufig – zusammen mit anderen wirtschaftspolitischen Projekten – als „Aufbau Ost“ bezeichnet.

1. Wählt aus den Themen, die ihr bei der Zeitungsanalyse auf S. 178 ermittelt habt, drei Beispiele aus und ordnet sie den Handlungsfeldern zu.
2. Begründet eure Auswahl, indem ihr auf die Zeitdimension, die Ansatzpunkte und die Zielsetzungen der Maßnahmen eingeht.

‣ Streik von Erzieherinnen und Erziehern

4 Tarifautonomie

Immer wieder werden Tarifverhandlungen durchgeführt. Regelmäßig verhandeln Arbeitgeber und Arbeitnehmerinnen und Arbeitnehmer nach den „Spielregeln" des Tarifvertragsgesetzes (TVG) über die Festlegung von Arbeitsbedingungen, insbesondere aber über Löhne und Gehälter. Das Ergebnis der Verhandlungen wird dann in einem Tarifvertrag festhgehalten, der für beiden Parteien gilt.

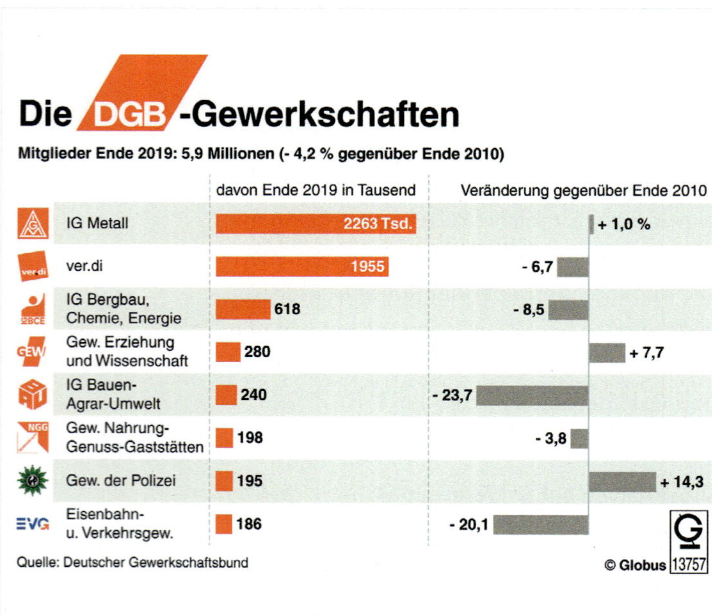

Gewerkschaften

Die Gewerkschaften sind Zusammenschlüsse von Arbeitnehmerinnen und Arbeitnehmern zur Vertretung ihrer Interessen gegenüber Arbeitgebern und Staat, wenn dieser als Arbeitgeber (z. B. in Behörden) in Aktion tritt. Ihre Bildung ist im Grundgesetz (Artikel 9, Abs. 3) festgehalten. In der Bundesrepublik Deutschland haben sich Einzelgewerkschaften in einem Dachverband, dem Deutschen Gewerkschaftsbund (DGB), zusammengeschlossen. Zudem schlossen sich von ehemals 16 Einzelgewerkschaften verschiedene Einzelgewerkschaften zu Großgewerkschaften zusammen. Neben den DGB-Gewerkschaften gibt es weitere selbstständige Arbeitnehmerorganisationen. Die wichtigsten sind: der Deutsche Beamtenbund (DBB), der Christliche Gewerkschaftsbund (CGB) und der Deutsche Bundeswehr-Verband (DBwV).

Gewerkschaftlich organisiert sind in Deutschland etwa 20 % der Arbeitnehmerinnen und Arbeitnehmer. Zur Finanzierung der Gewerkschaften zahlen sie Mitgliedsbeiträge (durchschnittlich 1% des Bruttolohns). Im Falle von Streiks zahlen diese an ihre Mitglieder Streikgeld als Ausgleich für den Verdienstausfall.

Arbeitgeberverbände

Auf der anderen Seite haben sich die Arbeitgebern zur Wahrung ihrer Interessen zu eigenen Verbänden zusammengeschlossen. Selbstverständlich kann eine einzelne Arbeitnehmerin oder ein einzelner Arbeitnehmer mit einem Arbeitgebern ihren oder seinen Arbeitsvertrag abschließen, dann aber handelt es sich um eine Einzelvereinbarung bzw. einen Einzelvertrag (= individueller Vertrag). Der Tarifvertrag ist eine gemeinschaftliche Vereinbarung (= kollektiver Vertrag), die für eine ganze Gruppe von Arbeitnehmerinnen und Arbeitnehmern und Arbeitgebenden gilt.

Tarifautonomie

Die Arbeitsbedingungen der meisten Arbeitnehmerinnen und Arbeitnehmer sind durch Tarifverträge geregelt. Der Staat ist als Arbeitgeber für die Beschäftigten im öffentlichen Dienst auch Tarifpartei. Alle anderen Tarifverhandlungen und -verträge darf dieser jedoch nicht beeinflussen. Die sogenannte Tarifautonomie ist in Artikel 9, Abs. 3 GG ausdrücklich festgeschrieben. Die Tarifpartner, also Arbeitgeberverbände und Gewerkschaften, sind zuständig für Löhne, Gehälter und Ausbildungsvergütungen, für Pausenregelungen, Wochenarbeitszeit und den Urlaub. Das heißt, dass an dieser Stelle jeder staatliche Eingriff unzulässig ist. Der Staat darf die Verhandlungsergebnisse nicht durch Gebote oder Verbote beeinflussen. Eine Ausnahme ist die Verletzung von Gesetzen. Möglich sind nur indirekte Beeinflussungen, zu denen der Staat verpflichtet ist. Deshalb veröffentlicht die Bundesregierung z. B. Empfehlungen für die Tarifverhandlungen, die nicht überschritten werden sollten.

Tarifverhandlungen sind durch Interessenkonflikte der Tarifparteien geprägt. Es liegt auf der Hand, dass die Arbeitnehmerseite z. B. an möglichst hohen Löhnen interessiert ist, während Arbeitgeber das Gegenteil wünschen. Können sich die Parteien über einen längeren Zeitraum nicht einigen, so haben die Arbeitnehmerinnen und Arbeitnehmer die Möglichkeit, in den Streik zu treten, d. h. ihre Arbeit niederzulegen. Hierdurch soll der Druck auf die Arbeitgeber erhöht werden. Für Streiks gibt es allerdings auch klare Regeln, zudem gibt es Verhandlungspflichten.

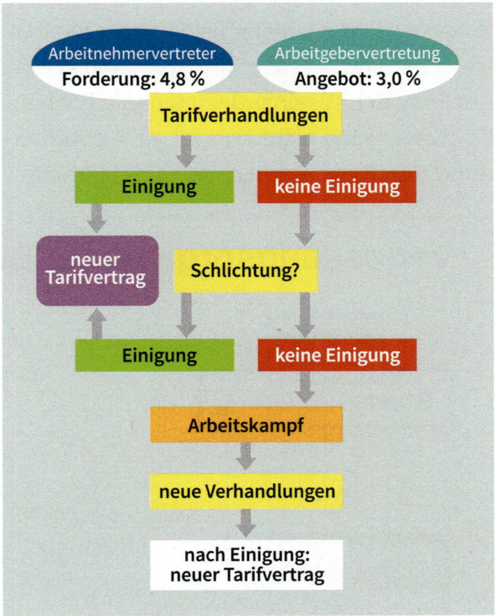

1. Definiert in eigenen Worten den Begriff „Tarifautonomie". Verdeutlicht dabei die Ziele, die mit dieser gesetzlich eingeräumten Autonomie verbunden sind.
2. Erläutert mithilfe der Grafik, wie Tarifverhandlungen ablaufen.
3. Ermittelt im Internet die Regeln hinsichtlich der Durchführung von Streiks. Erklärt, inwiefern diese ein wesentliches Instrument der Arbeitnehmerinnen und Arbeitnehmer in Tarifverhandlungen darstellen.

5 Politikzyklus – Kreislauf der Politik

Einführung

Politik kann als ein ständiger Problemlösungsprozess betrachtet werden. Den Ausgangspunkt politischen Handelns bildet in der Regel ein gesellschaftliches Problem, das nach Ansicht einer großen Anzahl von Menschen politisch gelöst werden soll. Ob ein gesellschaftliches Problem zu einem politischen, d.h. mit den Mitteln der Politik zu lösenden Problem wird, ist meist das Ergebnis einer mehr oder minder heftigen öffentlichen Auseinandersetzung zwischen Personen, Gruppen, Parteien und Verbänden, die ihre jeweiligen Sichtweisen des Problems durchzusetzen versuchen. Die Medien spiegeln diese Auseinandersetzung nicht nur wider, sondern beeinflussen sie auch, indem z.B. Zeitungen für die eine oder andere Seite Partei ergreifen.

Am Ende der Auseinandersetzung steht häufig (wenn auch nicht immer) eine Entscheidung durch die staatlichen Entscheidungsorgane, zum Beispiel durch Bundestag und Bundesrat, die in einem genau geregelten Verfahren ein Gesetz beraten und beschließen.

▸ Abstimmung im Bundestag

Um den Entscheidungsprozess genau nachvollziehen zu können, ist es notwendig, die wichtigsten staatlichen Organe und ihre Beziehungen zu kennen. Die folgende Grafik stellt die Verfassungsorgane der Bundesrepublik Deutschland und die zwischen ihnen bestehenden Verknüpfungen dar.

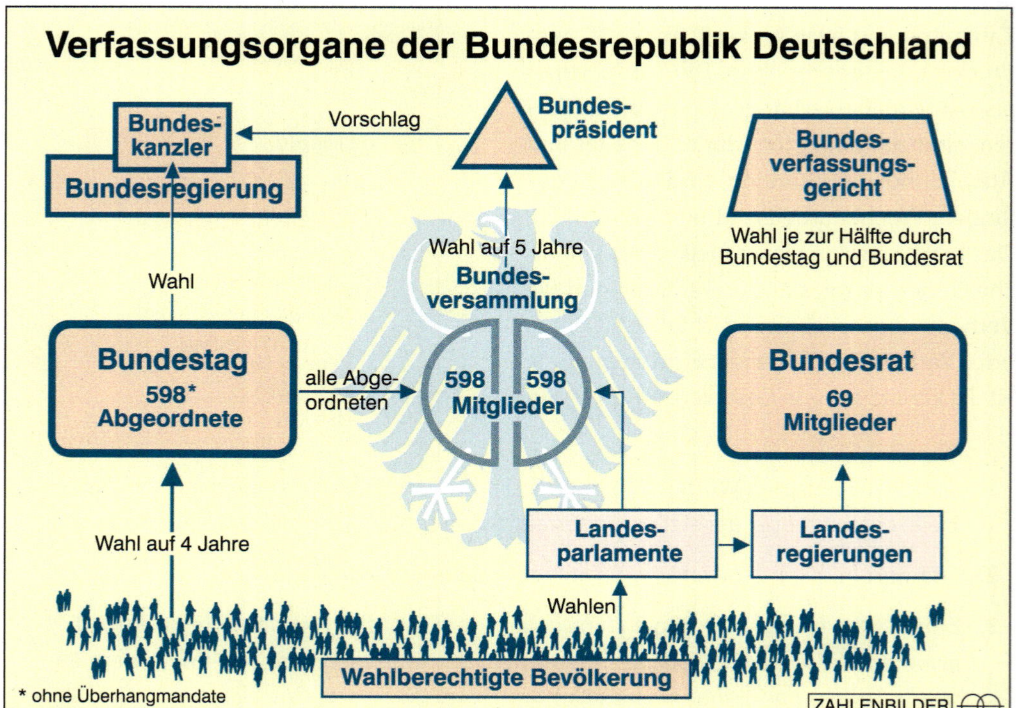

62 110

▸ Polizeikontrolle

▸ Demonstration gegen die EU-Urheberrechtsreform

Mit der getroffenen Entscheidung ist der politische Problemlösungsprozess aber keineswegs abgeschlossen. Damit beispielsweise ein Gesetz nicht nur ein Stück Papier bleibt, muss es von den zuständigen Behörden „vollzogen“, d.h. in zahllosen Einzelfallentscheidungen praktisch umgesetzt werden. Werden z.B. bestimmte Verhaltensweisen verboten, weil sie umweltschädlich sind (z.B. das Waschen von Autos im eigenen Garten), so ist festzulegen, wie Verstöße bestraft werden sollen. Kontrollen der Polizei müssen entsprechend angepasst werden. Die Reaktionen der Menschen auf eine politische Entscheidung können sehr unterschiedlich sein und von uneingeschränkter Unterstützung über widerwillige Befolgung bis zu offenem Widerstand in Form von Demonstrationen, Streiks, Wahl von Oppositionsparteien etc. reichen. Es ist dann durchaus möglich, dass der ganze Zyklus (= Kreislauf) von Neuem beginnt: Wieder findet eine Auseinandersetzung über verschiedene Lösungsmöglichkeiten statt, es kommt zu Verhandlungen und Entscheidungen usw. Der Politikzyklus ist kein Abbild, sondern ein Modell der politischen Wirklichkeit. Wie jedes Denkmodell hat auch der Politikzyklus die Funktion, eine komplizierte Realität so zu vereinfachen, dass sie überschaubar und verständlich wird.

Fünf-Phasen-Modell des Politikzyklus

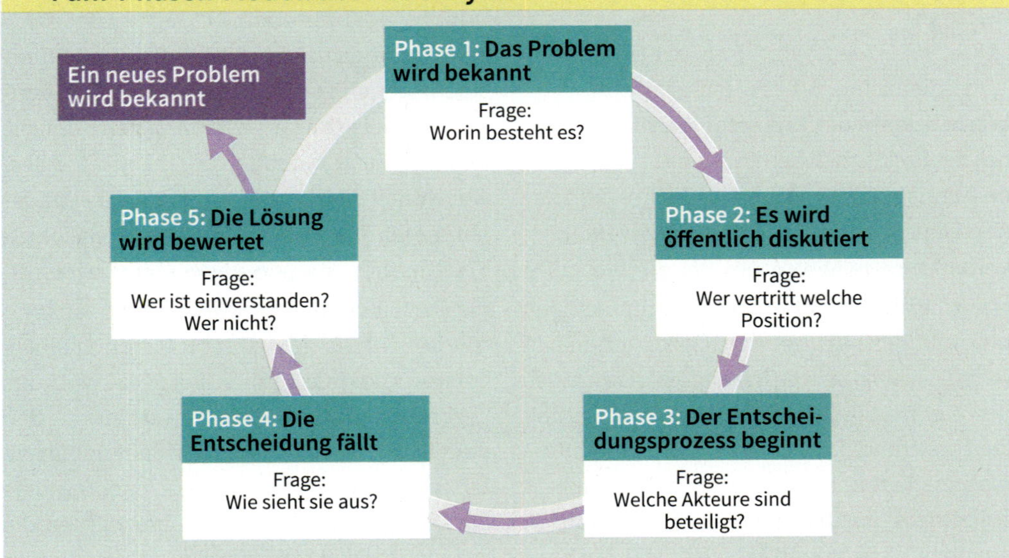

1. Erläutert in eigenen Worten, was der Politikzyklus ist.

Der damalige Bundespräsident Horst Köhler unterschrieb das Gesetz zunächst nicht.

Anwendung des Politikzyklus am Beispiel des Verbraucherinformationsgesetzes

Nehmen wir als Beispiel für die Anwendung des Modells die Auseinandersetzung um das Verbraucherinformationsgesetz. Es trat größtenteils 2008 in Kraft und wurde seitdem aktualisiert und evaluiert. Immer wieder sind die Bestimmungen Grund für Auseinandersetzungen vor Gericht, etwa weil Unternehmen Informationen nicht veröffentlicht sehen möchten.

1. Problem:

Worin besteht das Problem? Welche Aufgabe hat die Politik zu lösen?

Im August 2005 werden in München 90 Tonnen Fleisch beschlagnahmt, deren Haltbarkeitsdatum teilweise um bis zu vier Jahre überschritten ist. Viele Gaststätten, Kantinen und Imbisse sind betroffen. Durch diesen und weitere „Gammelfleischskandale“, über die in den Medien ausführlich berichtet wird, erhält die Forderung nach einem Verbraucherinformationsgesetz neuen Auftrieb. Das Gesetz soll einerseits den zuständigen Behörden erlauben, über Verstöße gegen das Lebensmittelrecht und schwerwiegende Verbrauchertäuschung zu informieren, andererseits den Verbraucherinnen und Verbrauchern bestimmte Auskunftsrechte gewähren. Damit sollen solche Lebensmittelskandale in Zukunft verhindert werden.

2. Auseinandersetzung:

Was wirkt auf die Auseinandersetzung ein? Wie verläuft sie?

Nachdem in den vorhergehenden Jahren ein entsprechender Gesetzentwurf der rot-grünen Koalition an der ablehnenden Haltung des Bundesrates gescheitert war, ergreift die Große Koalition im Jahre 2006 erneut die Initiative zu einem Verbraucherinformationsgesetz. In der öffentlichen Diskussion fordern Verbraucherverbände und Oppositionsparteien, aber auch einzelne Vertreterinnen und Vertreter der Regierungsparteien weitergehende Regelungen, insbesondere eine Informationspflicht für Firmen. Die Verbände der Industrie halten die bestehenden Gesetze hingegen für ausreichend.

3. Entscheidung:

Zu welchen Ergebnissen hat der Willensbildungs- und Entscheidungsprozess geführt?

Gegen die Stimmen der Opposition beschließt der Bundestag das Gesetz; auch der Bundesrat stimmt am 21. September 2006 zu. Allerdings unterschreibt der Bundespräsident wegen verfassungsrechtlicher Bedenken das Gesetz nicht, weil darin den Kommunen vom Bund Aufgaben übertragen werden, wozu nach dem Grundgesetz nur die Länder befugt sind. Schon im April 2007 beschließt die Bundesregierung einen Gesetzentwurf, der diese Bedenken berücksichtigt, ansonsten am Inhalt des gescheiterten Gesetzentwurfs festhält. Am 5. Juli 2007 wird das Verbraucherinformationsgesetz durch den Bundestag verabschiedet – erneut gegen die Stimmen der Fraktionen Die Linke, Bündnis 90/Die Grünen und FDP. Dabei werden die Einwände des Bundespräsidenten durch eine spezielle Formulierung berücksichtigt. Der Bundesrat stimmt dem Gesetz am 21. September 2007 zu.

4. Vollzug der Entscheidung:

Wie wird die Entscheidung umgesetzt?

Alle Verbraucherinnen und Verbraucher sollen Einblick in die Informationen über bestimmte Produkte (Lebens- und Futtermittel, Wein sowie Kosmetika) erhalten, die den Behörden vorliegen. Die Behörden wiederum sollen das Recht haben, über bestimmte Sachverhalte aktiv zu informieren. Es soll künftig möglich sein, von den Behörden zu erfragen, ob Produkte allergieauslösende Stoffe enthalten oder welche sonstigen Untersuchungsergebnisse darüber vorliegen. Behörden wiederum sollen in die Lage versetzt werden, Hinweise über Produkte weitergeben zu können, bei denen beispielsweise eine erhebliche Überschreitung von Grenzwerten festgestellt wurde. Auch bei einem Verstoß gegen Verbraucherschutzvorschriften soll den Behörden gestattet sein, die Namen der Firmen bekanntzugeben, was in Deutschland bisher nicht möglich war.

▸ Zahlreiche Lebensmittelskandale, insbesondere im Zusammenhang mit sogenanntem „Gammelfleisch", beförderten Mitte der Nullerjahre die Forderungen nach neuen gesetzlichen Regelungen zum Schutze der Verbraucherinnen und Verbraucher.

5. Bewertung:

Wie wird die Entscheidung bewertet?

Während die Opposition (FDP, Linke, Grüne) und die Verbraucherverbände den Gesetzentwurf wegen der vielen Ausnahmen für einen „zahnlosen Tiger" halten, spricht die Regierung von einem „Quantensprung für die Verbraucher".

Die Lebensmittelwirtschaft wiederum kritisiert ihrerseits das Vorgehen der Verbraucherschutzorganisationen im Zuge des Gesetzes. Nach ihrer Ansicht dienen viele Anfragen ohne konkreten Anlass lediglich dazu, Angiffe gegen die Unternehmen zu organisieren.

6. Reaktionen:

Wie reagieren Individuen und Gruppen auf die Entscheidung? Welche neuen Probleme resultieren daraus?

Das neue Verbraucherinformationsgesetz sieht vor, dass Behörden auch dann die Namen von Herstellern öffentlich bekannt geben können, wenn das Verwaltungsverfahren noch nicht abgeschlossen ist, also beispielsweise die Gegenprobe in einem zweiten Labor noch nicht untersucht und bewertet wurde. Dadurch werden die Verbraucherinnen und Verbraucher zum einen schneller informiert, zum anderen besteht jedoch auch die Gefahr, dass Unternehmen zu Unrecht in Verruf geraten können.

1. Erläutert am Beispiel des Verbraucherinformationsgesetzes die Beteiligung der Verfassungsorgane am Politikzyklus.
2. Recherchiert im Internet die weitere Entwicklung des Verbraucherinformationsgesetzes in den Jahren nach dessen Inkrafttreten. Nehmt Stellung dazu, ob ihr das Gesetz als Erfolg bezeichnet würdet.

6 Wirtschaft und Ethik

Das Ausgangsproblem

Öffentliche Diskussionen zeigen: Es gibt eine zunehmend kritische Auseinandersetzung von Bürgerinnen und Bürgern mit der Wirtschaftsordnung unseres Landes. Dies ist aus der Sicht vor allem solcher Bürgerinnen und Bürger verständlich, die z. B. keinen Arbeitsplatz gefunden haben oder über ein aus ihrer Sicht zu niedriges Einkommen verfügen und dies als ungerecht und unsozial empfinden. Nicht selten wird stellvertretend das Verhalten von Unternehmen und Managerinnen und Managern kritisiert.

Bürgerinnen und Bürger stellen sich die Frage: Wie sozial ist eigentlich die „soziale Marktwirtschaft“? Und zumeist gibt es Aussagen wie: „Das ist nicht moralisch, das ist nicht ethisch.“ Manchen sind die Gewinne von Unternehmen zu hoch, anderen wird zu wenig für den Umweltschutz getan. Die nächste Person empfindet die Gehälter der Managerinnen und Manager als unmoralisch und eine andere Person wiederum beklagt, wie wenig für die Entwicklungsländer getan wird.

▸ Geländewagen und Nachhaltigkeit?

B EIN TISCHGESPRÄCH

Herr Fischer (48 Jahre, soeben arbeitslos geworden), Frau Fischer (42 Jahre, Kassiererin im Großmarkt) und die Kinder Alex (16 Jahre, besucht die Klasse 10), Emma (18 Jahre, ist in der Ausbildung als Kfz-Mechatronikerin)

Herr Fischer (stöbert im Regionalteil der Tageszeitung): „Typisch, da stecken sich die Unternehmer wieder die Taschen voll und von uns werden 40 Personen entlassen. Kosten reduzieren nennen sie das oder die internationale Wettbewerbsfähigkeit stärken. Und hier!“ Er zeigt auf einen Text. „Auch wieder mal typisch: Neuer Umweltskandal. Gibt es denn überhaupt keine Moral mehr? Früher waren die Unternehmer doch anders.“

Emma: „Blödsinn! Unser Laden läuft jedenfalls gut. Heute haben wir wieder zwei Geländewagen verkauft. Ich frage mich: Die verbrauchen doch mindestens 18 Liter Benzin und dann wird überall von Energieknappheit gesprochen. Das ist doch Wahnsinn, aber für uns in der Firma ist das gut.“

Alex: „Klar, wenn man immer nur an sich denkt und die einen den anderen egal sind. An die Umwelt wird nicht gedacht. Immer große Sonntagsreden, aber die anderen sollen mit dem Energiesparen anfangen.“

Emma: „Hör auf, uns hier moralische Reden zu halten. Du wirst auch noch froh sein, wenn du einen Arbeitsplatz hast. Du willst doch Textilkaufmann werden. Was da alles so gekauft wird, ist doch auch kein Beitrag zum Schutz der Umwelt. Und dann kommen diese Klamotten noch aus den Entwicklungsländern und sind mit Kinderarbeit produziert worden. Doppelte Moral nennt man das!“

Frau Fischer: „Moral kannst du dir leisten, wenn du satt wirst. Jeder muss doch erst mal an sich denken. Wir werden uns jetzt auch einschränken müssen, solange Papa arbeitslos ist. Und ob er in seinem Alter noch was bekommt, das ist auch die Frage und übrigens ... wenn ich für Alex ein T-Shirt für 10 € bekommen kann und dafür nicht 20 € bezahlen muss, nur weil es aus Deutschland kommt, dann kannst du dreimal überlegen, welches ich nehme ... ■

Zur Unterscheidung von Moral und Ethik

Wie sozial ist die „soziale Marktwirtschaft“? Welche Bedeutung haben Moral und Ethik? Muss man sich entscheiden für Unternehmensgewinne oder für Umweltschutz, für soziale Sicherung oder für „soziale Kälte“, für Wachstum oder für Armutsbekämpfung? Gibt es einen Gegensatz zwischen Ökonomie und unseren herkömmlichen Wertvorstellungen? Schließen sie sich gegenseitig aus? Im Folgenden wollen wir begründen, dass dies nicht der Fall ist. Unterscheiden wir zunächst zwischen Moral und Ethik.

Unter Moral versteht man die Summe von Regeln und Normen, die das Handeln der Menschen bestimmen bzw. bestimmen sollen und deren Übertretung zu Schuldvorwürfen gegen sich selbst bzw. gegen andere führt. Ethik ist die wissenschaftliche Auseinandersetzung mit der Moral, es ist die Theorie von der Moral.

▸ Umweltschutz oder Kosten sparen? Oder geht auch beides zusammen?

Viele Akteure im Wirtschaftsgeschehen sehen sich häufig gleichzeitig ökonomischen und moralischen Forderungen gegenüber. Ein gutes Beispiel hierfür ist die Unternehmerin, die zu entscheiden hat, ob sie umweltfreundliche Technologien (zum Wohle aller) einsetzen soll, obwohl die dadurch verursachten Kosten ihren Gewinn (z. B. zu Lasten der Aktionärinnen und Aktionäre) einschränken. Auch dies hat wiederum Auswirkungen auf die Allgemeinheit, wenn z. B. eine Arbeitnehmerin oder ein Arbeitnehmer mit Aktien für das Alter vorsorgt.

1. Erklärt in eigenen Worten den Unterschied zwischen Ethik und Moral.
2. Interpretiert die abgebildete Karikatur.

▸ Bundesagentur für Arbeit

Wer ist schuld an der Arbeitslosigkeit?

Diese Frage ist nicht pauschal zu beantworten und die gegebene Antwort hängt meistens davon ab, welche Person gefragt wird. In der Regel werden für die Arbeitslosigkeit verschiedene Gruppen verantwortlich gemacht: Die Arbeitslosen selbst, die Unternehmen oder die Gewerkschaften.

1. häufig geäußerter Vorwurf: Arbeitslose sind faul und selbst an ihrem Schicksal schuld. Und – so ein weiterer Vorwurf – sie suchten gar nicht nach einem neuen Arbeitsplatz, weil das „soziale Netz" in Deutschland so dicht ist und keiner durch das Netz fallen kann. Da lassen sich mehrere Fragen stellen: Wenn ein Familienvater mit Arbeit weniger verdient, als wenn er nicht arbeitet, dann wäre es gegenüber der eigenen Familie sogar verantwortungslos, wenn er arbeiten gehen würde. Liegt das Problem also in der Situation oder bei der Person? Dass es Faulenzerinnen und Faulenzer gibt, die sich ungerechtfertigt beklagen, lässt sich damit natürlich nicht entschuldigen. Aber ein Fehler könnte deshalb auch darin liegen, dass das System der sozialen Sicherung fehlerhaft konstruiert ist und solche Faulenzerinnen und Faulenzer begünstigt.

2. häufig geäußerter Vorwurf: Die Gewerkschaften sind schuld mit ihren hohen Lohnforderungen. Auch hier lassen sich berechtigte Fragen stellen. Wer sitzt am Verhandlungstisch: Sind es die Gewerkschaften alleine oder sitzen dort nicht auch die Vertreterinnen und Vertreter der Arbeitgeberverbände? Die Gewerkschaften müssen die Interessen ihrer Mitglieder vertreten. Man könnte auch fragen: Wie sehen die gesetzlichen Regelungen beim Arbeitsrecht, beim Tarifrecht aus und liefern diese Regelungen den Gewerkschaften nicht die Argumente, so zu handeln, wie sie handeln? Diese Fragen gelten auch für die Arbeitgeberverbände, die am Verhandlungstisch sitzen.

3. häufig geäußerter Vorwurf: Die Unternehmen sind an der Arbeitslosigkeit schuld. Sie handeln, so der Vorwurf, gesellschaftlich verantwortungslos, weil sie zugunsten der Gewinne die Beschäftigung abbauen und/oder Betriebe ins Ausland verlagern. Fragen dazu:
- Ist eine Managerin oder ein Manager verantwortungslos, wenn sie oder er für das ihr oder ihm anvertraute Kapital der Eigentümerinnen und Eigentümer eines Unternehmens versucht, eine hohe Rendite zu erzielen?
- Kann es nicht so sein, dass z. B. durch die Investitionen in das Unternehmen in Polen die Arbeitsplätze im Mutterunternehmen in Niedersachsen sogar sicherer werden?
- Könnte die hohe Arbeitslosigkeit bei der Gruppe der Beschäftigten mit geringer Qualifikation auch daran liegen, dass die Rahmenbedingungen in Deutschland für Unternehmen nicht so attraktiv sind (sehr hohe Löhne und Lohnnebenkosten, die Steuergesetzgebung, das Arbeitsrecht), um solche Personen zu beschäftigen oder daran, dass diese Personen nicht über die erforderlichen Qualifikationen verfügen und wenig bereit sind, sich nachqualifizieren zu lassen?

Weitere Antworten auf die einzelnen Vorwürfe sind in jedem Fall möglich und auch die Liste der Vorwürfe ließe sich erweitern. Es müssen also weitere grundsätzliche Überlegungen angestellt werden.

▸ Verletzung der Spielregeln und Ahndung durch den Schiedsrichter

Überlegungen zur Analyse
Man muss also vorsichtig sein, eine einzelne Gruppe bzw. eine Person alleine für die Arbeitslosigkeit verantwortlich zu machen. Auch die rechtlichen Rahmenbedingungen, die Strukturen des politischen Systems, die Bestimmungen im System der sozialen Sicherung oder andere Faktoren, etwa die Lage der Konjunktur, könnten geprüft werden.

Man könnte auch sagen: Es müssen die Regeln geändert werden, damit sich das Spiel ändert. Wir diskutieren deshalb zwei Lösungswege: Veränderung der Spielregeln oder der Spielzüge?

1. Überlegung: Spielzüge
Man setzt beim einzelnen Menschen an, z. B.: „Du, Linus, hast Folgendes zu tun: Schütze die Umwelt, hilf den Armen usw." Da ja niemand ernsthaft die Ökonomie höher als die Moral einschätzt, kommt es zu einem Vorrang der Moral vor der Ökonomie. Und wenn sich alle Menschen danach richten würden, könnte die Wirtschaft gezügelt werden. Das heißt: Die Verantwortung für moralisches Handeln liegt beim einzelnen Menschen im Wirtschaftsprozess, also bei den Spielzügen.

2. Überlegung: Spielregeln
Es geht hier um die Ausgestaltung der Regeln einer Wirtschaftsordnung. Die zu beklagenden moralischen Zustände in vielen Teilen der Welt werden auf Fehler bei den Regeln, die für Wirtschaft und Politik gelten und auf das Fehlen einer richtigen Ordnung für die Wirtschaft zurückgeführt.

Man könnte auch sagen, dass der 1. Ansatz die Wahrung der Moral vor allem in die Hände der einzelnen Akteure legt, während der 2. Ansatz sich auf die Entwicklung von richtigen Regeln ausrichtet. Der eine Ansatz konzentriert sich auf die Handlungsgesinnungen der einzelnen Menschen, der andere Ansatz konzentriert sich auf die Handlungsbedingungen, die für die einzelnen Menschen gegeben sind. Der 2. Ansatz sieht die Schuld für moralisch fehlerhaftes Verhalten nicht ausschließlich bei dem Individuum, sondern auch in den Rahmenbedingungen. Gibt es z. B. Ausnahmeregelungen im Steuerrecht für Unternehmen, dann darf man sich nicht wundern, wenn diese Ausnahmen von den Unternehmen auch in Anspruch genommen werden. Will die Gesellschaft dies nicht, dann müssen diese Ausnahmen abgeschafft werden.

1. Stellt dar, wie sich die „gesellschaftlichen Spielregeln" in demokratischen Gesellschaften ändern lassen.

Herr Müller in seinem Auto

Gesellschaftliche Probleme als „Trittbrettfahrer"-Probleme

Für das Verständnis von Moral und Ethik ist es wichtig, das sogenannte Trittbrettfahrerproblem zu verstehen. Nehmen wir Folgendes an: Es gibt keine gesetzlichen Regelungen zur Ausstattung von Pkw mit Katalysatoren, obwohl die Technik vorhanden ist. Wir wissen, dass der Einbau von Katalysatoren die Umwelt schützt. Wie wird sich der durchschnittliche Autofahrer Herr Müller verhalten?

Herr Müller hat drei Handlungsmöglichkeiten:

1. Am kostengünstigsten ist es für Herrn Müller, wenn er auf den Katalysator verzichtet, während alle anderen Autofahrerinnen und Autofahrer diesen einbauen lassen. Er hat geringere, die anderen höhere Kosten und sein Verhalten führt trotzdem nicht zu einem spürbaren Anwachsen des Schadens für die Umwelt.

2. Er befindet sich nur in der zweitbesten Situation, wenn er selbst und auch alle anderen Autofahrerinnen und Autofahrer umweltfreundliche Katalysatoren installieren. Alle wenden in gleicher Weise höhere Kosten auf, woraus die Umwelt in gleicher Weise Nutzen zieht.

3. Die schlechteste Situation ist für Herrn Müller gegeben, wenn er selbst einen Katalysator einbaut, während die anderen Autofahrerinnen und Autofahrer darauf verzichten. Er wendet selbst hohe Kosten auf, aber der Nutzen für die Umwelt wird durch sein Verhalten kaum erhöht.

Hilft also ein moralischer Appell allein, z. B. an Herrn Müller, in seinen Wagen einen Katalysator einbauen zu lassen? Nein! Dies wäre eine direkte Aufforderung, seine Einkommenssituation zugunsten anderer zu verschlechtern. Herr Müller wird deshalb solche Aufforderungen auch ablehnen. Für jede Autofahrerin und jeden Autofahrer besteht der Anreiz, die Möglichkeit 1 zu wählen, die sogenannte Trittbrettfahrerposition einzunehmen und entsprechend werden sie handeln. Wie lässt sich das Problem besser lösen? In den Parlamenten wird eine Veränderung des gesetzlichen Rahmens beschlossen, z. B.: Wer keinen Katalysator einbauen lässt, muss mehr Steuern zahlen. Und so ist dies in der Bundesrepublik schon vor vielen Jahren geschehen.

1. Beschreibt, was man unter einem „Trittbrettfahrer" versteht.
2. Erklärt in eigenen Worten den Unterschied zwischen Handlungen und Handlungsbedingungen und das Verhältnis beider Begriffe zueinander.

‣ Trittbrettfahrerinnen und Trittbrettfahrer 1948 in Leipzig

Was ist eine Trittbrettfahrer-Position?
Aus alten Filmen kennt man Straßenbahnen, an deren Außenseite Trauben von Menschen auf dem Trittbrett hängen. Sie halten sich mühsam an den Haltegriffen fest, die für das Einsteigen vorgesehen sind. Sie springen dann bei der nächsten Haltestelle schnell wieder ab, ohne vorher ein Ticket gekauft und bezahlt zu haben. Sie sind sogenannte Trittbrettfahrerinnen und Trittbrettfahrer. Sie lassen sich befördern, ohne zu bezahlen. Sie lassen andere für sich bezahlen. Auch in anderen Teilen der Gesellschaft gibt es manchmal solche Trittbrettfahrerinnen und Trittbrettfahrer, die eine Leistung in Anspruch nehmen, ohne ihren Beitrag dafür zu leisten.

Weitere Beispiele:
Verhält sich der Krankenkassenpatient falsch, wenn er die für ihn beste gesundheitliche Versorgung unabhängig von den entstehenden Kosten sucht, wenn sich eine Verhaltensänderung (z. B. Aufhören des Rauchens) in keiner Weise in der Höhe seiner Beiträge für die Krankenkasse widerspiegelt?

Wird das Problem des illegalen Kopierens von Filmen im Internet durch Appelle an die Nutzerinnen und Nutzer gelöst oder durch die Veränderung der rechtlichen und ökonomischen Rahmenbedingungen?
Und kann man der Unternehmerin tatsächlich vorwerfen, dass sie sich die steuerlich günstigeren Rahmenbedingungen in osteuropäischen Nachbarländern durch die Verlagerung von Standorten zunutze macht, oder muss man nicht vielmehr solche Rahmenbedingungen schaffen, dass es sich lohnt, weiter in Deutschland zu produzieren?

‣ Ob man raucht oder nicht, spielt für den Beitrag in der gesetzlichen Krankenversicherung keine Rolle.

▸ Fahrt mit dem Auto oder mit dem Zug?

In unserer Gesellschaft haben wir viele sogenannter Dilemma-Situationen. Ein weiteres Beispiel: Kann man eine Person dafür verantwortlich machen, dass sie für die Urlaubsreise das Auto nimmt, weil es billiger ist, zusammen mit der Familie den Pkw zu benutzen und sie z. B. so auch das Gepäck bequemer transportieren kann und dafür auch noch schneller am Urlaubsort ist? Selbstverständlich belastet sie Umwelt mit CO2. Sicherlich wäre es umweltfreundlicher, mit der Eisenbahn zu fahren. Aber was ist dann mit dem Preis für vier Personen oder mit den Kosten, wenn die Familie mit dem Zug gar nicht direkt zu ihrem Zielort kommt und das letzte Teilstück doch wieder mit dem Auto gefahren werden muss? Und schließlich könnte es auch sein, dass die Familie unterwegs noch übernachten muss und auch dafür erhebliche Kosten entstehen. Gäbe es zum Beispiel bessere Verkehrsverbindungen und wären die Bahnpreise für eine Familie günstiger, könnte die Familie sich vielleicht anders entscheiden.

Wir haben hier also ein richtiges Dilemma. Es ist zwar allen klar, dass das Fahren mit dem Auto vermutlich umweltschädlicher ist als das Fahren mit der Eisenbahn. Aber jeder weiß, dass es auf die Umwelt keinen Einfluss haben wird, wenn nur ein Mensch allein sich umweltgerecht verhält. Der einzige Effekt ist, dass er selbst höhere Kosten hat. Wenn man von allen Menschen ein anderes Verhalten erwartet, dann muss dieses Verhalten durch bestimmte Regelungen unterstützt werden. Aus diesem Grund werden von der Regierung Gesetze und Verordnungen erlassen, welche die Umwelt schützen sollen. Der Verstoß wird unter Strafe gestellt.

1. Ermittelt weitere Beispiele zum Begriff Dilemma und beschreibt, worin das Dilemma jeweils zu sehen ist.
2. Interpretiert die abgebildete Karikatur und bewertet die Kernaussage.

Wenn du insbesondere den Zusammenhang zwischen „Spielregeln“ und „Spielzügen“ verstanden hast, dann wirst du die folgenden Fallbeispiele mit Sicherheit beurteilen können:

Produktpiraterie: Eine Zollbeamtin präsentiert im Hamburger Hafen die Überreste eines gefälschten Sportschuhs.

1. Im internationalen Handel gibt es häufig die sogenannte Markenpiraterie, d. h. die Sportartikel namhafter Hersteller werden gefälscht und sehr viel billiger verkauft. Führt dazu ein Rollenspiel mit folgenden Rollen durch:

a) Käufer/-in eines Trainingsanzuges, dem/der es an möglichst günstigen Produkten gelegen ist,

b) Unternehmensvertreter/-in, der/die die Fälschungen ablehnt, weil sie den Umsatz verringern,

c) Produzent/-in des Trainingsanzuges aus dem Land „Phantasia“, der/die durch die Fälschungen Geld verdient.

2. Nehmt Stellung zu folgenden Aussagen, auch unter Berücksichtigung der Frage, ob es moralisch vertretbar ist oder nicht.

a) Unternehmer/-in A: „Wenn es Subventionen gibt, dann werde ich auf jeden Fall versuchen, an sie heranzukommen. Man sollte mitnehmen, was man mitnehmen kann. Mache ich es nicht, dann macht es die Konkurrenz.“

b) Subventionen werden aus den Steuern der Bürgerinnen und Bürger finanziert. Darum sollten sie wirklich nur in sehr dringenden Fällen gezahlt werden.

c) Subventionen sind wie „süßes Gift“. Man kann sich schnell daran gewöhnen und es fällt schwer, auf Subventionen zu verzichten.

Subventioniert: Der Ausbau erneuerbarer Energien

INFO

Subventionen sind Zahlungen vom Staat an Unternehmen ohne direkte Gegenleistungen. Beispiele: Landwirtschaft, erneuerbare Energien

1. Stellt Pro- und Kontra-Argumente zur Förderung von Elektroautos zusammen.

2. Diskutiert, in welchen Fällen staatliche Subventionen sinnvoll sind und in welchen Fällen nicht.

3. Entwickelt weitere Beispiele für Dilemma-Situationen.

LERNBILANZ

Lernbilanz

Am Ende dieses Kapitels hast du gelernt,

- *was die unterschiedlichen Funktionen des Staates im Wirtschaftsprozess sind,*
- *wie die verschiedenen wirtschaftspolitischen Handlungsfelder charakterisiert und voneinander abgegrenzt werden können;*
- *was unter der Tarifautonomie verstanden wird;*
- *wie der Zusammenhang von Wirtschaftsgeschehen, Wirtschaftsordnung und Moral aussieht,*
- *wie sich politische Entscheidungsprozesse mithilfe des Politikzyklus erklären lassen.*

Mit den folgenden Aufgaben kannst du deine Kompetenzen überprüfen.

1. Nimm begründet Stellung zu folgender Aussage: „Der Staat setzt in einer Marktwirtschaft die Regeln, ansonsten hält er sich aus dem Geschehen raus."

2. Ordne die folgenden Beispiele den politischen Handlungsfeldern Ordnungs-, Prozess- und Strukturpolitik zu. Begründe kurz deine Zuordnung:

a) Die Landesregierung schafft die Möglichkeit, dass Geschäfte 24 Stunden am Tag öffnen können.

b) Der Stadtrat berät über die Errichtung eines neuen Parkhauses.

c) Die Bundesregierung erhöht die Umsatzsteuer.

d) Die Europäische Kommission legt eine Richtlinie zum Umgang mit Chemieabfällen vor.

e) Die Bundesregierung verabschiedet im Rahmen der Familienpolitik ein neues, staatliches Elterngeld.

3. Erkläre den Politikzyklus an einem Beispiel deiner Wahl. Nimm die Grafik zu Hilfe.

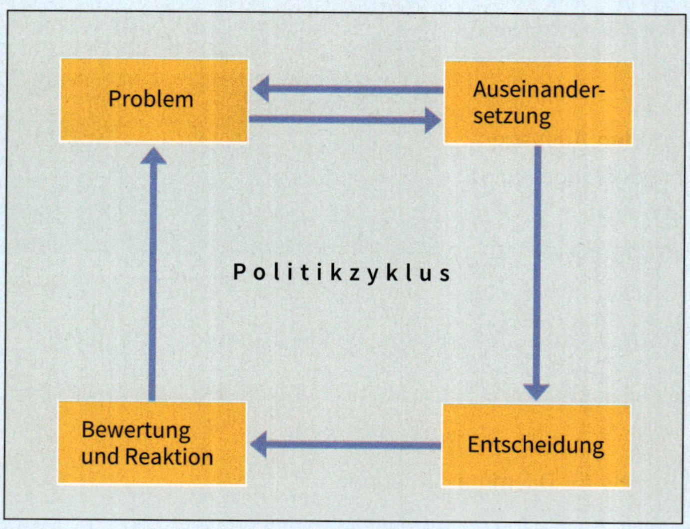

4. Erkläre, weshalb man Tarifverhandlungen auch als „Arbeitskampf" bezeichnet.

5. Beschreibe den Verlauf einer Tarifverhandlung im

a) kürzesten Fall.

b) langwierigsten Fall.

6. Betrachte die nachfolgenden Abbildungen.

a) Ordne die Abbildungen den Begriffen „Interessengruppe" und „Entscheidungsträger" zu.

b) Prüfe, ob die dargestellten Entscheidungsträger der Legislative oder der Exekutive zuzuordnen sind.

c) Erläutere die Rolle der dargestellten Entscheidungsträger im politischen Prozess.

Gebäude der EU-Kommission in Brüssel

Demonstration von Fridays for Future in Hannover

Warnstreik der Gewerkschaft Verdi

Bundestag in Berlin

COUR DE JUSTICE
DE L'UNION
EUROPÉENNE

NYSE
NYSE
NYSE

praxis

In diesem Kapitel lernt ihr,

- welche Rolle internationale Wirtschaftsbeziehungen spielen,
- wie die EU und die gemeinsame Währung Euro die internationale Arbeitsteilung erleichtern,
- welche Merkmale die internationale Arbeitsteilung hat und
- welche Vorteile die internationale Arbeitsteilung mit sich bringt, aber auch, welche Probleme.

X INTERNATIONALE ARBEITSTEILUNG

Eure Region

... hat bestimmte wirtschaftliche Merkmale
- Infrastruktur/Logistik
- Arbeitsmarkt
- Einkommensmöglichkeiten
- Struktur der Wirtschaftssektoren
- Branchen

... bietet Ausbildungs- und Beschäftigungsmöglichkeiten
- Wirtschaftssektoren
- Branchen
- schulische und betriebliche Ausbildungen

... ist mit anderen Regionen in Deutschland verbunden
- Warenhandel
- Logistik
- Vergleich von Regionen

... entwickelt sich und unterliegt dem wirtschaftlichen Wandel
- Standortwettbewerb
- Strukturwandel
- Wirtschaftsraum

... ist mit dem Ausland verflochten
- profitiert vom internationalen Handel (Im- und Export, Leitbilder des internationalen Handels, Arbeitsmarkt)
- ist in die Europäische Union eingebunden (Integrationsstufen, Eurosystem, soziale Unterschiede in der EU)
- ist Teil der Globalisierung (internationale Arbeitsteilung, globale Probleme, internationaler Arbeitsmarkt)

1 Leitbilder des Außenhandels

In erster Linie sind es nicht Länder, sondern Unternehmen in verschiedenen Ländern, die auf regionaler, nationaler und internationaler Ebene Handel miteinander betreiben.

Die Regierungen der Staaten versuchen auf vielfältige Weise, Einfluss auf die außenwirtschaftlichen Handelsbeziehungen zu nehmen. Häufig geht es um den Schutz der eigenen Volkswirtschaft vor ausländischer Konkurrenz, die Waren oder Dienstleistungen günstiger oder zu besseren Konditionen anbieten kann. Befürworterinnen und Befürworter benennen insbesondere die Arbeitsplatzsicherung im Inland, die Vermeidung zu starker Spezialisierung auf wenige Produkte sowie die Sicherstellung der eigenen Versorgung als Argumente für den Schutz der eigenen Wirtschaft. Beispiele für solche Maßnahmen sind die Einführung von Schutzzöllen auf Importwaren, Subventionen heimischer Industriezweige und andere rechtliche Regelungen.

Im Rahmen z. B. der europäischen Agrarpolitik werden diese Instrumente häufig eingesetzt. So werden unter anderem für die Ausfuhr einiger in der EU erzeugter landwirtschaftlicher Produkte wie Fleisch und Getreide Exportbeihilfen gezahlt. Durch diese Regelungen werden europäische Landwirtschaftsbetriebe unterstützt, die ihre Produkte ansonsten weit über den Preisen auf den Weltmärkten für Nahrungsmittel anbieten müssten.

Der Außenwirtschaftspolitik eines Staates oder einer Staatengemeinschaft wie z. B. der EU liegt in der Regel ein Leitbild zugrunde, das Einfluss auf die Ausgestaltung der Außenwirtschaftspolitik hat. Man unterscheidet zwischen den Leitbildern „Freihandel" und „Protektionismus". Hierbei handelt es sich jedoch um Idealtypen, die in keiner Volkswirtschaft in Reinform auftreten. Nachfolgend werden beide Leitbilder näher erläutert.

▸ Symbol für den Freihandel innerhalb der EU: Offene Grenzen

Freihandel

Gemeint ist damit, den internationalen Waren-, Dienstleistungs- und Kapitalverkehr von allen Einschränkungen und Behinderungen zu befreien. Im uneingeschränkten Wettbewerb setzen sich danach die besten Güter und Produktionsmethoden durch. Die freie Preisbildung nach Angebot und Nachfrage sorgt für den bestmöglichen Ausgleich zwischen den Interessen der Produzierenden und Konsumierenden. Die Arbeitsteilung erhöht den Wohlstand aller beteiligten Länder. Obwohl alle jeweils ihr Eigeninteresse verfolgen, profitieren alle vom Wettbewerb. Befürworterinnen und Befürworter argumentieren, dass sich durch den Freihandel die Wahlmöglichkeiten der Konsumentinnen und Konsumenten erhöhten, Arbeitsplätze geschaffen würden, Wirtschaftswachstum ermöglicht und die Entwicklung besserer Technologien begünstigt werde. Der Entscheidungsfreiheit der Wirtschaftsteilnehmerinnenn und Wirtschaftsteilnehmer kommt eine große Bedeutung zu.

Protektionismus

Das Ziel von Protektionismus ist der Schutz der einheimischen Wirtschaft vor ausländischer Konkurrenz. Zu diesem Zweck werden mit unterschiedlichen Maßnahmen Ausfuhren erleichtert oder Einfuhren erschwert. Dazu gehören die Einrichtung tarifärer Handelshemmnisse (Einfuhrzölle auf bestimmte Waren) und nichttarifärer Handelshemmnisse wie Exportsubventionen, Mengenbeschränkungen usw.

Beim Protektionismus wird davon ausgegangen, dass die Außenwirtschaftsbeziehungen zentral geplant werden. Eine Entscheidungsfreiheit der Wirtschaftsteilnehmerinnen und Wirtschaftsteilnehmer ist nicht gegeben. Kritikerinnen und Kritkier sagen, dass protektionistische Maßnahmen importierte oder im Inland hergestellte Waren verteuern und die Auswahlmöglichkeiten der Verbraucherinnen und Verbraucher einschränken. Häufig führe zudem der fehlende Wettbewerbsdruck zu einer Qualitätsminderung. Notwendige Anpassungen der heimischen Wirtschaft bzw. bestimmter Branchen an Veränderungen blieben aus und auf lange Sicht gingen Arbeitsplätze verloren.

INFO

Die WTO (Welthandelsorganisation) mit Sitz in Genf regelt den internationalen Warenverkehr, den Handel mit Dienstleistungen und den Schutz geistiger Eigentumsrechte. Die WTO, der über 150 Länder angehören, möchte weltweit Handelshemmnisse abbauen und regelt Handelsstreitigkeiten zwischen den Ländern.

ANSTOSS ZUM HANDELSKRIEG

1. Erläutert, welche Argumente für und gegen die beiden beschriebenen Leitbilder sprechen. Recherchiert ggf. weitere Informationen.
2. Diskutiert, ob der Freihandel gegenüber protektionistischen Ansätzen für alle Beteiligten vorteilhafter ist. Begründet eure Meinung.
3. a) Beschreibt die Karikatur und erklärt ihre Kernaussage.

   b) Beurteilt die Kernaussage der abgebildeten Karikatur kritisch.

▸ Tarifäres Handelshemmnis: Erhebung von Zöllen

▸ Beispiel für nichttarifäres Handelshemmnis: Festlegung von Mindestpreisen (etwa für chinesische Solarmodule)

2 Wirtschaftliche Integrationsstufen

In jedem Land existiert ein Binnenmarkt – das ist für alle selbstverständlich. Das wirtschaftliche Geschehen spielt sich dort für alle nach weitgehend einheitlichen Regeln und Bedingungen ab, d. h. es existieren gleiche Chancen, gleiche Rechte und gleiche Pflichten für alle.

Aber auch zwischen Staaten, wie z. B. in der Europäischen Union, versucht man gleiche Bedingungen für das wirtschaftliche Handeln zu schaffen. Hierbei werden nach und nach die Handelsbeschränkungen zwischen den Staaten abgebaut; sie werden wirtschaftlich integriert. Dabei lassen sich verschiedene Stufen der ökonomischen Integration unterscheiden; zum einen im Hinblick auf die Stärke der wirtschaftlichen Verflechtung, zum anderen im Hinblick auf den Umgang, in dem wirtschaftspolitische Aufgaben und Befugnisse an übernationale Organisationen übertragen werden.

Im Folgenden werden die „Idealtypen wirtschaftlicher Integration" beschrieben:

1. Stufe: Die Freihandelszone

Die Freihandelszone ist die erste Stufe eines wirtschaftlichen Zusammenschlusses zur Entwicklung gemeinsamer Handelsbeziehungen. In dieser Zone werden Handelshemmnisse zwischen den Mitgliedsländern beseitigt. Es gibt jedoch keinen gemeinsamen Außenzoll gegenüber Drittländern, sondern jedes Land legt die Außenzölle eigenständig fest. Wegen der unterschiedlichen Außenzölle der Mitgliedsstaaten muss verhindert werden, dass Einfuhren über das Land mit dem niedrigsten Zollsatz vorgenommen werden. Innerhalb der Freihandelszone werden daher nur solche Güter zollfrei gehandelt, die innerhalb der Freihandelszone produziert oder bestimmten Verarbeitungsprozessen unterworfen wurden.

2. Stufe: Die Zollunion

Die Zollunion ist ein Zusammenschluss von Staaten zu einem einheitlichen Zollgebiet. Zwischen den Mitgliedsstaaten fallen Handelsbeschränkungen weg und gegenüber den Drittländern wird ein gemeinsamer Außenzoll erhoben.

3. Stufe: Der Gemeinsame Markt

Der Gemeinsame Markt geht noch einen Schritt weiter, da durch die Verschmelzung mehrerer Volkswirtschaften binnenmarktähnliche Verhältnisse geschaffen werden sollen. Diese Stufe erfordert nicht nur die Freiheit des Waren- und Kapitalverkehrs, sondern auch die Freizügigkeit für Arbeitnehmerinnen und Arbeitnehmer (sie dürfen in allen Mitgliedsstaaten arbeiten) sowie die Niederlassungsfreiheit für Unternehmen in allen Mitgliedsstaaten. Gegenüber Drittländern existiert ein gemeinsamer Außenzoll.

4. Stufe: Die Wirtschafts- und Währungsunion

In einer Wirtschafts- und Währungsunion streben die Mitgliedsstaaten eine gemeinsame Wirtschaftspolitik in Form einer gemeinsamen Handels- und Währungspolitik an. Dabei muss nicht zwangsläufig eine gemeinsame Währung wie der Euro eingeführt werden, sondern es geht um feste Wechselkurse und volle Konvertibilität für die Währungen in den Mitgliedsstaaten.

5. Stufe: Die politische Union

Die letzte Stufe stellt die vollständige wirtschaftliche und politische Integration (Verschmelzung) verschiedener Volkswirtschaften dar.

Der Austausch von Waren, Dienstleistungen sowie Kapital und Arbeit wird häufig durch viele nichttarifäre Handelshemmnisse behindert, wie z. B.:

- **materielle/physische Schranken:** Es fährt z. B. ein Lkw von Amsterdam nach Turin und wird an der Grenze eines jeden Landes angehalten. Der Pass und die Papiere werden kontrolliert, Formulare müssen ausgefüllt sowie Erklärungen abgegeben werden usw. Dies alles kostet so viel Zeit und erhöht die Kosten so erheblich, dass sich in Folge auch die Produkte verteuern.
- **technische Schranken:** Ein deutsches Ehepaar fährt nach Italien in den Urlaub. Vor dem Abendessen will man sich noch schnell rasieren und die Haare waschen. Überraschung: Weder der Rasierapparat noch der Föhn lassen sich benutzen, weil die Stecker nicht passen. Es sind unterschiedliche technische Normen vorhanden.

INFO

Konvertibilität: Eine Währung ist konvertibel, wenn sie unbegrenzt von In- und Ausländern in andere Währungen umgetauscht werden kann.

INFO

Tarifäre Handelshemmnisse sind Zölle, die bei der Aus- oder Einfuhr von Produkten bezahlt werden müssen.

Nichttarifäre Handelshemmnisse sind alle Hemmnisse außer den Zöllen, mit denen Länder ihre Märkte schützen wollen, z. B. materielle, technische und/oder steuerliche Schranken.

‣ Symbol für die Wirtschafts- und Währungsunion im Rahmen der EU: der Euro

1. Erläutert die Unterschiede zwischen den Integrationsstufen und ggf. auch die Vorteile einer Integrationsstufe gegenüber der jeweils vorgelagerten Stufe.
2. Recherchiert, welche weiteren Handelsräume es weltweit gibt. Beschreibt zwei davon und ordnet diese in eine Integrationsstufe ein.
3. Vergleicht die Handelsräume EU und ASEAN in Bezug auf die Bevölkerungszahlen, das Bruttoinlandsprodukt und den Warenhandel.

▸ Europäische Zentralbank in Frankfurt am Main

▸ Hauptverwaltung in Hessen/Filiale der Bundesbank in Frankfurt am Main

3 Aufbau und Aufgaben des Eurosystems

Am 1. Januar 2002 war es soweit: Mit der Einführung des Euro-Bargeldes wurde die Europäische Währungsunion (EWU) vollendet. Der Euro wurde gesetzliches Zahlungsmittel in den zunächst 12 Mitgliedsländern der EWU. Davor (von 1948 bis 2001) war die Deutsche Mark gesetzliches Zahlungsmittel in der Bundesrepublik.

EU-Mitglieder müssen bestimmte Konvergenzkriterien (die sogenannten „Maastricht-Kriterien") erfüllen, bevor sie in die Währungsunion aufgenommen werden:
- Inflationsrate höchstens 1,5% über derjenigen der drei preisstabilsten Mitgliedsländer der Vorjahre,
- jährliche Neuverschuldung nicht mehr als 3% des BIP,
- öffentlicher Schuldenstand nicht mehr als 60% des BIP,
- stabile Wechselkurse, stabile langfristige Zinsen.

Ohne eine gewisse Preisniveau-, Haushalts-, Währungs- und Finanzmarktstabilität kann also kein Staat Mitglied der Eurozone werden.

Herausgegeben wird der Euro von der Europäischen Zentralbank (EZB) in Frankfurt am Main, die die Leitlinien der Geldpolitik im Rahmen des Eurosystems festlegt und umsetzt.

Als Eurosystem werden die Europäische Zentralbank und die nationalen Zentralbanken der Eurozone zusammen bezeichnet. Das Ziel des Eurosystems, als oberste geldpolitische Instanz der Eurozone, ist in erster Linie, die Inflationsrate unter, aber nahe 2 Prozent zu halten (Preisstabilität).

Der Euro soll zum einen den Handel und Reisen zwischen den Eurostaaten vereinfachen, da kein Geld mehr umgerechnet oder umgetauscht werden muss und keine Wechselkursrisiken mehr bestehen. Zum anderen soll der Euro auch ein sichtbares Symbol für die Europäische Integration sein.

Ein Problem, das insbesondere im Rahmen der sogenannten „Euro-Krise" deutlich wurde, ist die hohe Verschuldung vieler Euro-Staaten, die es der Europäischen Zentralbank erschwert, eine Geldpolitik zu verfolgen, die für alle Euro-Staaten angemessen ist. Die Politik hat versucht, diese Probleme anzugehen, u. a. mit dem sogenannten Fiskalpakt, der die dauerhafte Einhaltung der in den Konvergenzkriterien festgelegten Verschuldungsregeln sicherstellen soll. Zudem wurde eine neue Organisation geschaffen, der Europäische Stabilitätsmechanismus (ESM), der in Not geratene Staaten finanziell unterstützen soll, sofern diese bestimmte Bedingungen erfüllen.

Die Euroländer

EU-Mitglieder, die den Euro als offizielle Währung eingeführt haben, und das Jahr der Euro-Einführung	
Belgien	1999
Deutschland	1999
Finnland	1999
Frankreich	1999
Irland	1999
Italien	1999
Luxemburg	1999
Niederlande	1999
Österreich	1999
Portugal	1999
Spanien	1999
Griechenland	2001
Slowenien	2007
Malta	2008
Zypern	2008
Slowakei	2009
Estland	2011
Lettland	2014
Litauen	2015

EU-Mitglieder, die den Euro (noch) nicht eingeführt haben, und ihre derzeit gültige Währung	
Bulgarien	Lew
Dänemark	Dänische Krone
Kroatien	Kuna
Polen	Złoty
Rumänien	Leu
Schweden	Schwed. Krone
Tschechien	Tschech. Krone
Ungarn	Forint

13907 © Globus Quelle: Europäische Union Stand 2020

Der neue 100-Euro-Schein

Ab Mai 2019 kommt eine neue 100-Euro-Note in Umlauf. Die wichtigsten neuen Sicherheitsmerkmale:

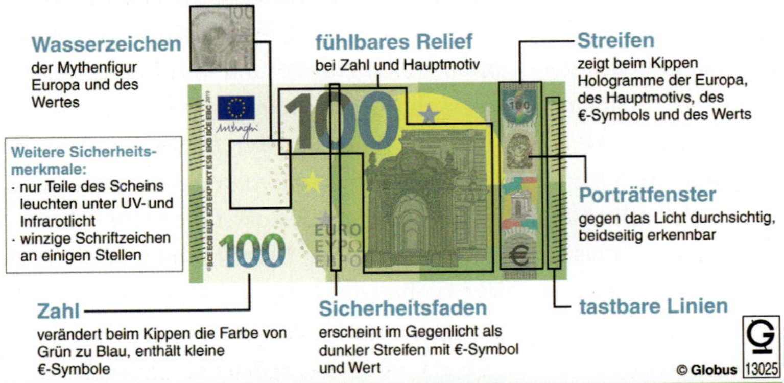

© Globus 13025

schematische Darstellung Vorderseite Quelle: Europäische Zentralbank

1. Beschreibt die Vorteile einer gemeinsamen Währung, aber auch, welche Nachteile diese mit sich bringen kann.
2. Erklärt den Begriff „Eurosystem“.
3. Prüft, wie sich die Sicherheitsmerkmale des 100-Euro-Scheins von denen des 10-Euro-Scheins unterscheiden.
4. Recherchiert, warum die EU-Länder, die den Euro noch nicht eingeführt haben (siehe obere Grafik), der Eurozone noch nicht beigetreten sind.

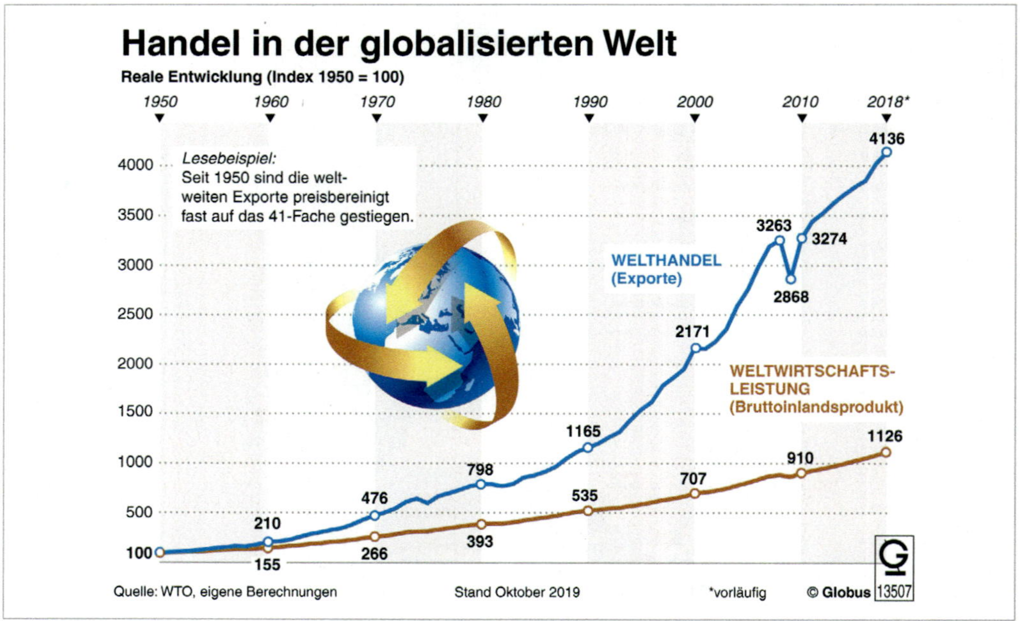

4 Was ist Globalisierung?

Einflussfaktoren der Globalisierung

Globalisierung ist das Ergebnis eines Internationalisierungsprozesses, der so alt ist wie die Geschichtsschreibung. Sie betrifft nicht nur die Ökonomie, sondern fast alle Lebensbereiche: Konsum und Lebensformen, Politik und Recht sowie Technik und Wissenschaft. Die Märkte dieser Welt – egal, ob es um Sachgüter, Dienstleistungen, Arbeitskraft oder Kapital geht – wachsen zusammen, ökonomische Aktivitäten sind zunehmend weltweit vernetzt.

Das Markenzeichen „Made in Germany" bedeutet immer seltener, dass Güter in Deutschland vollständig produziert werden. Denn Unternehmen können für unterschiedliche Aufgaben im Rahmen des Leistungsprozesses verschiedene Auftragnehmer im Ausland suchen – an jeweils geeigneten Standorten.

Globalisierung ist ein Prozess, der nationalstaatliche Grenzen überwindet, zur Ausweitung und Verstärkung wissenschaftlich-technischer, ökonomischer, politischer und soziokultureller Beziehungen zwischen den Kontinenten führt und schließlich den gesamten Erdball umspannt. In wirtschaftlicher Hinsicht geht es um die zunehmende Beschleunigung der Verflechtung weltweiter Märkte für Güter, Dienstleistungen und Kapital, die Liberalisierung und Deregulierung der nationalen und regionalen Märkte und das Zusammenwachsen derselben. Dass die Globalisierung ein dynamischer Prozess ist, darüber herrscht Einigkeit. Über die Rahmenbedingungen und Gestaltungsmöglichkeiten der Globalisierung wird jedoch kontrovers diskutiert und gestritten.

INFO

Deregulierung

Unter Deregulierung versteht man den Abbau von Gesetzen, Verordnungen und Richtlinien. Mit dieser Rücknahme verbindlicher Regelungen sollen technische, wirtschaftliche und soziale Neuerungen angeregt werden. Außerdem sollen die veränderten Rahmenbedingungen dazu beitragen, wirtschaftliche Entscheidungen schneller zu realisieren.

Technologischer Fortschritt: Videokonferenzen

Deregulierung: Freier Kapitalverkehr

Politische Entwicklung: EU-Erweiterung

Globales Event: Fußballweltmeisterschaft

Verschiedene Faktoren sind für die Globalisierung verantwortlich:

- Da gibt es zum einen **technologische Entwicklungen**, die den globalen Austausch von Gütern, Dienstleistungen und Informationen befördern. War es früher sehr mühselig und zeitaufwendig, Güter von einem Land zum anderen oder gar von einem Kontinent zum anderen zu bewegen, so ist dies heute dank Containerschifffahrt, ausgebautem Luftverkehr usw. schnell und günstig zu bewerkstelligen. Zudem lassen sich Informationen schnell über das Internet übermitteln, wo früher ebenfalls umständliche Vorgehensweisen notwendig waren.
- Aus wirtschaftlicher Sicht ist es vor allem die zunehmende **Öffnung und Deregulierung nationaler Märkte**, wie z. B. der Energiemärkte, einschließlich des Abbaus von Beschränkungen des Devisen- und Kapitalverkehrs. Dadurch nehmen der Wettbewerb auf den Märkten sowie die im Ausland getätigten Investitionen durch Unternehmen stetig zu.
- Grundlage hierfür sind insbesondere auch **politische Entwicklungen** wie die Entstehung neuer Wachstumszentren in Asien oder der Zusammenbruch der ehemals zentralverwaltungswirtschaftlichen Strukturen in Osteuropa. Auch die Erweiterung der EU ist hierzu zu zählen.
- Gleichzeitig verändern sich soziokulturelle Strukturen. Die Menschen werden mobiler, während sich gleichzeitig Lebensstile, Konsumgewohnheiten und Wertvorstellungen verändern und z. T. angleichen. Dazu zählen z. B. „**globalisierte Trends**“ in den Lebensbereichen Mode, Musik, Ernährung und Sport.

1. Zählt Beispiele zu den genannten Ursachen der Globalisierung auf. Nehmt die Abbildungen zu Hilfe.
2. Analysiert die links oben abgebildete Grafik.

▸ Frau Bär und Herr Meens sind sich uneins.

Pro und kontra Globalisierung

Die Befürworterinnen und Befürworter der Globalisierung beziehen sich auf die Vorteile von Märkten und der internationalen Arbeitsteilung. Man befürwortet das Grundprinzip des Freihandels, ist also weitgehend gegen staatliche Eingriffe in die internationalen Wirtschaftsbeziehungen und sieht die Globalisierung der Märkte als eine Voraussetzung für Wirtschaftswachstum und zukünftigen Wohlstand in Industrie- und Entwicklungsländern.

Kritikerinnen und Kritiker der Globalisierung glauben dagegen nicht, dass die Märkte sich selbst regulieren können. Man befürchtet u. a., dass die Schere zwischen Arm und Reich immer weiter auseinandergeht, dass sozialstaatliche Errungenschaften und die Umwelt geopfert werden und dass immer mehr Großkonzerne Macht ausüben werden. Kritikerinnen und Kritiker sehen einen internationalen Handlungsbedarf, insbesondere im Bereich der internationalen Finanzen und der Armutsbekämpfung.

B EIN STREITGESPRÄCH

Frau Bär und Herr Meens streiten sich mal wieder. Immer wenn es um Politik- oder Wirtschaftsfragen geht, vertreten die beiden unterschiedliche Meinungen. Dies gilt auch bezüglich der Frage, welche Bedeutung der Globalisierung in der heutigen Welt zukommt.

Frau Bär: Wenn ich diese Demonstrationen der Globalisierungsgegner sehe, kriege ich Kopfschmerzen. Was wollen die denn? Sollen wir die Grenzen wieder dichtmachen und jeder sieht zu, wie er am besten zurechtkommt?

Herr Meens: Das ist doch Unsinn. Zum Glück nehmen nicht alle Menschen wie die Schafe alles hin und wehren sich gegen Ungerechtigkeiten. Klar, dass Sie das nicht verstehen. Aber ohne die Proteste würde die Globalisierung noch ungezähmter voranschreiten und noch mehr Menschen würden in Armut verfallen.

Frau Bär: Genau umgekehrt wird ein Schuh daraus. Eben weil die Globalisierung voranschreitet, geht es immer mehr Menschen in der Welt besser. Diejenigen Länder, die ihre Märkte öffnen, erleben einen Wohlstandzuwachs. Nur dort, wo man sich verschließt, verschlimmert sich die Situation. Abschottung ist einfach keine Option!

Herr Meens: So stellen es diejenigen dar, die von der Öffnung dieser Märkte profitieren und mit ihren Gütern endlich auch dort die Märkte überschwemmen können. Die gesamte Diskussion um die Liberalisierung der Märkte dient doch nur dazu, die Industriestaaten noch stärker zu machen.

Frau Bär: Na klar, so macht man sich die Welt mal wieder einfach. Doch für die wirtschaftlich schwierige Lage der Entwicklungsländer gibt es viele Gründe, zum Beispiel auch innenpolitische. Wie soll denn Entwicklung stattfinden, ohne Öffnung? Zudem geht es mir echt auf den Geist, dass immer alle täglich von der Globalisierung profitieren, bei jeder Gelegenheit aber den moralischen Zeigefinger heben.

Herr Meens: Na klar, dann sagt man lieber gar nichts und lässt die Politik und das Großkapital machen ... aber nicht mit mir. Nicht mit mir!

Frau Bär: Nehmen wir noch ein Glas vom südafrikanischen Rotwein? ■

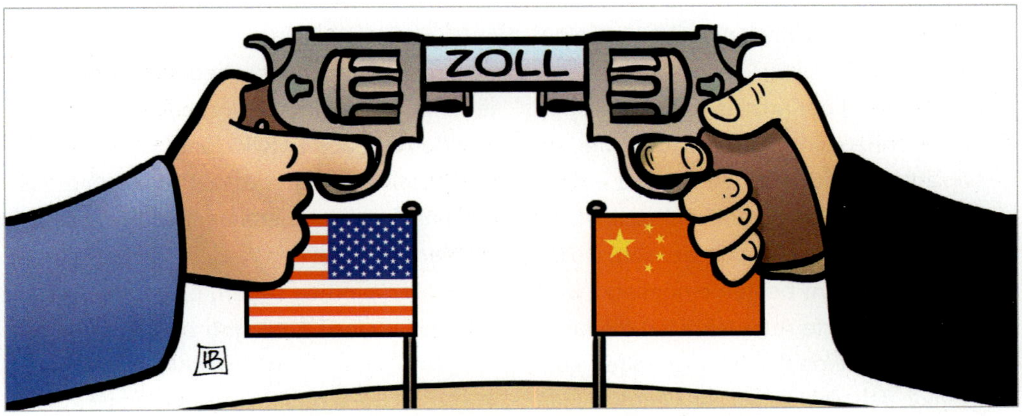

1. Setzt den Dialog fort, indem ihr weitere Argumente für beide Personen entwickelt.
2. Erläutert jeweils die Aussage der beiden abgebildeten Karikaturen.
3. Bewertet die Wirkung der Globalisierung auf euer Leben.

▸ Viele Arbeitnehmerinnen und Arbeitnehmer aus der ganzen Welt – auch aus Deutschland – zieht es zu den großen Tech-Firmen ins Silicon Valley, USA.

5 Globalisierung auf dem Arbeitsmarkt

Die internationale Arbeitseinteilung bewirkt, dass Güter dort produziert werden, wo im Ergebnis die besten bzw. günstigsten Produktionsbedingungen anzutreffen sind. Im Gegensatz zum Produktionsfaktor Kapital (hierzu zählen alle zur Produktion notwendigen Güter wie Maschinen, Anlagen oder Werkstoffe) weist der Produktionsfaktor Arbeit eine deutlich geringere Mobilität auf. Menschen wechseln nicht so schnell den Ort wie Geld.

Um die Mobilität der Arbeitskraft zu erhöhen, spielen Anreize eine wesentliche Rolle. Arbeitskraft wandert – in der Theorie – dorthin, wo ihre Entlohnung am höchsten ist. Die höchsten Löhne werden dort gezahlt, wo der Faktor „Arbeit" am besten eingesetzt wird. Es gibt qualifizierte Arbeitskräfte, die heute quasi weltweit eine Anstellung finden können. Einige Beispiele sollen das verdeutlichen: Nach dem Zusammenbruch des Sozialismus hat es einen „brain drain" wissenschaftlichen Personals aus Osteuropa in reiche Industrieländer, insbesondere in die USA, gegeben. Viele Entwicklungsländer leiden heute auch darunter, dass die wenigen gut ausgebildeten Fachkräfte zumeist im Ausland arbeiten. Aber auch Deutschland hat mit der Abwanderung von Fachkräften zu kämpfen: Spitzenforscherinnen und Spitzenforscher, insbesondere in den naturwissenschaftlichen Disziplinen, hinterlassen mit ihrer Auswanderung in besonderem Maß eine Lücke am Wissenschafts- und Wirtschaftsstandort Deutschland.

In der Größenordnung bedeutsamer ist allerdings die armutsbedingte Migration (Einwanderung) aus Entwicklungsländern in die Industrieländer; sie wird künftig aller Voraussicht nach noch zunehmen. Hier machen sich oft Menschen auf den Weg, die in ihrer Heimat keine Perspektive sehen, eine gute Ausbildung oder einen guten Job zu bekommen.

Während hoch qualifizierte Arbeitskräfte zu den Gewinnern der Veränderungen im Zuge der Globalisierung zählen, sind es vor allem die gering qualifizierten, die als Verlierer der globalen Veränderungen der Arbeitsmärkte genannt werden müssen. Es gilt: Je qualifi-

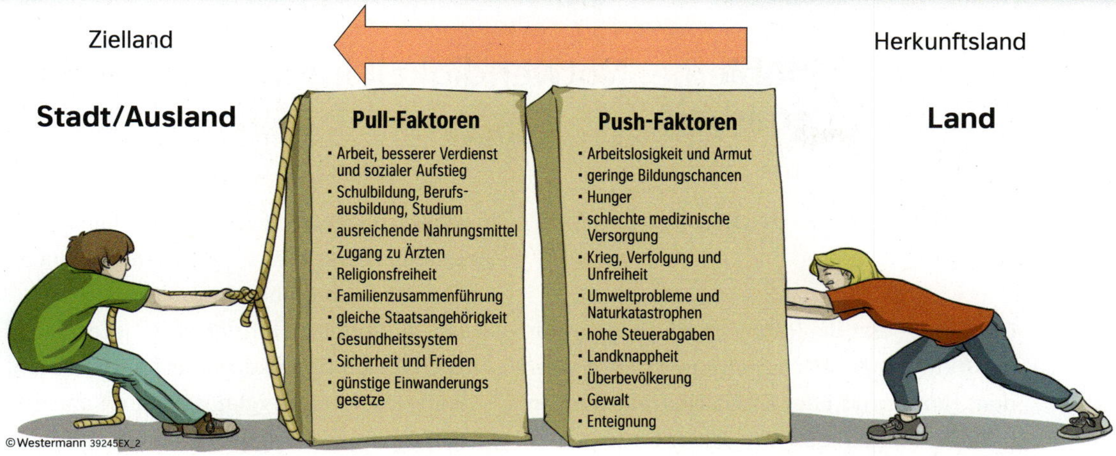

zierter und produktiver ein Arbeitsplatz ist, desto weniger besteht die Gefahr, dass er ins Ausland verlagert wird oder zur Abwendung dieser Gefahr Lohneinbußen hingenommen werden müssen. Viele Staaten greifen zu unterschiedlichen Mitteln, um Schutzbarrieren für ihre Arbeitnehmerinnen und Arbeitnehmer aufzubauen. Ein Beispiel ist das in Deutschland geltende Arbeitnehmer-Entsendegesetz, nach dem im Inland geltende Mindeststandards in bestimmten Branchen (z. B. Gebäudereinigungsbranche) auch für ausländische Arbeitgeber, die Arbeitskräfte in Deutschland einsetzen, verbindlich sind.

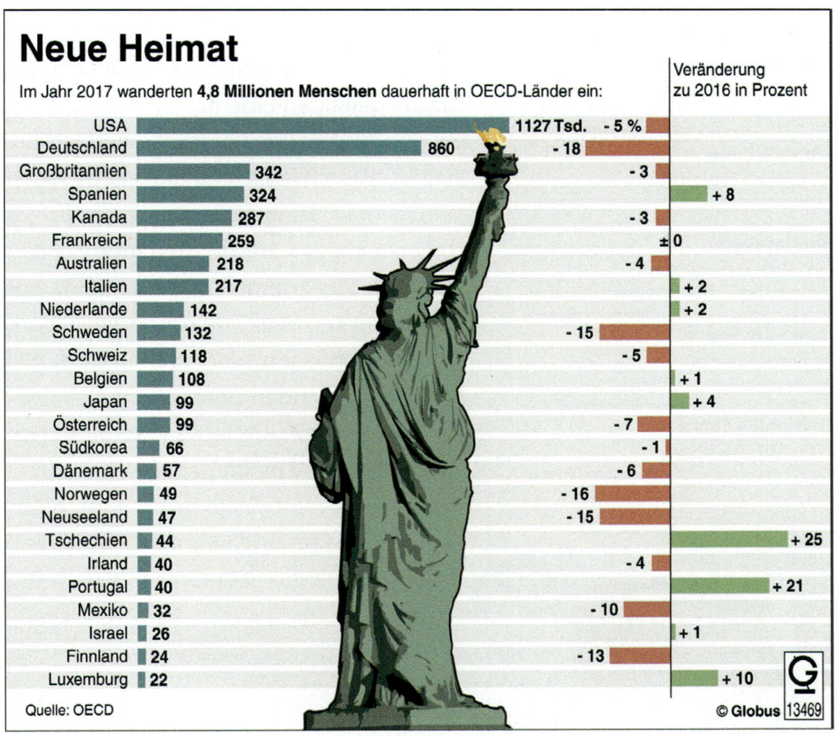

1. Erklärt in eigenen Worten, weshalb Arbeitnehmerinnen und Arbeitnehmer mit einer relativ hohen Qualifikation eher von der Globalisierung profitieren, während für weniger qualifizierte Arbeitskräfte meist das Gegenteil gilt.

2. Analysiert die abgebildeten Grafiken und interpretiert diese im Zusammenhang.

6 Globale Probleme: Notwendigkeit internationaler Zusammenarbeit

Staatenübergreifende Problemfelder

Der Staat setzt die Rahmenbedingungen für die Akteure im Wirtschaftsgeschehen. Vor dem Hintergrund der Globalisierung werden Entscheidungen zunehmend auf internationaler Ebene getroffen. Überall dort, wo Güter über Landesgrenzen hinweg getauscht oder Handlungen von Wirtschaftsakteuren Wirkungen über Landesgrenzen hinaus verursachen, bedarf es besonderer Regelungen. Regionale bzw. nationale Entscheidungen werden zunehmend auf der Basis internationaler Vereinbarungen getroffen. Für die Bundesrepublik ergibt sich folgendes „Stufenmodell“:

Kommunale Ebene (Stadt- bzw. Gemeinderat, Bürgermeister/-in)
Landesebene (Landtag, Landesregierung)
Bundesebene (Bundestag, Bundesregierung)
Europäische Ebene (Organe der Europäischen Union)
Internationale Ebene (z. B. WTO, IWF, Weltbank)

In zahlreichen (wirtschafts-)politischen Handlungsfeldern besteht die Notwendigkeit internationaler Zusammenarbeit:

- Der weltweite Handel von Gütern und Dienstleistungen kann nur funktionieren, wenn die Akteure relativ sichere Rahmenbedingungen vorfinden und der Austausch möglichst wenigen Beschränkungen unterliegt. Daher gilt es gleichzeitig, protektionistische Maßnahmen einzelner Staaten möglichst zu verhindern.
- Die Finanzkrise hat gezeigt, dass nationale Entscheidungen und Prozesse die Handlungsmöglichkeiten anderer Staaten direkt beeinflussen. Es bedarf deshalb internationaler Bestimmungen, z. B. im Bank- und Finanzwesen.
- Im Zeitalter des Internets lässt sich der Schutz geistigen Eigentums (Musik, Filme etc.) nur auf internationaler Ebene sicherstellen, ausschließlich nationale Lösungen sind nicht wirkungsvoll.
- Umweltschäden treten grenzüberschreitend auf. So verändert sich das Klima auf der gesamten Welt, unabhängig davon, wo CO2 in Massen ausgestoßen wird. Will man den folgenden Generationen eine lebenswerte Welt überlassen, so bedarf es internationaler Zusammenarbeit.

‣ Europäisches Parlament in Straßburg

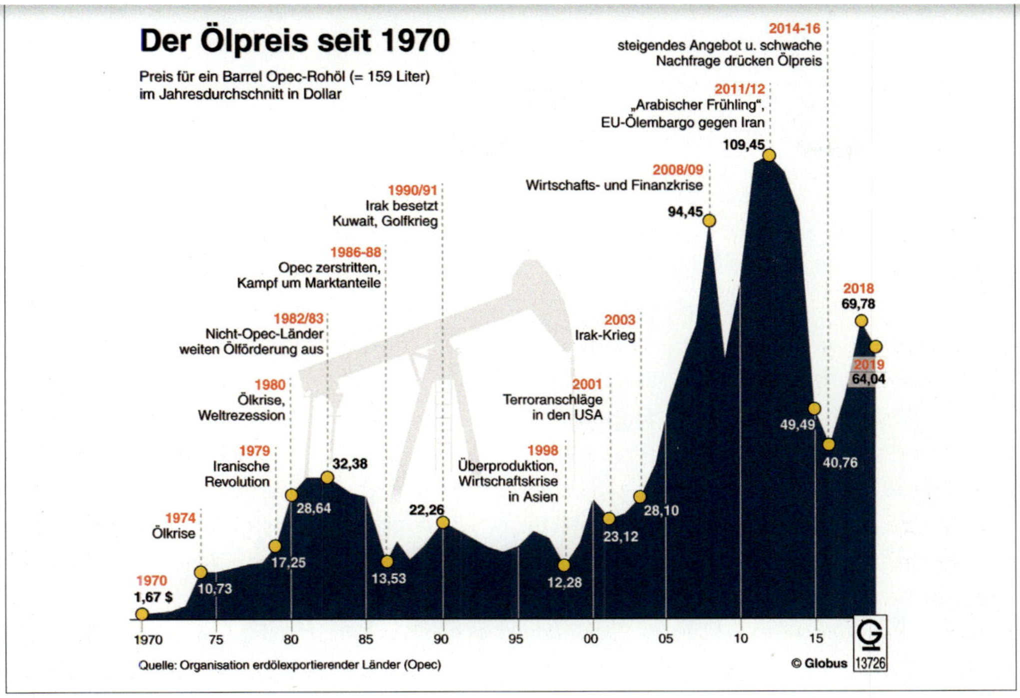

Schon für Regelungen auf nationaler Ebene muss zwischen unterschiedlichen Interessen vermittelt und müssen gegebenenfalls Konflikte beteiligter Interessengruppe geschlichtet werden. Politische Entscheidungen sind auch oft Kompromisse. Die mit diesen Kompromissen oft verbundenen Probleme erhöhen sich auf europäischer und internationaler Ebene noch. Neben den üblichen Interessenvertretern stehen sich hier auch noch Regierungsvertreterinnen und Regierungsvertreter unterschiedlicher Staaten mit zum Teil vollkommen unterschiedlichen Zielen gegenüber.

Weltweite Energieversorgung

Spannend zu beobachten ist, welche Faktoren die Märkte für Energierohstoffe (z. B. Öl, Kohle, Erdgas) beeinflussen. Besonders deutlich sind Auswirkungen oft im Fall von Naturkatastrophen oder Unfällen. So wütete in den USA 2005 ein schlimmer Hurrikan, der viele Ölförderanlagen zerstörte. In der Folge ging das Angebot für Erdöl auf dem Markt kurzzeitig zurück und der Preis stieg. Auch Kriege und Unruhen in wichtigen Förderländern sorgen weltweit für Angst davor, dass durch Kriegshandlungen weniger Energierohstoffe auf den Markt kommen und die Preise entsprechend steigen. Der Rohstoff wird unter solchen Bedingungen besonders wertvoll und teuer. Es ist auch schon vorgekommen, dass Länder mit besonders großen Energievorräten die Abhängigkeit anderer Staaten dazu nutzten, bewusst die Preise in die Höhe zu treiben, indem sie ganz bewusst weniger Rohstoffe als möglich lieferten.

Auf der Nachfrageseite kann großes Interesse an einem Energierohstoff die Preise in die Höhe treiben. Vor allem in Asien, wo z. B. China und Indien eine rasante wirtschaftliche Entwicklung erleben, nimmt der Energieverbrauch seit einigen Jahren stetig zu. Das führt zu weltweit steigenden Preisen.

Die oben stehende Grafik zeigt Faktoren, die in den letzten Jahren den Preis eines besonders wichtigen Energierohstoffes, Erdöl, beeinflusst haben.

1. Recherchiert, wie sich der Ölpreis seit 2019 weiterentwickelt hat und erklärt, welche Faktoren diese Preisentwicklung verursacht haben.

‣ Klimakonferenz von Paris im Jahr 2015: Beifall nach der Einigung

Klimaschutz als internationale Aufgabe

In zahlreichen wirtschaftspolitischen Handlungsfeldern besteht die Notwendigkeit internationaler Zusammenarbeit. Dazu gehört die Bekämpfung des Klimawandels, der nur erfolgreich ist, wenn auf internationaler Ebene zusammengearbeitet wird. Umweltverschmutzung ist in vielen Fällen ein weltweites Problem, wofür internationale Entscheidungen und Regelungen gebraucht werden. Am Beispiel des Klimawandels wird das besonders deutlich. Verursacher sind vor allem die Industriestaaten, in den letzten Jahren auch zunehmend die bevölkerungsreichen Schwellenländer China und Indien.

Im Bemühen um eine internationale Lösung zur Eindämmung des Klimaproblems spielte das Kyotoprotokoll eine wichtige Rolle. In dieser Vereinbarung, dessen erste Verpflichtungsperiode 2012 auslief, wurde erstmals der Versuch unternommen, international verbindliche Zielwerte für den Ausstoß von Treibhausgasen in den Industrieländern festzulegen. Sie sollten in der Zeit zwischen 2008 und 2012 ihre CO2-Emissionen so senken, dass sie 5,2% unterhalb der Werte von 1990 liegen. Der Weg bis zu diesem Protokoll war allerdings sehr lang. Und auch die eigentliche Vereinbarung hielt kaum das, was sich viele versprochen hatten. Dies hat verschiedene Gründe, darunter folgende:

- Mit den USA hat der größte Verursacher von CO2-Emissionen das Abkommen nie unterzeichnet. Zur Begründung führten sie an, eine Beteiligung der aufstrebenden Entwicklungs- und Schwellenländer sei notwendig. Diese wiederum verwiesen darauf, dass die bislang entstandenen Schäden kaum von ihnen verursacht worden seien.
- Bestandteil des Kompromisses von Kyoto war, dass verschiedene Instrumente flexibel eingesetzt werden konnten, um die Ziele zu erreichen. Diese Regelung eröffnete indes Möglichkeiten, die gesetzten Ziele zu umgehen.
- Nicht viele Staaten haben den ernsthaften

▸ Weltweite Proteste der Bewegung „Fridays for Future" (links in Stockholm, Schweden, rechts in Bonn)

Versuch unternommen, die angepeilten Ziele tatsächlich zu erreichen. Es fehlten notwendige Anreize bzw. es mangelte an Sanktionsmechanismen. Ursache hierfür ist eine klassische „Dilemmastruktur": Alle Staaten haben Interesse an der Erhaltung der Umwelt, in der konkreten Situation sind sie aber nicht gewillt, hohe oder gar höhere Kosten als andere zu tragen. So könnten sich z. B. strengere Umweltauflagen als negativ für die Wettbewerbsposition der einheimischen Unternehmen im internationalen Wettbewerb erweisen – mit den entsprechenden Folgen für die Volkswirtschaft und den Arbeitsmarkt.

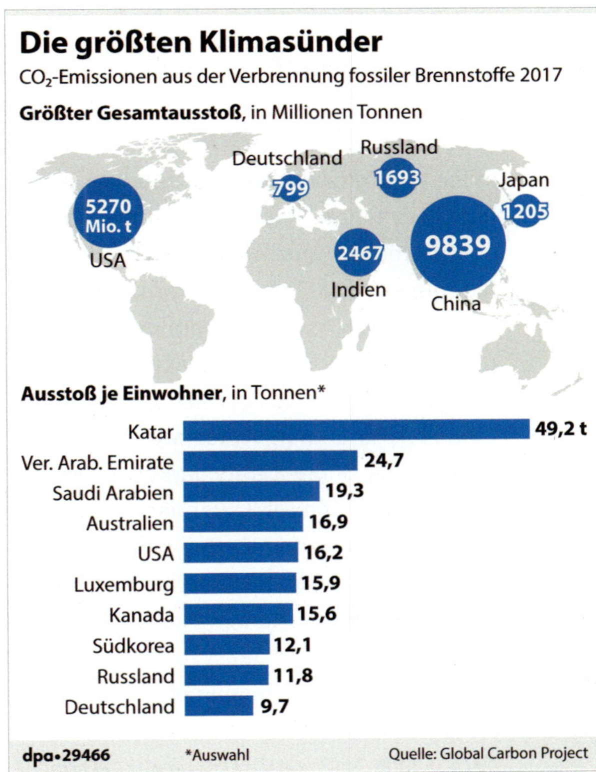

2012 wurde in Doha entschieden, eine zweite Verpflichtungsperiode bis 2020 zu vereinbaren. Im Jahr 2015 wurde dann ein Nachfolge-Abkommen vereinbart, das Übereinkommen von Paris.

1. Recherchiert, wie das Übereinkommen von Paris seit dessen Verabschiedung umgesetzt wurde und erklärt, welche Entwicklungen hinsichtlich des Klimaschutzes es seitdem gab. Bezieht auch die Abbildungen und die Grafik auf dieser Seite mit ein.

▸ Ein zentrales Ereignis der Finanz- und Wirtschaftskrise ab 2007 war der Zusammenbruch der US-Investmentbank Lehman Brothers am 15. September 2008.

Internationale Finanzkrisen

Der Abbau von Beschränkungen und Kontrollen im Kapitalverkehr in den 1970er-Jahren und der rasante Fortschritt im Bereich der Informations- und Kommunikationstechnologie ermöglichen es Unternehmen und Einzelpersonen heute, ihr Vermögen weltweit dort anzulegen, wo es die höchsten Erträge bringt. Kein zweiter Bereich ist durch die Globalisierung so beschleunigt worden wie der internationale Kapitalverkehr, kein Gut so mobil wie Kapital. Gigantische Summen jagen praktisch ohne Kosten und Zeitverzögerung rund um die Welt, immer den höchsten Erträgen hinterher.

Die komplexen und zunehmenden Verknüpfungen der globalen Finanzwelt haben nicht nur Vorteile, sondern bergen auch zahlreiche Risiken und Gefahren, wie die weltweite Finanzkrise zeigte.

Zwei Dinge wurden in diesem Zusammenhang besonders deutlich:

- Die globalen Verknüpfungen und Beziehungen sind mittlerweile so eng und vielschichtig, dass Entwicklungen auf nationaler Ebene einzelner Staaten nachhaltige Wirkungen auf internationaler Ebene und in anderen Staaten entfalten.
- Diese Auswirkungen wiederum sind keineswegs auf die Finanzwelt beschränkt. Eine Krise an den Finanzmärkten führt zu weltwirtschaftlichen Problemen mit Auswirkungen z. B. auf den internationalen Handel und die Arbeitsmärkte.

Im vorliegenden Fall waren Entwicklungen in den US-amerikanischen Immobilien- und Finanzmärkten die Auslöser der schwerwiegenden internationalen Krise. Das Geschehen lässt sich mit einer Reihe von Dominosteinen vergleichen, deren erster in Schieflage gerät und umkippt. Es folgt eine schwer aufzuhaltende Kettenreaktion rund um den gesamten Erdball. Die US-amerikanischen Geschehnisse haben sich rasch auf Europa ausgewirkt, die Wirtschaft ist weltweit in eine Rezession geraten.

‣ Einer der Hauptgründe der Finanzkrise ab 2007 war das „Platzen" vieler Immobilienkredite, insbesondere in den USA

Nach den Terroranschlägen vom 11. September 2001 erlitt der Dow-Jones-Aktienindex einen Kurseinbruch von 7%. Aus Angst vor den psychologischen und wirtschaftlichen Folgen des Terrors wurden in den USA die Zinsen gesenkt, um die Wirtschaft mit Geld und Kaufkraft zu versorgen. Sinken Zinsen, werden Kredite günstig. Viele Amerikanerinnen und Amerikaner haben deshalb eine Immobilie „auf Pump" gekauft. Darunter waren auch viele Menschen, die nichts gespart oder sehr geringe Einkommen hatten.

Auf den Finanzmärkten werden Kredite gehandelt. US-Banken schnürten diese zu Paketen zusammen, verbanden sie mit anderen Wertpapieren und reichten sie weltweit weiter. Viele Banken, Versicherungen und Fonds liehen sich in der Hoffnung auf große Gewinne selbst Geld, um die Pakete zu kaufen. Es gab die Häuser als Sicherheit, außerdem wurden die Wertpapiere positiv bewertet.

Die hohe Nachfrage nach Krediten ließ die Zinsen in den USA ansteigen und viele der Hauskäuferinnen und Hauskäufer konnten ihre Schulden nicht mehr abbezahlen. Das geliehene Geld war weg, es blieben die Häuser. Doch deren Wert war stark gesunken, da es kaum noch Kaufinteressentinnen und Kaufinteressenten gab. Die Wertpapiere begannen zu „faulen", sie verloren ihren Wert. Da sich die Papiere mittlerweile massenhaft in der Finanzwelt verbreitet hatten, wusste niemand mehr, wer wie viele davon erworben hatte. Immer mehr Banken bekamen Probleme, zugleich schnellte das Misstrauen in die Höhe, sodass andere Banken diesen kein Geld mehr liehen, um die Probleme zu beheben. Die globale Wirtschaft ist auf ein funktionierendes Finanzsystem angewiesen. Damit die Finanzmärkte nicht zusammenbrachen, pumpten die Notenbanken in den Industriestaaten Geld in das System. Diese Geldpolitik dauert bis heute an, was z. B. zu niedrigen Zinsen führt.

1. Recherchiert, welche Schritte von den Staaten weltweit eingeleitet wurden, damit sich eine Finanzkrise, wie die ab 2007, nicht wiederholt.

LERNBILANZ

Lernbilanz

Am Ende dieses Kapitels hast du gelernt,
- *welche Leitbilder des Außenhandels es gibt,*
- *was Freihandel und Protektionismus kennzeichnet,*
- *wie die wirtschaftlichen Integrationsstufen der EU aussehen,*
- *was das Eurosystem ist,*
- *welche Chancen und Probleme es im Zusammenhang mit der Globalisierung gibt.*

Mit den folgenden Aufgaben kannst du deine Kompetenzen überprüfen.

1. Erkläre in eigenen Worten die beiden Leitbilder des Außenhandels.

2. Interpretiere die Kernaussage nachfolgender Karikatur.

3. Nenne zwei Gründe, die für eine Währungsunion in der EU sprechen.

4. a) Nenne je drei Vorteile und drei Probleme bzw. Risiken der Gloablisierung.

b) Erläutere je einen Vorteil bzw. ein Problem/Risiko näher.

5. Stelle Bereiche dar, in denen internationale Zusammenarbeit für die Lösung von Problemen notwendig ist.

6. a) Beschreibe die nachfolgende Grafik.

b) Begründe mithilfe der nachfolgenden Grafik, warum sich der Klimawandel nur durch globale Zusammenarbeit bekämpfen lässt.

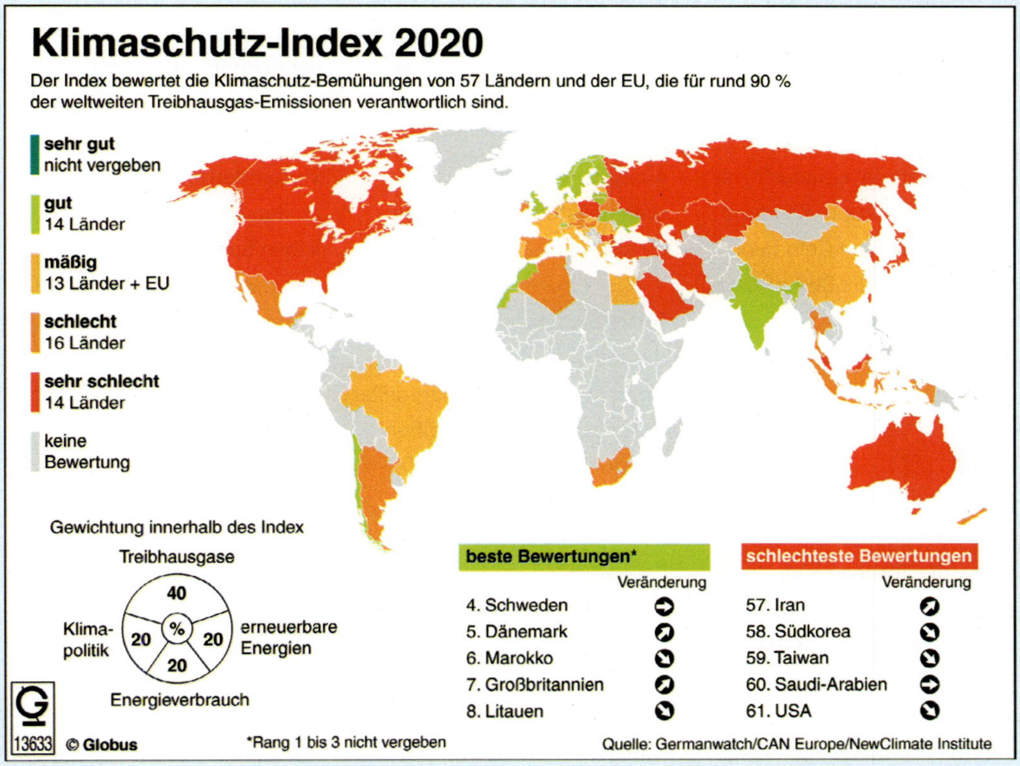

7. Erläutere die nachfolgende Grafik.

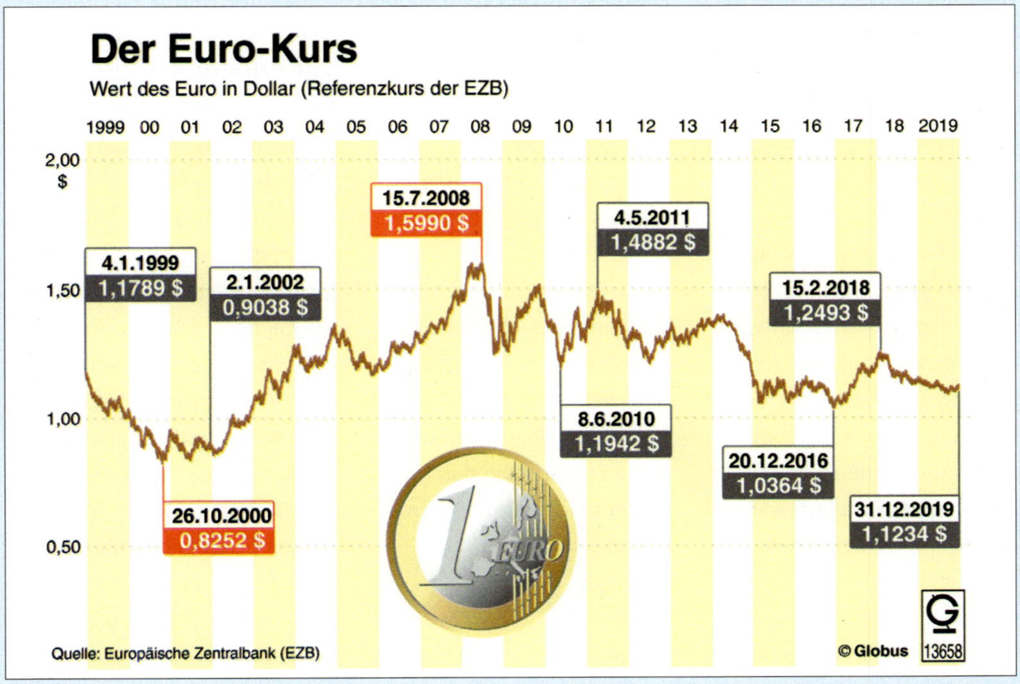

Glossar

Bedarf
Ein Bedürfnis, das man mit dem Kauf eines Gutes befriedigen möchte, wird zum Bedarf.

Bedürfnis
Es gibt materielle Bedürfnisse, z. B. nach Nahrung, Kleidung usw., für die man Geld benötigt. Immaterielle Bedürfnisse wie Zuneigung, Erfolg usw. kann man nicht mit Geld befriedigen.

Bilanz
Die Bilanz ist eine Aufstellung aller Vermögenswerte und Verbindlichkeiten eines Unternehmens, die beispielsweise am Ende eines Geschäftsjahres erstellt werden muss.

Bruttonationaleinkommen
Das Bruttonationaleinkommen (BNE) wurde früher auch Bruttosozialprodukt genannt. Es umfasst den Wert aller von Inländern erstellten Waren und Dienstleistungen innerhalb eines Jahres.

Datenschutz
Jeder Mensch kann grundsätzlich selbst entscheiden, welche persönlichen Daten er anderen zugänglich machen möchte. Gerade im Internet ist besondere Vorsicht geboten, da einmal online stehende Daten in der Regel nie wieder gelöscht werden können.
Der Datenschutz, den Firmen oder Institutionen gewährleisten müssen, ist gesetzlich geregelt. Da das Internet weltumspannend ist, kann es jedoch schwierig sein, das in Deutschland oder Europa geltende Recht durchzusetzen.

Export
Ausfuhr von Waren und Dienstleistungen in andere Länder.

Fertigungsverfahren
Hiermit sind verschiedene Arten der Fertigung materieller Güter gemeint, etwa Reihenfertigung oder Werkstattfertigung.

Freihandel
Von Freihandel wird gesprochen, wenn der internationale Waren-, Dienstleistungs- und Kapitalverkehr keinen oder wenigen Beschränkungen unterliegt.

Gewinn- und Verlustrechnung
In der Gewinn- und Verlustrechnung werden Aufwendungen und Erträge eines Unternehehmens innerhalb eines Jahres gegenübergestellt.

Globalisierung
Zunehmende internationale Arbeitsteilung, deren Folge eine weltweite Vernetzung der Märkte ist. Begünstigt wird diese Entwicklung durch verbesserte Informations- und Transportsysteme.

Güter
Unter diesem Begriff werden alle Mittel zusammengefasst, die zur Bedürfnisbefriedigung dienen. Dieser weite Begriff wird aber in der Regel nicht verwendet: Auch Luft benötigen wir zur Bedürfnisbefriedigung, da sie aber im Überfluss vorhanden ist, zählt man sie zu den freien Gütern. Im fachlichen Sprachgebrauch werden nur die wirtschaftlichen Güter als Güter bezeichnet. Sie sind knapp, haben einen Preis und erfordern Aufwand bei der Herstellung. Güter werden eingeteilt in Sachgüter (Getreide, Brot, Fahrräder usw.) und Dienstleistungen (etwa Transport oder Verkauf von Sachgütern). Sachgüter lassen sich einteilen in Verbrauchsgüter und Gebrauchsgüter. Dies sind solche, die nach dem Konsum nicht mehr vorhanden sind, z. B. Lebensmittel. Gebrauchsgüter nutzt man über einen längeren Zeitraum, mit jedem Gebrauch nutzen sie sich ab, bis sie schließlich nicht mehr verwendet werden können. Haushaltsgeräte oder Musikgeräte sind typische Beispiele. Auch bei den Gütern, die in der Produktion verwendet werden, kann man die Güter nach ihrer Lebensdauer unterscheiden. Betriebsmittel wie Werkzeuge und Maschinen werden über einen längeren Zeitraum gebraucht, Werkstoffe dagegen „gehen in der Produktion unter", sie werden Teil eines neuen Produktes. So ist Mehl z. B. Bestandteil von Brot.

Import
Einfuhr von Waren und Dienstleistungen aus dem Ausland.

Kredit
Als Kredit wird das Verleihen von (i. d. R.) Geld durch einen Kreditgebenden an einen Kreditnehmenden bezeichnet. Dafür fallen meist Zinsen an.

Marketingmix
Als Marketingmix werden die vier absatzwirtschaftlichen Instrumente „product", „place, „price" und „promotion", also die Produkt-, Preis-, Distributions- und Kommunikationspolitik, bezeichnet.

Markt
Ein Markt ist ein Ort, an dem sich Anbieter und Nachfrager treffen und Güter und Dienstleistungen miteinander tauschen. Dies kann ein Marktplatz in einer Stadt, aber genauso auch ein Internetportal sein.

Ökonomisches Prinzip
Es gibt einen Konflikt zwischen den unbegrenzten Bedürfnissen und den begrenzten Mitteln, die man dafür zur Verfügung hat. Dieser wird nach dem ökonomischen Prinzip gelöst. Man unterscheidet das Minimalprinzip und das Maximalprinzip. Bei Anwendung des Maximalprinzips soll mit begrenzten Mitteln ein größtmöglicher Nutzen erzielt werden. Bei Anwendung des Minimalprinzips soll ein festgelegtes Ziel mit den geringsten Kosten erreicht werden.

Politikzyklus
Der Politikzyklus ist die modellhafte Darstellung des politischen Problemlösungsprozesses. Man spricht von Zyklus, weil es sich um einen Kreislauf handelt, der immer wieder von vorne beginnt.

Protektionismus
So werden Handelsbeschränkungen mit tarifären (Zölle) und nicht-tarifären (z. B. Mengenbeschränkungen) Handelshemnissen bezeichnet, die dazu dienen sollen, die heimische Wirtschaft vor ausländischer Konkurrenz zu schützen.

Rechtsordnung
Die Rechtsordnung regelt das Zusammenleben in einer Gesellschaft und die Rechte und Pflichten von Staat sowie Bürgerinnen und Bürgern.

Strukturwandel
So werden Veränderungsprozesse bezeichnet, die z. B. aufgrund des technischen Fortschrittes auftreten und Auswirkungen auf Unternehmen, Arbeitnehmerinnen und Arbeitnehmer sowie den Staat haben können.

Tarifautonomie
Arbeitgeber und Gewerkschaften verhandeln Tarifverträge für die Beschäftigen. Dort wird u. a. über Löhne, Gehälter und Arbeitsbedingungen verhandelt. Solange sich an die Spielregeln gehalten wird, mischt sich der Staat in die Verhandlungen nicht ein.

Wirtschaftskreislauf
Ein vereinfachtes Modell einer Volkswirtschaft, in dem die wesentlichen Tauschvorgänge zwischen den Wirtschaftsakteuren dargestellt werden.

Wirtschaftsordnung
Man unterscheidet planwirtschaftliche und marktwirtschaftliche Wirtschaftsordnungen. Die Wirtschaftsordnung regelt grundlegende Fragen, etwa welche Formen des Eigentums es gibt. Die Bundesrepublik Deutschland ist eine soziale Martwirtschaft, hat also eine marktwirtschaftliche Wirtschaftsordnung.

Wirtschaftssektor
Auch Wirtschaftsbereich genannt. Es gibt drei Sektoren, denen die Unternehmen zugeordnet werden können: Urproduktion (Landwirtschaft, Forstwirtschaft, Fischerei), produzierendes und verarbeitendes Gewerbe sowie Dienstleistungen.

Zahlungsbilanz
In der Zahlungsbilanz werden alle wirtschaftlichen Ströme (z. B. Geldzahlungen) aufgeführt, die zwischen dem Inland und dem Ausland in einem bestimmten Zeitraum erfolgen.

Stichwortverzeichnis

Bildquellenverzeichnis

|akg-images GmbH, Berlin: 10.1; British Library 94.1; euroluftbild.de/Blossey, Hans 120.2. |Alamy Stock Photo, Abingdon/Oxfordshire: filmfoto 95.6; Image Source 132.1; Shakirov, Albert 161.1; xPACIFICA 207.2. |Alamy Stock Photo (RMB), Abingdon/Oxfordshire: Aerial Archives 210.1; Arco Images GmbH 132.2; Blossey, Hans 115.1; Hackisan, Hacki 90.1; Kuttig - People 95.3; Mariusz Szczawinski 65.2; Tack, Jochen 17.2; Zoonar GmbH 110.2, 127.1. |Baaske Cartoons, Müllheim: Gerhard Mester 194.2; LUFF 201.1; Plaßmann, Thomas 109.2; Thomas Plaßmann 209.1. |Bergmoser + Höller Verlag AG, Aachen: 109.1, 158.2, 184.1. |Colourbox.com, Odense: 84.2. |ddp images GmbH, Hamburg: Witt, Jacques/Pool/ABACAPRESS/ 214.1. |Domke, Franz-Josef, Hannover: 15.2, 27.3, 37.1, 58.1, 75.1, 76.2, 78.1, 160.2, 183.1, 185.1, 196.1. |dreamstime.com, Brentwood: Fulton, Claire 115.4. |fotolia.com, New York: amorphis 139.1; Angelo, Michel 202.2; Bartussek, Ingo 67.2; Blickfang 120.3; bluedesign 21.2; contrastwerkstatt 52.1, 62.5, 69.1, 104.1, 105.1, 143.1, 147.1, 166.1; DDRockstar 83.1; Dietl, Jeanette 54.2, 59.2; Eichhammer, Michael 14.1; Figurnyi, Sergii 39.1; flyinger 95.1; Gina Sanders 82.3; illustrezvous 84.1; industrieblick 34.1; Jeanette Dietl 107.1; Kolodziej, Kalle 62.6; koss13 16.1; Marco2811 144.1; Sanders, Gina 101.2, 140.3, 143.2; Tripod 50.2; Trueffelpix 59.1; WavebreakmediaMicro 100.2; Wylezich, Bjrn 13.2. |Güttler, Peter - Freier Redaktions-Dienst, Berlin: 116.1. |Imago, Berlin: imagebroker 90.4; Rupenkamp, Fritz 117.1; UPI Photo 198.2. |iStockphoto.com, Calgary: alvarez 14.2; andresr 87.2; Antonio_Diaz 12.2; binia 101.1; chuyu Titel; davidf 152.1; Detailfoto 202.1; dit26978 75.2; dusanpetkovic 158.1; filadendron 157.1, 207.1; funfunphoto 45.1; ghornephoto 159.1; Hispanolistic 87.1; Horz, Christian 8.2; instamatics 204.1; isitsharp 176.3; Juanmonino 98.1; Kloe, Daniel 159.2; M_MUC1968 39.4; Markovskiy, Mikhail 121.1; martin-dm 146.1; monsitj 138.1; ollo 194.1; peepo 176.4; rclassenlayouts 4.2, 88; simonkr 191.1; STRINGERimage 160.1; sturti 61.1; svera 176.2; Tramino 188.1; typhoonski 17.1; valentinrussanov 3.1, 8; vgajic 192.1; Wavebreakmedia Titel; zoranm 208.1. |laif, Köln: Martin Kirchner 76.1. |Langner & Partner Werbeagentur GmbH, Hemmingen: 40.1. |mauritius images GmbH, Mittenwald: Alamy 82.2; imageBROKER 23.1, 134.3. |Orangefluid Gbr, Detmold: 2. |PantherMedia GmbH (panthermedia.net), München: 96.1. |Picture-Alliance GmbH, Frankfurt/M.: Baumgarten, Ulrich 178.1; blickwinkel/McPHOTO 5.1, 110; Blossey, Hans 118.2; Bratic, Hasan 39.2; Christoph Schmidt 14.3; chromorange/Tscherwitschke, Reinhold/Gies, Ludwig/© VG Bild-Kunst, Bonn 2020 88.3; dieKLEINERT.de 189.1; dieKLEINERT.de/Erl, Martin 218.1; dieKLEINERT.de/Grolik, Markus 32.1; dieKLEINERT.de/Möller, Christian 150.1; dieKLEINERT.de/Sedlacze, André 102.1; Dittrich, Hauke-Christian 96.2; dpa 97.2; dpa / Galuschka, Horst 24.1; dpa / Marks, Bodo 216.2; dpa / Pfeiffer, Horst 46.1; dpa / Sosnowski, Pawel 36.1; dpa / Wege, Hans-Jürgen 127.2; dpa / Woitas, Jan 42.1; dpa-infografik 21.3, 25.1, 31.1, 31.3, 33.1, 33.2, 41.1, 64.1, 85.1, 86.1, 102.2, 106.1, 123.1, 123.2, 125.1, 128.1, 129.2, 130.1, 133.1, 133.2, 136.1, 139.2, 141.1, 149.2, 151.1, 154.1, 156.2, 165.2, 165.3, 173.1, 182.2, 205.1, 205.2, 206.1, 211.2, 213.1, 215.3, 219.1, 219.2; dpa-infografik GmbH 168.2; dpa-Zentralbild/OPB-Mai Fotothek/Krimmer, Heinz 193.1; dpa/Lannert, Volker 215.2; dpa/Berg, Oliver 179.1; dpa/Bernd Thissen 43.1; dpa/D. Naupold 174.2; dpa/D. Reimann 182.1; dpa/dpaweb 186.1; dpa/Galuschka, Horst 197.1, 198.1; dpa/Goerlich, Stephan 39.3; dpa/H. Hollemann 178.3; dpa/Kumm, Wolfgang 184.2; dpa/Marks, Bodo 163.1; dpa/Mirgeler, Lino 197.3; dpa/Soeder, Christoph 185.3; dpa/Trumpf, Steffen 215.1; dpa/Von Jutrczenka, Bernd 197.4; epa/Shawn Thew 217.1; Fashionfreak!/H.A. Felten 81.1; Forhinger, Helmur/ APA / picturedesk.com 168.1; Franke, Andreas 155.1; Geisler-Fotopress 156.1; Geisler-Fotopress/Hardt, Christoph 176.1; imageBROKER/Robbin, Thomas 121.3; imageBROKER/Thiele, Ralf-Udo 74.1; imageBROKER/Weitzel, Holger 121.5; imageBROKER/Wolf, Moritz 31.2; Klose, Christin 97.1; KUNZ/Augenklick 207.4; Lennihan, Mark/AP 216.1; MAC MATZEN, MORRIS 110.3; Malte Ossowski/SVEN SIMON 73.2; MAXPPP/Christian Vioujard 47.1; Niering, Jens 22.1; NurPhoto 197.2; PIXELL/Anton Magzan 207.3; Rothermel, Winfried 212.1; Schmidt, Hendrik 179.4; Stratenschulte, Julian 177.1; Uli Deck 92.2; Ulrich Perrey/dpa 195.1; Westend61 11.1; Woitas 181.2; ZB/euroluftbild.de/Clemens, Bernd 119.1; ZB/Steinach, Sascha 88.1; ZB/Woitas, Jan 190.1; Zentralbild/Nestor Bachmann 43.2; Zinken, Paul 179.3. |Shutterstock.com, New York: Chaay_Tee 50.4; Finkel, Dmitry 114.1; G-Stock Studio 72.2; Gorodenkoff 50.3, 155.2; gpointstudio 49.2; industryviews 95.2; Jenson 34.3; MAGNIFIER 7, 198.3; maradon 333 189.2; milanzeremski 40.3; Monkey Business 79.1; Monkey Business Images 100.1; novak.elcic 112.1; progressman 50.1; Rawpixel.com 29.1, 137.1; T.W. van Urk 68.1; thaikrit 51.1. |stock.adobe.com, Dublin: 123object_stock 26.2; agrarmotive 115.2; ah_fotobox 142.3; Amith, Ilan 124.2; Archivist 47.2; Arhelger, Tobias 204.2; Atkins, Peter 171.1; Blickfang 120.1; bluedesign 203.1; Bruns, Tobias 129.1; chawa06 15.1; contrastwerkstatt 62.4, 114.3, 134.2, 142.1, 152.2; Cornelia Wohlrab 57.1; Czauderna, Henry 82.1; Dietl, Jeanette 149.1; drubig-photo 169.1; Eisenhans 28.2, 124.1; elmar gubisch 90.2; enterlinedesign 62.2; Felix 187.1; fizkes 77.1; fotografci 121.4; Frank 126.3; getti 121.2; Gina Sanders 62.1; Gorodenkoff 114.5; Guillaume Le Bloas 80.1; Havergo, André 27.1; Hüls, Jürgen 193.2; industrieblick 3.2, 6.3, 16.2, 34, 42.2, 72.1, 77.3, 112.2, 140.1, 140.2, 152; johas 126.4; joyfotoliakid 162.1; Kara 95.4; Kneschke, Robert 20.1, 55.1, 63.1, 167.1; Kruse, Udo 178.4; Kzenon 21.1, 40.2, 57.2, 114.4; Limbach, Alexander 93.1; Lund, Jacob 38.1; m.mphoto 20.2; Marco2811 113.1; Markovskiy, Mikhail 13.1; Mattoff 195.2; Mike 126.1; Naumov, Dmitry 92.1; Oleksandr, Lutsenko 200.1; p!xel 66 22.1; pfluegler photo 83.4; philipus 178.2; photocrew 90.3; Photographee.eu 60.1; photowahn 118.1; picturemaker01 126.2; pikselstock 61.2; Pixel-Shot 165.1; PixieMe 49.1; PR Image Factory 69.2; pressmaster 29.2, 77.2; Prostock-studio 66.1; rammi76 71.1; Rampsch, Ronald 137.2; REDPIXEL 65.1; Renze, Gundolf 115.3; Rido 170.1; Rymden 56.1, 83.2; Sanders, Gina 114.6; sebra 53.1; sergioboccardo 40.1; Seybert, Gerhard 185.2; SFIO CRACHO 64.2; Shutter B 161.2; sitthiphong 5.1, 134; StockRocket 180.1; svort 145.1; SyB 73.1; thomaslerchphoto 70.1; thomasmuessig 174.1; Tobilander 26.1; upixa 114.2; Valua Vitaly 18.1; Vaternam 95.5; VTT Studio 28.1; Wagner, Frank 181.1; Wayhome Studio 23.2; Wellnhofer Designs 27.2, 62.3, 142.2; Wolfilser 6, 67.1, 174.3; Yang, Stefan 54.1; Zoe 83.3; ©ChantalS 71.2. |toonpool.com, Berlin, Castrop-Rauxel: FEICKE 138.2; Harm Bengen 209.2; Marcus Gottfried 25.2. |ullstein bild, Berlin: allOver/MEV 12.1; Boness/IPON 179.2; Euroluftbild.de /Launer, Gerhard 122.2; euroluftbild.de/Elsen, Martin 122.1. |Visum Foto GmbH, München: Engel & Gielen fuer Stern 121.6.

Wir arbeiten sehr sorgfältig daran, für alle verwendeten Abbildungen die Rechteinhaberinnen und Rechteinhaber zu ermitteln. Sollte uns dies im Einzelfall nicht vollständig gelungen sein, werden berechtigte Ansprüche selbstverständlich im Rahmen der üblichen Vereinbarungen abgegolten.